Mirjam Zimmermann / Christian Butt

Bilderbuchstunden

Bilderbücher für religiöse Bildungsprozesse in Kindergarten, Grundschule und Sekundarstufe

Vandenhoeck & Ruprecht

Die Redaktion bedankt sich bei allen Verlagen, die ihre Bilderbuchcover für dieses Werk zur Verfügung gestellt haben!

Mit 63 Abbildungen

Bibliografische Information der Deutschen Nationalbibliothek

Die Deutsche Nationalbibliothek verzeichnet diese Publikation in der Deutschen Nationalbibliografie; detaillierte bibliografische Daten sind im Internet über http://dnb.d-nb.de abrufbar.

ISBN 978-3-525-70220-8

Weitere Ausgaben und Online-Angebote sind erhältlich unter: www.v-r.de

Umschlagabbildung: © robodread/fotolia

Satz: SchwabScantechnik, Göttingen
Druck und Bindung: ⊕ Hubert & Co GmbH & Co. KG,
Robert-Bosch-Breite 6, D-37079 Göttingen

Gedruckt auf alterungsbeständigem Papier.

Inhalt

Erster Teil: Bilderbücher im (Religions-)Unterricht – Grundlagen und Beispiele

Zweiter Teil: Bilderbücher thematisch geordnet

Bei der Suche nach Informationen zu bestimmten Autorinnen/ Autoren bzw. Bilderbüchern, wird man im Primärliteraturverzeichnis auf S. 279 fündig. Dort stehen Verweise auf die entsprechenden Seitenzahlen im Buch.

Erster Teil
Bilderbücher im (Religions-)Unterricht – Grundlagen und Beispiele

Zur Einführung

Eine Bilderbuchstunde ist für uns nicht (nur) die mit sehr gut bestandene Examenslehrprobe, sondern eine Unterrichtsstunde,

- in der die Klasse den Gong überhört, weil sie so begeistert über das Thema des Bilderbuches spricht,
- in der man in den Augen der Kinder die Betroffenheit, das Interesse und die Faszination erkennt und davon selbst angespornt wird,
- in der die Kinder bzw. Jugendlichen fasziniert mit leuchtenden Augen auf den Ausgang der Bilderbuchgeschichte warten und man eine Stecknadel fallen hören könnte,
- in der einige Schülerinnen und Schüler noch im Gespräch zum Stundenthema verweilen und dabei ihr Essen vergessen, obwohl der Lehrer schon den Raum verlässt,
- in der die Bilder des vorgestellten Bilderbuches in der Pause noch einmal ganz genau angeschaut werden müssen.

Solche Momente gehören zu Bilderbuchstunden dazu, jeder Lehrende kennt diese Flow-Erlebnisse für sich selbst und seine Klasse. Für uns waren Bilderbücher immer wieder Medien für solche Bilderbuchstunden. Das stand am Anfang der Planungen, ein solches Buch zu schreiben.

Bilderbücher faszinieren, sprechen alle Altersgruppen an, auch und gerade in unserem visuellen Zeitalter, und haben ein großes pädagogisches Potenzial.

Sicher, nicht jede Gesprächsrunde oder Unterrichtsstunde mit einem Bilderbuch wird automatisch eine »Bilderbuch-Stunde« und doch beeindrucken Bilderbücher sowohl Kinder als auch Jugendliche und Erwachsene und bieten so Anlass zu vielerlei Auseinandersetzungen mit ihnen. Durch das breite Themenspektrum, das Bilderbücher mittlerweile abdecken, kann man auch zu äußerst schwierigen Fragen mit ihnen arbeiten. Gerade zu Bereichen wie Gott, Sinn des Lebens, Krankheit, Behinderung, Tod oder auch Krieg und Flucht bieten Bilderbücher einen verdichteten und sensiblen Zugang, der lange Lektürephasen oder ermüdende Materialbearbeitung ersetzen kann.

Dieses Buch möchte Mut machen, die Vielfalt der Bilderbücher zu nutzen und in Kindergärten, Schulen und auch Gemeinden einzusetzen. Die Beschäftigung mit Bilderbüchern beschränkt sich nicht nur auf die Arbeit mit kleinen Kindern, auch wenn dies immer noch der klassische Bereich ist und sie hier eine Fülle von Aufgaben leisten. Über dieses Alter hinaus kann man Bilderbücher mit Gewinn auch bei älteren Kindern und Jugendlichen in der Sekundarstufe, im Konfirmandenunterricht oder in der Erwachsenenbildung einsetzen und dabei fruchtbare Gespräche, kreative Prozesse und erstaunliche Aktionen initiieren. Dazu möchte das Buch mit den unterschiedlichen Teilen beitragen.

Zunächst gibt es im *ersten Teil* einen bewusst kurz gehaltenen, nichtsdestotrotz aber informativen Überblick und eine fachliche Einführung, die auch praktische Hinweise zur Arbeit mit Bilderbüchern enthält. Das umfangreiche 9. Kapitel bietet umfassende Beispiele und Anregungen quer durch alle Altersgruppen und belegt damit die Aussage, dass Bilderbücher sich nicht nur an eine bestimmte jüngere Adressatengruppe richten.

Im *zweiten Teil* werden thematisch gruppiert fast 100 Bilderbücher zu unterschiedlichen Bereichen, mit didaktisch-methodischen Hinweisen versehen, vorgestellt. Dabei wurden sowohl Klassiker als auch erst kürzlich erschienene Bücher ausgewählt. Unsere Erfahrung ist, dass gute Bilderbücher nicht alt werden und sich die Arbeit mit ihnen immer (noch) lohnt.

Wir danken unseren Kindern für die Zeit, die wir mit ihnen beim Bilderbuchvorlesen, bei den privaten Bilderbuchstunden verbracht haben. Ihnen sei dieses Buch deshalb auch gewidmet. Besonders danken wir aber auch Anneke Butt, Kira Kotthaus, Lisa Unruh-Naber, Ludger Hohn-Morisch und Britta Vaorin für die Durchsicht und ihre Rückmeldungen.

Wir hoffen, dass das Buch Anregungen und Ideen gibt, Bilderbücher in der Arbeit in unterschiedlichen Bereichen einzusetzen. Dass vielleicht auch die eine oder andere Bilderbuchstunde dabei ist, wünschen Ihnen

Mirjam Zimmermann und Christian Butt

1. Was sind Bilderbücher?

Bilderbücher sind eine Spezialkunst für Kinder – Medien, die kurz und einfach verständlich in Text und Bild insbesondere für das Kindergarten- und Grundschulalter verfasst sind. In definitorischen Zusammenhängen ist die Kategorie des Einfachen »zu einer zentralen Maxime für Bild und Text«[1] geworden, die Komprimierung auf das Wesentliche dagegen findet man erstaunlicherweise nur selten.[2] Das Bilderbuch weist wie das illustrierte Buch auch eine Vielzahl an Bildern auf. Für das Bilderbuch ist aber die enge Wechselbeziehung von Bild und Text konstitutiv, bei der das Bild keine nur erläuternde und kommentierende Funktion besitzt, sondern beide zusammen ein komplexes, in ihrer Gemeinsamkeit symbolisches Kunstwerk darstellen. In diesem werden als narrativem Medium in der Regel Stoffe fiktionalen Charakters erzählt. Da das Bilderbuch zumeist kleine Kinder als Adressaten im Blick hat, beschränkt es sich auf einen begrenzten Text- und Bildumfang und verwendet wenige Text- bzw. Bildeinheiten.

Ob man von einer Dominanz des Bildes über den Text sprechen kann,[3] ist umstritten. Man findet sicherlich Bilderbücher, für die die Bedeutung des Textes als eher untergeordnet eingeschätzt werden kann, wobei es hierbei nicht nur um eine quantitative Einschätzung geht. Manchmal haben wenige Worte eine größere Bedeutung als ein im Vergleich dazu langer Text. Zumindest ist es im Zusammenhang mit der Gattung Bilderbuch problematisch, von »Illustration«[4] zu

---

1 Thiele 2002, 228.

2 Ebd.

3 Grünewald 1991, 17.

4 Da der Begriff allerdings in allen von uns eingesehenen Publikationen verwendet wird (Hollstein/Sonnenmoser 2012; Kretschmer 2011, 34 ff.; Hollstein/Sonnenmoser 2010; Thiele 2000 u. a.), weichen wir auch nicht vom *Illustrator* auf Alternativen wie *Künstler* o. Ä. aus.

sprechen,[5] denn das suggeriert eine Dominanz des Textes gegenüber den Bildern und unterschlägt die Eigenpotenz der künstlerischen Ausgestaltung. Dabei werden erst in Verbindung der textlichen und der bildlichen Narration beide »Texte« auf eine vielschichtige Art und Weise zu einem Gesamttext. »Angesichts der Entgrenzung traditioneller ästhetischer Kategorien scheint es heute Sinn zu machen, den Begriff der Illustration um die Kategorie Bild zu erweitern.«[6] Ebenso wie der Text selbst besitzt auch das Bild bzw. die Bildfolge narrative Qualitäten, sodass es sogar textlose Bilderbücher gibt, die eine Geschichte erzählen. Das Verhältnis von Text und Bild kann in Form eines parallelen Aufbaus, als Verflechtung, als Spannung oder Durchdringung gestaltet sein. Hinsichtlich stilistischer Möglichkeiten finden sich unterschiedliche Malweisen von comic- und karikaturähnlichen, gegenständlich-naiven Bildlösungen über realistische bis surreal-fantastische Stile sowie bildnerische Abstraktion.

Diskutiert man z. B. in Seminargruppen über die Qualität von Bilderbüchern, können problemlos die sogenannten »Warenhaus-/Kaufhausbilderbücher«[7] von den »künstlerisch anspruchsvollen Bilderbüchern«[8] unterschieden werden. Erstere werden in meist hohen Auflagen sehr preiswert überwiegend in Kaufhäusern und Supermärkten angeboten und zeichnen sich durch klischeehafte Handlungen in einer heilen Kinderwelt aus. Die Bildästhetik lebt von einem naiven Realismus in leuchtenden Farben, klaren Konturen und einem flächigen, unmodulierten Farbauftrag, der das Kindchen-Schema aufnehmend die Figuren in stereotypen Formen zeigt. In der zweiten Gruppe finden sich dagegen auflagenschwächere, meist in Fachbuchhandlungen zu beziehende, teurere (12–18 €) Bilderbücher, die auf der Inhaltsebene kindliche Probleme und soziale Themen aufgreifen und diese durch sehr differenzierte Gestaltungsformen in unterschiedlichen Techniken unterstützen und weiterführen (siehe im ersten Teil, Kap. 5).

5 Thiele 2002, 230.
6 Ebd.
7 Hollstein/Sonnenmoser 2010, 28.
8 Dehn/Thiele 1986, 142 ff.

2. Kleiner geschichtlicher Abriss

Als Vorläufer des Bilderbuches gilt, neben den vorrangig für Leseunkundige gedachten ABC-Büchern oder illustrierten Bibelauszügen, das über 300 Seiten starke Buch *Orbis sensualium pictus* (Die sichtbare Welt) von Johann Amos Comenius aus dem Jahre 1658, das mit 150 Holzschnitten bebildert ist.[9] Dem Sachbuch, das dem Kind das Ganze der Welt, das Wissen über Gott, Mensch und Welt vermitteln soll, liegt eine für seine Zeit zukunftsweisende, kindgemäße Pädagogik zugrunde. Es arbeitet nicht nur mit Texten (Latein und Deutsch) und hat das Ziel der Sprachschulung vor Augen, sondern nutzt zudem die Möglichkeiten der bildlichen Darstellungen, die helfen, das geordnete Wissen und einzelne Dinge in ihrem Sinnzusammenhang aufzuzeigen. Die Bilder tragen nämlich nach Ansicht von Comenius dazu bei, dass die Aufmerksamkeit, das Verständnis und die Fähigkeit, sich Dinge einzuprägen, wesentlich bei den Kindern gefördert werden. Allerdings richtet sich das Werk als Schulbuch auch an erwachsene Schülerinnen und Schüler.

Comenius entwickelt mit seinem Buch ein ganz neues Genre, das die Illustrationen nicht mehr nur als dekorative Verzierungen nutzt, wie die illustrierten Fabeln, Fibeln oder Bibeltexte seiner Zeit, sondern er billigt ihnen ein Eigengewicht mit einer gleichberechtigten Zielperspektive zu. Damit wird er Impulsgeber und beeinflusst mit seinem Werk nachhaltig die Entwicklung des Schulbuches bis ins 19. Jahrhundert, denn das *Orbis sensualium pictus* findet viele Nachahmer. Dabei spielen bis zum Ende des 17. Jahrhunderts Bilder in Form von Holzschnitten eine wichtige Rolle und werden dann vom Kupferstich abgelöst.

Im Laufe des 18. Jahrhunderts etablieren sich Inhalte, Formen und Funktion des Bilderbuches, die in Grundzügen bis heute Bedeu-

9 Comenius 1658/2013.

tung haben.[10] In den Jahren und Jahrhunderten zuvor wendet sich die Bildungs- und Anfängerliteratur unspezifisch an verschiedene Adressaten. Die Abkehr von der Mehrfachadressierung ist einerseits wesentlich Folge der Ideen und Schriften von John Locke (1632–1704). Er entdeckt die Bedeutung der Kindheit und damit des kindlichen Spiels bzw. der kindlichen Fantasie und fordert, dass diese besondere Berücksichtigung in einer spezifischen Kinderliteratur brauchen. Die von ihm beschriebenen Grundzüge einer Kinderliteratur haben zwar pädagogisch-belehrenden Charakter, es finden sich aber auch unterhaltende Züge. So ist Locke beispielsweise überzeugt, dass Illustrationen in Büchern für Kinder wichtig sind, da sie die besondere kindliche Neugier und ihren ausgeprägten Wissensdurst unterstützen. Zum anderen geben die Gedanken und Werke von Jean-Jacques Rousseau (1712–1778) wichtige Impulse. Er beschreibt in *Émile* (1762) die Kindheit als eigenständige Existenzform des Menschen, die in einem qualitativen Kontrast zum Erwachsenensein steht. Die Kindheit durchlaufe verschiedene spezifische Entwicklungsstufen. Rousseau behauptet, dass die Erwachsenenwelt für Kinder unbegreiflich sei, sodass es regelrecht unnütz sei, Kindern in dieser Phase in Büchern Wissen und Kenntnisse beibringen zu wollen, weil dieses nur leeres Wortwissen werden könne. Folge dieser Idee war, wie bei Locke, eine ausschließlich an Kindern orientierte Literatur. Vor dem Hintergrund dieser Entwicklung wächst in dieser Zeit die Zahl der ausschließlich für Kinder verfassten Bücher und Texte an. Erstmalig werden Themen und Stoffe ausgespart, die nicht für Kinder geeignet scheinen und andererseits werden besondere Erfahrungen und Erlebnisse aus der kindlichen Lebenswelt literarisch verarbeitet.

Die Romantik bildet »ihr eigenes Verständnis von Kindheit und einer entsprechenden Literatur für Kinder heraus«.[11] Dieses gibt der Entwicklung des Bilderbuches zu einer eigenen kinderliterarischen Gattung den entscheidenden Schub. Die Romantik vertritt eine Auffassung von Kindheit, die sich als Gegenbewegung zu den vorhergehenden Strömungen und der Aufklärung versteht.

10 Kümmerling-Meibauer 2012, 153.
11 Dreßing 2004, 51.

Das Idealbild eines vernunftbegabten und belehrbaren Kindes wird von einer mythisch-poetischen Kindheitsvorstellung abgelöst. Das Wesen des Kindes wird als fantastisch-animistisch und wesentlich emotional bestimmt, ausgestattet mit einer natürlichen Religiosität, jedoch ohne ausgeprägten Realitätsbezug. Die Phase der Kindheit wird als autonomer Lebensabschnitt begriffen, den es nicht zu verzwecken und zu funktionalisieren gilt. Kindheit wird nicht als eine Vorbereitung auf das Erwachsensein angesehen. Mehr noch besagt die Idee der Kindheitsautonomie, dass das Kindsein als Phase des Lebens seinen Wert in sich trägt. Daher soll die Literatur, die sich an Kinder wendet, diese weniger belehren und unterhalten, als vielmehr die kindlichen Gefühle ansprechen und anrühren. D. h. auf erzieherische Literatur und unmittelbare Erziehungszwecke wird in den Büchern weitgehend verzichtet, da die Kinder in ihrem poetischen Dasein über Natur- und Volkspoesie zu erreichen sind, also durch Volksbücher, Sagen, Legenden und vor allem durch Märchen. Dabei spielt auch die sogenannte Genremalerei, also Darstellungen von Haus-, Stadt- oder Landszenen, die das Ideal des Bürgertums verkörpern, eine wichtige Rolle und bildet einen Vorläufer zu der Erneuerung des Bilderbuches in späterer Zeit.

Wichtig für die Verbreitung und die zunehmende Popularität des Bilderbuches ist die »Entwicklung neuer Drucktechniken«[12], die es möglich machen, dass Bilderbücher in hohen Auflagen produziert und gedruckt werden. Dafür sind technische Neuerungen notwendig, die eine massenhafte wirtschaftliche Herstellung möglich machen. Hier sind vor allem der Stahlstich, die Lithografie und der Dreifarbendruck zu nennen. Als bekanntestes Beispiel aus den Anfangsjahren gilt Heinrich Hoffmanns *Lustige Geschichten und drollige Bilder mit 15 schön kolorierten Tafeln für Kinder von 3 bis 6 Jahren* aus dem Jahr 1845, das ab der vierten Auflage unter dem Titel *Der Struwwelpeter* (1847) aufgelegt wurde. Mit der engen Verschränkung von Bild- und Textbereich ist dieses Buch ein wichtiger Wegbereiter des modernen Bilderbuches.

In den Folgejahren erlebt das Bilderbuch in Westeuropa und den USA durch unterschiedlichste Autoren einen enormen Aufschwung.

12 Kümmerling-Meibauer 2012, 154.

In Deutschland gibt die Kunsterziehungsbewegung als Element der Reformpädagogik wichtige Impulse. Als kindgemäß werden beispielsweise Schlichtheit, Klarheit und Deutlichkeit in der Bildgebung propagiert.[13] Die Maßstäbe (eindeutige Umrisse, flächendeckende Farbgebung) gelten bis in die Gegenwart. Auch die reformpädagogisch orientierten Kräfte, die die Erneuerung der Kinder- und Jugendliteratur vorantreiben, schätzen das Bilderbuch als wertvoll ein, da dies den freien und schöpferischen Umgang mit der Literatur eröffne und unterstütze.

In der Zeit zwischen den beiden Weltkriegen widmen sich renommierte Künstler dem Bilderbuch und gestalten dies in ihren Stilrichtungen: Expressionismus, Bauhaus oder im Stile der neuen Sachlichkeit. Damit setzen sie einen Gegenakzent zu den patriotisch geprägten Bilderbuchveröffentlichungen des Ersten Weltkrieges und vor allem zu den nationalistischen, rassistischen und ideologisch entstellten Bilderbüchern in der Zeit des Nationalsozialismus.

Nach dem Zweiten Weltkrieg erhält die Bilderbuchproduktion einen immensen Aufschwung, der von verschiedenen Strömungen und Impulsen gekennzeichnet ist. So folgt einer Phase, die die Kindheit immer noch als Wert an sich herausstellt, eine Zeit, die durch antiautoritäre und realistische Bücher gekennzeichnet ist, die die gesellschaftlichen Verhältnisse miteinbeziehen. Die sozialkritischen Bilderbücher fordern die aktive Auseinandersetzung der Kinder ein.

Seit längerer Zeit zeichnet sich der Trend ab, dass Bilderbücher heute vor allem auch die Aufgabe wahrnehmen, Kinder mit dem Phänomen Literatur vertraut zu machen. Sie sollen die kognitiven Fähigkeiten anregen,[14] dabei spielt die Normen- und Wertevermittlung eine zumeist untergeordnete Rolle. Die Bilderbuchästhetik geht innovative Wege. Einflüsse aus den Medien sind dabei unverkennbar.[15] Unterschiedliche Stile, Buchformate und Kunstformen werden integriert und werten die Bilderbücher künstlerisch auf. Comics,

13 Thiele 2000, 157.

14 Die Aufgabe der ästhetisch-literarischen Sozialisation findet einen erweiterten Anwendungsbereich auch in der Leseförderung im mehrsprachigen Umfeld, Neugebauer 2007, 229 ff.

15 Kretschmer 2009, 19.

Karikaturen, Collagen oder filmische Aufnahmen werden zur grafischen Gestaltung herangezogen. Auch experimentelle Bilderbücher und solche, die die akustische und haptische Dimension berücksichtigen, sind kommerziell erfolgreich.

Zugleich widmet sich das Bilderbuch bislang ausgeklammerten Themen, beispielsweise dezidiert religiösen Themen, Krieg, Sterben/Tod oder auch der Shoah.[16] Diese unterschiedlichen Tendenzen führen dazu, dass sich das Bilderbuch in der Gegenwart zur *Crossover Literature* oder *All Ages Literature* entwickelt hat. Sowohl die Aufnahme von literarischen Elementen der Moderne als auch der künstlerische Anspruch sowie die Themenvielfalt begünstigen diesen Trend. Gleichzeitig führt die zunehmende Komplexität dazu, dass sich wiederum einfache Bilderbücher für Kleinkinder, bei denen vor allem die kommunikativen Fähigkeiten des Erkennens und Benennens im Vordergrund stehen, von den restlichen Bilderbüchern abheben.

Die Kommerzialisierung im Bereich des Bilderbuches und die frühzeitige Konfrontation auch der jüngeren Kinder mit einem überreichen multimedialen Angebot stellen das Bilderbuch der Zukunft vor große Herausforderungen. Zugleich zeigt die Verleihung von Preisen und Auszeichnungen an Bilderbücher und Bilderbuchillustratoren die Wertschätzung dieses Genres.

16 Thiele 2000, 163 ff.

3. Typologien des Bilderbuches

Schon in den letzten 200 Jahren, aber auch heute noch findet man unterschiedliche formale Typen von Bilderbüchern. Zuallererst kann man Sachbilderbücher von Erzählbilderbüchern unterscheiden, die beide für den Religionsunterricht durchaus ihre Relevanz haben. Letztere lassen sich in fantastische und realistische Erzählungen untergliedern, wobei die fantastische und die realistische Erzählebene, korrespondierend zum Weltbild des Kindes, häufig vermischt werden (bekannt ist z. B. *Sendac, Wo die wilden Kerle wohnen*).

Bei den erzählenden Bilderbüchern lassen sich Problembilderbücher, die Tabuthemen wie z. B. Sterben und Tod sowie soziale Konflikte wie Mobbing/Ausgrenzung aufnehmen, von anderen Themenbilderbüchern unterscheiden, die kindliche Erfahrungen kreativ bearbeiten oder kindliche Fragen anregend zum Thema machen.

Aufgrund der Bedeutung des Bildes im Text-Bild-Zusammenspiel kann man Bilderbücher auch hinsichtlich der ästhetisch-stilistischen Ausgestaltung unterscheiden. Dabei finden sich figürlich-gegenständliche und eher abstrakt gearbeitete Werke.

Davon differenziert werden kann die technische Ausstattung von Bilderbüchern: Bei manchen gibt es z. B. einen Aufklapp-, Dreh-, Zieh- oder Faltmechanismus, manche gehen in die Form eines Ausschneidebogens über oder sind wie eine Bastelvorlage konstruiert, andere bieten Begleitmaterialien auf CD-ROM, die ein interaktives Betrachten ermöglichen.

Fragt man nach explizit christlichen Bilderbüchern, ist nicht einfach zu beurteilen, was eigentlich religiöse Bilderbücher von anderen unterscheidet. Magda Motté[17] differenziert zwischen drei Dimensionen, die in theologisch relevanten Texten nachgewiesen werden können.

---

17 Motté 1996, 28; 2003; 2011, 146–148.

1. Die allgemein ethisch-existenzielle Ebene, die in Texten mit »allgemein menschlichen Themen« aufscheint.
2. Die transzendental-religiöse Dimension, in der die »Erlösungsbedürftigkeit unserer Welt nicht durch Selbsterlösungsprogramme beantwortet und das Ich nicht zum Mittel- und Zielpunkt des Universums stilisiert« wird. Menschliche Grunderfahrungen werden darin transzendiert, d. h., dass der Mensch »sich auf einen letzten, alles umfassenden Sinngrund verwiesen fühlt, von dem er sich abhängig weiß und dem er sein Leben verdankt«.[18]
3. Darstellungen mit Bezug auf die jüdisch-christliche Botschaft: Das sind also Texte, die »die Frage nach dem nahbaren Gott und dem Schicksal seines Volkes Israel aufwerfen und als ›christlich‹ jene, die aus dem Geist Jesu leben, d. h., Umkehr, Auferstehung und ewiges Leben über den Tod hinaus thematisieren und dies auch durch Signale im Text […] zum Ausdruck bringen«.[19]

Zur letzten Dimension stellt Motté in Bezug auf Kinder- und Jugendliteratur[20] ernüchternd fest, dass der »Befund unter den literarisch befriedigenden Werken« in diesem Bereich äußerst »mager« sei. Das Gleiche gilt auch für Bilderbücher.

An sie anschließend kategorisiert Langenhorst[21] Kinder- und Jugendliteratur ähnlich:

1. Werke der »nicht intentionale[n] religiösen Literatur«,
2. Werke der religiösen Literatur mit transzendental-religiöser Dimension und
3. Werke der explizit christlichen Jugendliteratur, in denen die christliche Botschaft direkt erkennbar ist und im Mittelpunkt steht.

In diesem Buch werden je nach Thema (siehe zweiter Teil) alle drei Dimensionen berücksichtigt.

18 Motté 2011, 147.
19 Motté 1996, 38.
20 Motté 2004, 5.
21 Langenhorst 2011b, 39.

4. Funktionen des Bilderbuches

»Bilderbücher sind die ersten Bücher, zu denen Kinder eine intensive Beziehung entwickeln und durch die sie zur Literatur hingeführt werden.«[22] Entsprechend wichtig ist der Umgang mit diesen Medien einerseits für die frühe Lesesozialisation, andererseits bieten Bilderbücher auch erste rezeptiv ästhetisch-künstlerische Erfahrungen durch das Betrachten der Bilder.

Wer Bilderbücher z. B. verschenkt, hat dabei einen inhaltlichen oder einen bildnerischen Anspruch. Er möchte mit dem gewählten Inhalt etwas vermittelt wissen, denn Bilderbücher führen, wie andere fiktionale Stoffe, in die gesellschaftliche Realität ein, die über Figuren, Handlungen, Normen und Rituale präsentiert wird.

Wichtig ist auch die mit dem Bilderbuch verbundene Kommunikationsform. Bilderbücher werden gewöhnlich von Erwachsenen, z. B. den Eltern, den Erzieherinnen und Erziehern, den Lehrerinnen oder den Lehrern vorgelesen. Oft kommt man dabei ins Gespräch, die Kinder fragen, sind aber nicht immer an der Antwort der Eltern interessiert, sondern nutzen die Frage quasi als rhetorisches Element, um selbst über mögliche Antworten nachzudenken. Das kann ein Initial für das vertiefte Nachdenken, das Philosophieren bzw. Theologisieren sein (vgl. Kap. 7).

Nachhaltig ist die Erinnerung an die Bilder und den Text einiger häufig gelesener Bilderbücher aus der Kinderzeit, sodass Erwachsene ihre Lieblingsbilderbücher noch kennen und auf diese wieder zurückgreifen, wenn sie eigene Kinder haben. Gerade in Anbetracht des immer früher einsetzenden Medienkonsums in Form von Fil-

22 Spinner 1992, 17.

men oder Computerspielen hat das Bilderbuch als einfaches, langsames Medium eine besondere Bedeutung.[23]

Im Unterricht selbst kommen dem Bilderbuch als Lerngegenstand z. B. als »Vehikel für problemorientierten Unterricht«[24] noch weitere Funktionen zu: Während im Deutschunterricht im Rahmen des Lesenlernens Bilderbücher als Brücke zwischen literarischer Erfahrung im Kindergarten und dem Erstleseunterricht verwendet werden und auf die Ganzheitlichkeit literarischer Erziehung durch Originaltexte mit Bildunterstützung verwiesen wird, geht es im Rahmen der Kunstpädagogik um die ästhetische Erziehung. Die religionspädagogische Funktion lässt sich am ehesten inhaltlich aufgreifen, indem im Bilderbuch in elementarer und doch tiefgründiger Form schwierige lebensweltliche Themen wie z. B. Tod, Ausgrenzung oder theologisch-biblische Fragen wie z. B. nach der Schöpfung, nach Gott etc. in Text und Bild bearbeitet werden.

Thematisch einbinden lassen sich die hier ausgewählten und vorgestellten Bücher auch im Rahmen der Umwelterziehung, der Sozialerziehung, der Medienerziehung, der interkulturellen Erziehung, in lernbereichsübergreifenden Aufgabenfeldern u. a.

Je nach gewähltem methodischem Zugang (Vorlesen, Reflexion des Inhalts, der grafischen Gestaltung, produktiver und handlungsorientierter Zugänge u. a.) werden wiederum unterschiedliche Funktionen fokussiert, indem der Inhalt im Medium Bilderbuch durch die gewählte Methode spezifisch zum Lernenden in Bezug gesetzt wird.

23 Erstaunlicherweise findet man kaum Rezeptionsforschungen, sodass die Funktionen, die dem Medium zugeschrieben werden, aus Deutungen und Setzungen bestehen.

24 Thiele 2002, 241.

5. Kriterien – was ist ein gutes Bilderbuch?

Bei der Auswahl eines Bilderbuches (für den Religionsunterricht) ist dieses nicht nur hinsichtlich seiner thematischen Bearbeitung, sondern auch gemäß seiner literarischen und künstlerischen Qualität zu prüfen. Dabei gilt für Bilderbücher die für die Kinder- und Jugendliteratur getroffene Aussage ebenso, dass viele »Werke älteren Datums durch die Zeit nichts an ihrer Aussagekraft verloren«[25] haben.

Kriterien zur Bewertung von Literatur für Kinder und Jugendliche finden sich an unterschiedlicher Stelle in der Literatur und sollen hier nur ganz knapp aufgeführt werden.[26]

5.1 Kriterium der Kindgemäßheit

Der Begriff der Kindgemäßheit, der besonders bei Bilderbüchern als Qualitätskriterium herangezogen wird,[27] bedeutet, dass Bilder und Texte nur dann geeignet sind, wenn sie in ihrer Sprache und ihrem Inhalt dem Kind angepasst sind. Allerdings ist diese Definition doch stark abhängig von den jeweiligen Erziehungs- und Weltvorstellungen der die Bücher auswählenden Erwachsenen. Hier steht die Absicht, Wissen zu vermitteln, Sensibilität zu unterstützen, Ästhetik und Ethik zu fördern, neben dem Wunsch, die Kinder kindgemäß zu unterhalten. Dabei haben z. B. Witz, Fantastisches, Skurriles, Nonsens u. a. eine wichtige Funktion.

Außerdem ist die Alters- bzw. Entwicklungsgemäßheit ein Kriterium, das nicht grundsätzlich für eine Altersklasse beurteilt werden

25 Motté 2011, 157.

26 Sie finden sich ausführlich zum Bilderbuch bei Hollstein/Sonnenmoser 2010, 28–67; Kretschmer 2009, 28–33; zur Kinder- und Jugendliteratur allgemein bei Kaminski 1994, 130–137; bzw. Plieth 2009, 182–184.

27 Vgl. Hollstein/Sonnenmoser 2010, 31; Retter 1989, 11–15 u. a.

kann, weil es z. B. *die* altersspezifische Gruppe der 3-jährigen Kindergartenkinder nicht gibt.

Retter definiert deshalb Kindgemäßheit folgendermaßen:

»Kindgemäß sind demzufolge jene Bilderbücher, die in der Lage sind, diesem Spannungsbogen von Unterhaltungs- und Aufklärungsabsicht gerecht zu werden, d. h. spannend, unterhaltend, faszinierend zu sein, gleichzeitig aber auch Anregungen zu einem Stück Aufklärung über sich selbst und die Welt zu sein.«[28]

5.2 Kriterien der inhaltlichen Qualität

Inhaltlich anspruchsvolle Bilderbücher nehmen die Erfahrungen, Interessen und Probleme ihrer Zielgruppe auf und reduzieren den Inhalt nicht auf die Darstellung einer idealisierten, problemlosen, fröhlichen Kinderwelt. Unterhaltung und Lebenshilfe sollen dabei in einem ausgewogenen Verhältnis stehen. Um das zu überprüfen, können folgende Leitfragen helfen:[29]

- Hat der Text eine ausreichende literarische Qualität?
- Ist die Handlung in sich logisch konstruiert und regt sie durch Leerstellen zum Nachdenken an?
- Sind die gesellschaftliche Interaktion und die verwendete Kommunikation kindgemäß und trotzdem realitätsnah?
- Ist die Grundstimmung optimistisch und hoffnungsvoll?
- Finden sich Identifikationsangebote (für Jungen und Mädchen)?
- Werden Fantasie und Realitätsbewusstsein gleichermaßen angesprochen?
- Werden geschlechtsspezifische Rollenklischees vermieden?
- Gestattet die Fabel/die Parabel/die Metapher eine Umsetzung in reale Erfahrung?

5.3 Kriterien der Bilder

Die Rezeptionsforschung hat festgestellt, dass meist die Bilder darüber entscheiden, ob das Buch gekauft wird, aber auch darüber, ob

28 Retter 1989, 15.

29 Vgl. auch Hollstein/Sonnenmoser 2010, 33–34.

es später gelesen und betrachtet wird. Während zum Kauf der Geschmack der Erwachsenen getroffen werden muss, entscheidet bei der Verwendung meist der Geschmack der Kinder. Da beide Gruppen auf das sogenannte »Kindchen-Schema« (überdimensionaler Kopf, weit auseinanderstehende Kulleraugen, Stupsnase, kleiner Mund) reagieren, finden sich solche Bilderbuchillustrationen immer noch häufig als *Stereotypen des Niedlichen.* Umso wichtiger ist es, Kriterien zur Beurteilung der bildlichen Qualität zu haben:[30]

- Stehen Text und Bild in einem sinnvollen funktionalen Verhältnis zueinander?
- Sind Text und Bild im Zusammenhang verständlich, laden sie zum verweilenden Betrachten und Nachdenken ein?
- Werden illustratorische Stereotypen des Niedlichen vermieden?
- Wecken die Bilder Fragen und lösen Neugier aus?
- Sind die Bilder ästhetisch ansprechend?
- Ist die künstlerische Umsetzung in sich stilistisch stringent?
- Ist das Bild einfach und doch um Komplexität bemüht?
- Sind die Bilder der dargestellten Wirklichkeit angemessen?
- Wie stimmig ist der Bildrhythmus (Wechsel von doppelseitigen, ganzseitigen, halbseitigen u. a. Illustrationen; auch Bildregie genannt)?
- Wird die Farbe als Bedeutungs- und Stimmungsträger genutzt (Farbregie)?
- Werden komplexe Sachverhalte durch Symbolverwendung unterstützt? Werden hier bildnerische Traditionen (Bildanspielungen) verwendet, als Zitate oder Variationen?

5.4 Theologisch-religionspädagogische Kriterien

Auch im Rahmen der religionspädagogischen Beurteilung von Bilderbüchern können Leitfragen helfen:

- Werden im Sinne einer narrativen Identität elementare, auch religiös bedeutsame Erfahrungen und Fragehorizonte menschlicher Existenz anknüpfend an die Lebenswelt der Kinder eröffnet?

30 Vgl. auch Hollstein/Sonnenmoser 2010, 38.

- Werden religiös-ethische Herausforderungen in Kultur, Wissenschaft, Politik, Wirtschaft oder in menschlichen Beziehungen verdeutlicht?
- Kann ausgehend von der Lektüre sinnvoll über den Zusammenhang von Glauben, Werten, Normen und Handeln gesprochen werden?
- Wird im Sinne ethischen Lernens eine Deutungs- und Urteilskompetenz gefördert?
- Hilft die durch die Lektüre angeleitete Diskussion dabei, am religiösen Dialog argumentierend teilzunehmen?
- Wird die religiöse Pluralität der modernen Welt authentisch dargestellt und kann damit Pluralitätsfähigkeit gefördert werden?

6. Bilderbücher und Entwicklungspsychologie

Im Vergleich mit allen anderen Medien, selbst den besonders auf Kinder zugeschnittenen, gilt das Bilderbuch als das angemessenste und angebrachteste Informations- und Unterhaltungsmedium für Kinder. Das liegt nicht zuletzt daran, dass es durch die Verknüpfung von Bild und Text so klar und eindeutig auf die spezifische Adressatengruppe bezogen ist. Da einerseits gerade jüngere Kinder ein großes Interesse an Bildern haben, andererseits die Massenmedien uns aktuell mit einer rasanten, nicht enden wollenden Bilderflut überschwemmen, wird das Bilderbuch mit seinen langsam, selbstständig zu entdeckenden Bildern als besonders geeignet vor allem für Vorschulkinder angesehen. Dabei kommt ihm in mehrfacher Hinsicht ein besonderer pädagogischer Nutzen zu:

- Aufbau des kindlichen Wortschatzes (Wörter lernen, Sätze konstruieren, kleine eigene Texte und Erzählungen entwickeln).
- Entwicklung eines Verständnisses für bildhaft poetische und metaphorische Sprache.[31] Bild und Text vergegenständlichen das Gemeinte und machen es so verstehbar.
- Innere seelische Fähigkeiten wie Vertrauen oder Empathie werden den Kindern narrativ anschaulich und als narrative Erfahrung zur Verfügung gestellt.[32]
- »Ästhetische Alphabetisierung« (Ludwig Duncker): Textliche und bildhafte Elemente des Bilderbuches ergeben erst im Zusammenspiel ein ästhetisches Ganzes. Der Umgang mit ihnen fördert die Ausbildung von Sinnverstehen und das Erschließen von Wirklichkeit.[33]

31 Bönig/Hering 2012, 6.

32 Ebd., 7.

33 Kretschmer 2009, 25 f.

Wird das Bilderbuch generell für Kinder als wertvoll und entwicklungsfördernd gewürdigt, muss doch innerhalb der Kindheit, abhängig von den unterschiedlichen Entwicklungsschritten, der kindliche Umgang mit diesem Medium differenziert werden:

Kleinstkinder finden ihren Zugang zum Bilderbuch über die Erfahrungen mit dessen Material und Beschaffenheit. An sie richten sich die abbildbetonten Bücher aus strapazierfähigem Karton oder Stoff. Gegenstände, Personen oder Tiere aus der Umwelt werden charakteristisch abgebildet. Das Kind erwirbt Wörter für Dinge, die es (noch nicht gut) kennt.

Im Alter von zwei bis drei Jahren können Kinder sich meist länger auf den Inhalt eines Bilderbuches konzentrieren. Der angewachsene Sprachschatz und ihre differenziertere Wahrnehmung der Umwelt ermöglichen ihnen ein Erfassen von einfachen, bildlich dargestellten Handlungsabläufen. Dabei spielt das Wiedererkennen von Objekten oder Szenen beim Betrachten eine ebenso große Rolle wie das Nachahmen des Erwachsenen beim Vorlesen durch das Wiederholen von Wörtern und Sätzen oder auch das Umblättern von Seiten.

Vier bis fünf Jahre alte Kinder zeichnen sich erfahrungsgemäß durch eine komplexere Fähigkeit zur Wahrnehmung, aber auch zur Wiedergabe aus. Sie können die Bildinhalte nicht nur erkennen und mit dem Vorgelesenen in Verbindung bringen, sondern auch die Bilder und Inhalte in einfachen Sätzen beschreiben und selbstständig kleine Erlebnisse, die nicht immer der Realität entsprechen mussen, dazu ergänzen und erzählen.

Mit dem Eintritt in die Grundschule und der »Schulreife« haben körperliche, geistige, soziale und emotionale Entwicklungen weitere und große Fortschritte gemacht. Die Kinder sind sprachlich und logisch in der Lage, komplexe Handlungen in Bilderbüchern nachzuvollziehen. Sie können sich mit handelnden Personen identifizieren, da sie nunmehr weniger egozentrisch fixiert sind und somit empathische und soziale Wahrnehmungen ausbauen können. Bilder werden von ihnen in ihrer Abstraktheit und Differenziertheit verstanden und nachvollzogen. Mehr und mehr werden sie selbstständig, was bedeutet, dass sie Bilderbücher allein oder mit Freunden lesen und auf ein Vorlesen verzichten.

Wird das Bilderbuch als das ideale Medium für Kinder angesehen, so wird gerne ein sehr enger Begriff von »Kindgemäßheit« benutzt. Mit diesem setzt sich Jens Thiele kritisch auseinander: »Unter einem *kindgemäßen* Bilderbuch werden seitens der Erwachsenen offenbar immer noch Einfachheit und Beschwichtigung statt Komplexität und Wahrheit verstanden«[34], wofür er wiederum plädiert.

»Nur selten wird der Anspruch erhoben, Bilderbücher auch in höheren Schulstufen zum Gegenstand von Unterricht zu machen.«[35] Es scheint auf den ersten Blick so, dass die Tendenz, das Bilderbuch als Form vor allem für jüngere Kinder zu verstehen, seit der Romantik bis heute ihre Gültigkeit behalten hat. Allerdings ist auf dem Buchmarkt in den letzten Jahren eine Veränderung zu bemerken, auch wenn diese vielleicht noch nicht in alle Schulen und Unterrichtsgestaltungen, sei es im Kunst-, Deutsch- oder Religionsunterricht, vorgedrungen ist. Seit einigen Jahren ergibt sich eine Art Gegenbewegung, die das Bilderbuch sowohl an Kinder als auch an Jugendliche oder Erwachsene richtet. »Die Doppeltadressiertheit des modernen Bilderbuches ergibt sich nicht nur durch die Integration zeitgenössischer Kunststile [...], sondern auch durch Übernahme komplexer narrativer Erzählstrukturen.«[36] Diese *Crossover Literature,* die sich auch in anderen Bereichen der Literatur findet – erinnert sei nur an die Harry Potter Romane von Joanne K. Rowling oder die Tintenwelt-Trilogie von Cornelia Funke –, zeichnet sich durch ihre implizite Mehrfachadressierung aus, sodass sie auf mehreren Ebenen interpretiert werden können. Damit einher geht die Ausweitung der mittlerweile in Bilderbüchern behandelten Themen, die für eine zusätzliche Attraktivität für ältere Leser sorgen. Gerade bei Themen, die für erwachsene Leser schwierig sind (Sterben/Tod, Krankheit, Demenz, Shoah und religiöse Themen), können die anscheinend so einfach strukturierten Bilderbücher eine Sprach-, Verstehens- und Verständigungshilfe bilden und damit dieselbe Funktion erfüllen wie bei der ursprünglich angedachten Leserschaft.

34 Thiele 2000, 189.
35 Ebd., 178.
36 Kümmerling-Meibauer 2012, 147.

7. Bilderbücher und Kindertheologie

Kinder haben neben vielen verbürgten Rechten, z. B. in der UN-Kinderrechtskonvention, auch ein Recht auf Religion und religiöse Begleitung. Das bedeutet, dass die schulische Bildung auch die religiöse Dimension berücksichtigen muss. Dabei sind Kinder aber nicht als Objekte religiöser Bildung zu sehen, die nach einem Kanon zu vermittelnder Inhalte gebildet werden sollen, sie sind als Subjekte auch hinsichtlich ihres Glaubens und ihrer Theologie zu betrachten. Von diesem Grundgedanken ausgehend[37] stellen sich nun die Fragen, wie ein solches selbstbestimmtes religiöses Lernen gelingen kann, was hilfreiche Medien und methodische Unterstützungen dabei sind.

Wir wollen hier den Ansatz des Theologisierens mit Kindern aufgreifen, um diesen methodisch auf die Arbeit mit Bilderbüchern zuzuspitzen. Kindertheologie als eine Arbeit mit der Theologie der Kinder hat sich als religionspädagogischer Ansatz in den letzten 20 Jahren etabliert und stellt »eine Hermeneutik der aktiven Aneignung und weniger der Vermittlung«[38] dar. Seit Beginn dieses Konzeptes ist die Arbeit mit Bilderbüchern im Blick.[39] Christina Kalloch resümiert 2014 in ihrem Artikel im *Handbuch Kindertheologie zum Theologisieren mit Bilder- und Kinderbüchern:* »Religiöse Kinderliteratur kann eine Schatzkiste für religiöses Fragen sein.«[40]

Ziel der kindertheologischen Arbeit ist, die von Kindern hervorgebrachte Theologie wahrzunehmen (Theologie der Kinder), das so (hypothetisch) ermittelte Muster zu deuten und dann in einem dritten Schritt zu ergänzen, zu differenzieren und zu flexibilisieren (Theologie mit und für Kinder).

---

37 Vgl. Schweitzer 2011, 10 f.

38 Bucher 2002, 23.

39 Kalloch 2014, 61, die auf Martin Schreiners Literaturbericht im ersten Jahrbuch für Kindertheologie (JaBuKi) verweist.

40 Ebd.

Gerade weil es beim ersten Schritt darum geht, durch eine ansprechende Anforderungssituation mit hohem Aufforderungscharakter die Beschäftigung mit einer theologischen Frage anzubahnen, können Bilderbücher helfen, medial ein Initial zum Nachdenken anzubieten. Hierbei sei an die zentrale Frage Rafik Schamis in seinem gleichnamigen Buch *»Wie sehe ich aus«, fragte Gott* erinnert, die auch eines der zentralen Themen ist, auf die Kinder und Jugendliche beim Theologisieren immer wieder zu sprechen kommen. Das Bilderbuch gibt hier Anknüpfungspunkte, darüber nachzudenken, was die Gottesbilder über die Geschöpfe aussagen, ob Vielfalt Beliebigkeit bedeutet, welchen Eigenwert die Vorstellungen von Kindern haben und warum die des Malers als falsch abgelehnt wird.

Auch beim Konzept des Philosophierens mit Kindern gibt es verschiedene Vorschläge, mit dem Medium Bilderbuch zu arbeiten.[41] Wie Hans-Bernhard Petermann in der ersten These in seinem Buch *Kann ein Hering ertrinken? Philosophieren mit Bilderbüchern* formuliert, ist die Arbeit mit Bilderbüchern im Zusammenhang mit der inhaltlichen Auseinandersetzung sinnvoll:

> »Es hat Sinn, sich über Bilderbücher der Philosophie zu nähern. Denn Philosophie hat etwas mit Leben zu tun; ihre Grundlage hat sie in ganz konkreten Lebensfragen und die artikulieren sich am unmittelbarsten in Bildern.«[42]

Das kann auf theologische Fragen übertragen werden, die große Überschneidungen mit philosophischen Fragen haben und sich oft nur in ihren Antworten unterscheiden: So wie die Philosophie entzündet sich die Theologie oft an einfachen und doch so schwierigen Fragen. Die Frage, die im einzelnen Bilderbuch aufgeworfen wird, ist das Initial. Die Auseinandersetzung im Sinne des Theologisierens muss sich daran anschließen. Das soll an einigen unterschiedlichen Bilderbüchern im Praxisteil beispielhaft verdeutlicht werden.

41 Z.B. Petermann 2004.

42 Petermann 2004, 14.

8. Bilderbücher im Klassenzimmer

In vielen Kindergärten und vor allem Grundschulen findet man Leseecken, in denen, meist mit Bücherregalen abgetrennt und bequem mit Sofa oder Teppichen eingerichtet, ein vielfältiges Angebot an erzählender Literatur in Form von Bilder- und Kinderbüchern, Sachbüchern, Kinderzeitschriften, Comics etc. bereitsteht. Kinder bekommen hier die Gelegenheit, in freien Lesezeiten Bilderbücher anzuschauen und zu lesen bzw. sich vorlesen zu lassen. Für die Ausstattung einer solchen Lesezone kann die hier angebotene Auswahl hilfreich sein.

Das Bilderbuch kann aber auch Gegenstand/Medium eines Unterrichts für die gesamte Gruppe/Klasse sein. Dabei wird das Buch meist zuerst (abschnittsweise) vorgelesen. Hierfür gibt es unterschiedliche Möglichkeiten:

- Wenn zwei Exemplare zur Verfügung stehen, kann aus einem Exemplar vorgelesen werden, während aus dem anderen z. B. ein Kind die jeweiligen Bilder aufblättert und hochhält.
- Einzelne Bilder, die zentral für das Verständnis sind, werden auf Folie (OHP), Dias, Beamer oder als Farbkopien präsentiert.[43]

Zur Behandlung der Bilderbücher werden im zweiten Buchteil unterschiedliche methodische Ideen entwickelt. Hier sollen nur methodische Anregungen im Überblick angeboten werden:

Über Bilderbücher sprechen: Zum Titel assoziieren, das Erzählte mit eigenen Erfahrungen vergleichen, Leerstellen ausfüllen, Geschichten zu Ende denken, alternative Verläufe überlegen, sich

---

43 Es gibt auch die sogenannten Bilderbuchkinos als Medienpaket (früher mit Dias, heute in der Regel mit CD-ROM) zu ausgewählten Bilderbüchern zu kaufen oder zu entleihen. Darin sind z. T. schon weiterführende Unterrichtsmaterialien und didaktische Informationen enthalten (z. B. von MATTHIAS-Film zu *Die besten Beerdigungen der Welt, Paco baut eine Krippe, Leb wohl, lieber Dachs* u. a.).

aus der Handlung ergebende Dilemmasituationen diskutieren, literarische Vorlagen kennenlernen (z. B. Lessings Ringparabel), Rahmen- und Binnenerzählung unterscheiden, Textebenen erschließen, literarische Gestalten charakterisieren, u. a.

Bilder wahrnehmen und deuten: Stimmungen durch Farben und Symbole beschreiben, Darstellungen von Räumen und Landschaften mit den beschriebenen Handlungen und Figuren in Beziehung setzen, eigene Bilder im Stil des Bilderbuches ergänzen, andere Illustrationen als Alternativen ausprobieren u. a.

Szenische Gestaltungen: Standbilder entwickeln, Rollen ausgestalten, Szenen weiterspielen, Perspektiven wechseln, Stabfiguren basteln, Schattenspiel gestalten, Papiertheater auf dem OHP, Musik zum Untermalen des Textes heraussuchen und die Auswahl begründen, das Bilderbuch in ein Theaterstück umschreiben, unterschiedliche Enden nachspielen u. a.

Verschiedene Bilderbücher zu einem Thema z. B. Schöpfung, Tod o. Ä. vergleichen, Rezensionen schreiben, für eine Zielgruppe, z. B. Kindergarten, Firmkind, Täufling auswählen, die Auswahl begründen u. a.

Autor/in, Illustrator/in einladen, Interview vorbereiten, einen Verlag besuchen u. a.

Ein *eigenes Bilderbuch* zum gleichen/einem ähnlichen Thema mit gleichen oder unterschiedlichen visuellen Gestaltungen konzipieren und umsetzen.

9. Unterrichten mit Bilderbüchern: Beispiele für alle Altersstufen

9.1 Kindergarten/Vorschule

Eine erste Annäherung an das Thema Abschied, Trauer und Tod soll anhand der Bilderbücher von Astrid Lindgren/Ilon Wikland *Der Drache mit den roten Augen* und Ulf Nilsson/Anna-Clara Tidholm *Adieu Herr Muffin* versucht werden.

9.1.1 Astrid Lindgren/Ilon Wikland, *Der Drache mit den roten Augen* (1987/9. Aufl. 2015)

In dem Gesamtwerk von Astrid Lindgren (1907–2002) war immer »der Tod oder das Leben nach dem Tod mit der Frage nach der Existenz Gottes und damit nach dem Sinn des Lebens verbunden.«[44] In vielen ihrer Bücher ringt sie auf ganz unterschiedliche Art mit dieser Thematik.

Kurzvorstellung

Die Geschichte ist aus der Perspektive eines kleinen Mädchens erzählt, das an einem Aprilmorgen mit ihrem Bruder in den Stall läuft, um die in der Nacht geborenen Ferkel der Muttersau zu bewundern. Die Überraschung ist groß, als zwischen den zehn Ferkeln auch ein kleiner, schwächlicher grüner Drache mit roten Augen liegt. Anscheinend hat die Sau auch den kleinen Drachen zur Welt gebracht. Da der kleine Drache die Sau beißt, wenn sie ihn säugt, müssen die Geschwister beim Drachenfüttern einspringen. Sie versorgen ihn mit Futter, also Kerzenstummeln, Korken und ähnlichen Drachenleckereien. Der Drache ist böse und wild, aber gewinnt über die Zeit Zutrauen zu den Kindern. An einem sonnigen Oktoberabend ist die Sau mit den Ferkeln und dem Drachen auf der Wiese. Unvermittelt kommt der Drache zu dem Mädchen, legt die Tatzen auf ihre Wange, die Augen vol-

44 Dankert 2013, 261.

ler Tränen, und fliegt dann laut und hell singend der Sonne entgegen. Dieser jähe Abschied lässt die beiden Kinder sehr traurig zurück.

Ziele und Kompetenzen der Stunde

Die Buchvorlage von Astrid Lindgren hat zunächst keinen erkennbaren religiösen oder gar biblischen Bezug. Dies ist für das Werk Astrid Lindgrens nicht anders zu erwarten. Die Thematik des Abschieds, und zwar eines Abschieds für immer, ist hier zentral. Die These 4 der Erklärung der EKD zur religiösen Bildung im Elementarbereich lautet: »religiöse Bildung unterstützt die Selbstwerdung des Kindes und fördert die Entwicklung zentraler Kompetenzen.«[45] Als solche werden »kognitive und emotionale, sprachliche sowie soziale, ästhetische und moralische Kompetenzen«[46] benannt. In der Auseinandersetzung mit dem Thema Abschied (für immer) anhand des kleinen Drachen können mehrere Kompetenzbereiche angestrebt werden. So kann es um die kognitive sowie emotionale und soziale Auseinandersetzung gehen. Die Kinder nehmen kognitiv die Erzählung wahr und besprechen und deuten einzelne Abschnitte. Sie benennen im Anschluss daran eigene negative oder positive Erfahrungen mit Abschieden und erkennen im gemeinsamen Gespräch, dass andere Kinder ähnliche oder andere Erfahrungen gemacht haben. Indem sie eine Idee über den Verbleib des Drachen (evtl. mit religionspädagogisch orientierter Vorgabe) entwickeln und dies in einem Trosttuch vertiefen und auf sich selbst übertragen, setzen sie sich damit auseinander, ob eine religiöse Idee für ihr Selbstverständnis Trost gibt und von Relevanz sein kann.

Unterrichtsinhalt

Sicherlich wird es sich im Kindergarten weniger um eine Unterrichtsstunde handeln als eher um ein Projekt, das sich in unterschiedliche Phasen gliedern kann. Zunächst geht es um das Verstehen und Verarbeiten des Inhaltes. Dabei kann helfen, immer nur kleine Abschnitte des Buches zu lesen/zu erzählen und dabei unterstützend intensiv die detailreichen und kindgerechten Bilder von

45 EKD 2007, These 4.
46 Ebd.

Ilon Wikland zu betrachten. Folgende Zäsuren scheinen hilfreich, die durch Fragen beispielhaft markiert werden:

Seite 1: *Was würdet ihr machen, wenn ihr den Drachen entdeckt hättet?*
Seite 3: *Womit würdet ihr den Drachen füttern?*
Seite 6: *Was kann man tun, damit der Drache lieb wird und sich beruhigt?*
Seite 11: *Was macht der Drache, als er das »pilutta, pilutta« hört?*
Seite 17: *Warum weint der Drache?*
Seite 20: *Wohin fliegt der Drache?*
Seite 22: *Was machen die Kinder, als der Drache weggeflogen ist?*

Die ersten Fragen können optional gewählt werden. Die wichtigsten Fragen sind die letzten drei, da sie das Verstehen des Abschiedes in besonderer Weise reflektieren. Einzelne Stationen des Projektes können sein:

Erzählrunde I: Wann habe ich eine ähnliche Situation erlebt, in der jemand wegging? Wie habe ich mich gefühlt? Diese Erzählrunde kann durch farbige Karten oder andere Ausdrucksmöglichkeiten unterstützt werden, die das Kind jeweils nach dem eigenen Gefühl wählt und im Anschluss daran erst redet. Beispielsweise eine dunkle Karte für Trauer und eine helle Karte für Freude (weinendes/lachendes Gesicht o. Ä.). Zusätzlich können die Bilder des Buches miteinbezogen werden. Entdecken die Kinder unterschiedliche Emotionen? Beispielhaft kann man den Drachen gemeinsam beobachten: Wie schaut der Drache in den verschiedenen Situationen?

Male ein Bild – wohin ist der Drache geflogen? Natürlich ist es möglich, hier einen religionspädagogischen Impuls gezielt zu setzen, indem man durch die Vorgabe lenkt: Der Drache fliegt in den Himmel – zu Gott. Diesen Hinweis gibt man vor dem Malen des Bildes bereits in einem Gespräch oder erarbeitet ihn nach dem freien Malen wiederum in einem Gespräch. Evtl. nimmt man dabei Bildmotive der Kinder auf.

Erzählrunde II: Wenn die Kinder wissen, wohin der Drache geflogen ist, verändert sich dadurch das Traurigsein? Sind sie mehr oder weniger traurig? Hier kann man wieder an das Himmelsmotiv und die Gottesvorstellung anknüpfen.

Bemalen eines Trost(taschen)tuches: *Manchmal kann man gut aufhören mit Traurigsein und Weinen, weil etwas Trost gibt. Bemale mit Stofffarbe dein Trosttuch, indem du malst, was dir Trost gibt. Wähle die passenden Farben aus!*

9.1.2 Ulf Nilsson/Anna-Clara Tidholm, *Adieu, Herr Muffin* (2002/7. Aufl. 2014)

Ulf Nilsson (geb. 1948 in Schweden) setzt sich mit gesellschaftlich schwierigen Themen (u. a. Tod, Demenz) auseinander und setzt diese kongenial in seinem umfangreichen Werk, das sich zum großen Teil an Kinder wendet, um.

Kurzvorstellung

Im Mittelpunkt des Bilderbuches steht das alte Meerschweinchen Herr Muffin, das in einem Außengehege lebt und dort von einem namenlosen Kind gepflegt wird. Kurioserweise gehört zu dem Gehege auch ein kleiner Briefkasten, in dem ab und zu Briefe von dem Kind liegen, in denen es seine Gedanken und Sorgen wegen des hinfälligen Zustandes und des zu erwartenden Todes von Herrn Muffin aufschreibt. Herr Muffin mag die Post, nicht zum Lesen, sondern zum Auffressen. Oftmals erinnert sich Herr Muffin an Szenen seines langen Lebens, an seine Meerschweinchenfrau Victoria und die sechs gemeinsamen Kinder, an Ausflüge und den plötzlichen Tod Victorias aufgrund eines Bienenstiches.

Als Herr Muffin starke Schmerzen hat, kommt die Tierärztin, die angesichts des Befundes nur ihren Kopf schütteln kann. Es ist deutlich, das Leben von Herrn Muffin geht zu Ende und er widmet sich intensiv seinen Erinnerungen, kann aber noch immer Post aus dem Briefkasten holen. In und mit den Briefen verarbeitet das Kind den Abschied und die damit verbundene Trauer. Dann stirbt Herr Muffin. Das Kind bettet ihn in einen Karton. Leicht kuriose Szenen werden in den Erzählfaden integriert, z. B. dass ganz Schweden, samt des Königshauses, in Trauer wegen des Todes von Herrn Muffin ist. Daran anschließend wird Herr Muffin im Familienkreis des Kindes im Garten beerdigt. Am Ende des Buches steht noch einmal ein Brief des Kindes, der den Tod von Herrn Muffin bedenkt.

Ziele und Kompetenzen der Stunde

Auch das Buch von Ulf Nilsson ist nicht primär religiös ausgerichtet. Es lässt sich aber aufgrund der Struktur und durch die eingestreuten Briefe kreativ in diesem Sinne gestalten.[47]

In diesem Vorschlag steht wiederum die in These 4 der Erklärung der EKD zur religiösen Bildung im Elementarbereich genannte Unterstützung der Selbstwerdung und Förderung der Entwicklung von zentralen Kompetenzen des Kindes im Mittelpunkt. Kognitive, emotionale sowie soziale Bereiche werden primär angesprochen. Nach der kognitiv orientierten Erarbeitung des Buchinhaltes, die durch kleine Einheiten und Fragen unterstützt wird, gibt es für die Kinder die angeleitete Möglichkeit zum Erzählen. Die eigene emotionale Betroffenheit findet so Ausdruck. Die Kinder können sich in der Gesamtheit wahrnehmen und merken, dass sie nicht allein mit ihrer Trauer sind oder auch, wie unterschiedlich der Zugang zur Trauer ist. Durch einen umformulierten Brief, der sich so nicht im Buch findet, wird durch die Lehrkraft eine religionspädagogische Idee platziert. Hier können die Kinder eigene religiöse Ideen entwickeln, zum Ausdruck bringen, sich bei der Bilderausstellung darüber austauschen und andere Vorstellungen wahrnehmen. Mit dem nächsten Schritt wird eine andere Seite des Themas beleuchtet und zugleich eine Verbindung hergestellt. Der Aspekt des Trostes kommt hinein und wird durch die Postkarten mit einem religiösen Impuls verbunden. Mag das Motiv des Himmels bereits Trost beinhalten, so wird dieser Gedanke durch die Karten erweitert und vertieft. Die eigene Gestaltung der Karten kann einen geäußerten Aspekt aufnehmen oder einen eigenen Gedanken der Kinder verfolgen.

Unterrichtsinhalt

Auch in diesem Zusammenhang gilt, dass man im Kindergarten weniger eine Unterrichtsstunde halten, sondern eher ein mehrphasiges Projekt gestalten wird.

Dabei geht es zunächst darum, dass die Kinder den Inhalt erfassen und verstehen. Die anschaulichen und gut nachvollziehbaren Bilder von Anna-Clara Tidholm bieten dabei eine wichtige Verste-

47 Weitere und ausführlichere Ideen finden sich in Butt 2013a, 81 ff.

henshilfe und sollten ausführlich besprochen werden. Folgende Stationen können sich ergeben:

Herr Muffin, das alte Meerschweinchen – Wie fühlt sich das an, alt zu sein? Kannst du dir das vorstellen? Hierbei kann das Betrachten der Bilder des Buches als Impuls dienen. Kann man an ihnen erkennen, dass er alt ist?

Das Kind und die Briefe – Warum schreibt das Kind Briefe? Was sind das für Gedanken in den Briefen?

Der Lebensrückblick des alten Herrn Muffin – traurig, fröhlich oder wie fühlt sich ein Rückblick auf das Leben an? Auch hierbei unterstützen die Bilder mit den einzelnen Stationen das Gespräch.

Der Tod des Herrn Muffin – Was passiert mit Herrn Muffin? Was denkst du?

Trauer/Rituale – Was hilft in der Trauer? Was hilft dir?

Beerdigung – Was passiert da? Hat eine Beerdigung auch schöne Seiten?

Erzählrunde I: Habt ihr das schon einmal erlebt? Die Kinder können von ihren Erfahrungen mit Trauer und Tod um ein Haustier erzählen. Ein Erzählstein gibt Kraft zum Sprechen und ordnet zugleich die Runde, da sicherlich sehr viele Beiträge zu erwarten sind.

In einem Brief zur Zeit der Krankheit von Herrn Muffin schreibt das Kind, der Vater sage, dass man im Tod seine Ruhe habe und dass er nicht wisse, ob es einen Himmel wirklich gebe. Diesen Brief kann man umformulieren und einen religionspädagogischen Akzent setzen. Dann lautet der Brief: *Der Vater habe gesagt, dass man in den Himmel komme, aber das Kind könne sich nicht genau vorstellen, was das bedeute.* Hier sind die Kinder in einer offenen Runde gefragt: Male ein Bild – wie sieht der Himmel aus, in dem Herr Muffin Ruhe finden soll?

Erzählrunde II: Das Kind bleibt traurig zurück, auch wenn es beruhigt ist, dass Herr Muffin in den Himmel kommt. Es schreibt keine Post mehr an ihn, aber es wird sich freuen, wenn es Trostpost bekommt. Stellt euch vor, es bekommt eine Karte mit einem solchen Motiv – gezeigt wird eine kleine Auswahl an biblischen/religiösen Postkarten mit Engeln, Heiligenfiguren, Glasfenstern o. Ä. – Wird es sich darüber freuen? Was denkt ihr? Was findet es gut?

Jetzt malst du eine Trostkarte für das Kind auf eine weiße und leere Postkarte. Was kann es trösten? Eine Trostkartenausstellung kann anschließend stattfinden.

9.2 Klasse 1/2

An dieser Stelle sollen zum Thema Weihnachten die beiden Bilderbücher Astrid Lindgren/Ilon Wikland *Weihnachten in Bullerbü* und Willi Fährmann/Gabriele Hafermaas *Paco baut eine Krippe* vorgestellt werden.

9.2.1 Astrid Lindgren/Ilon Wikland, *Weihnachten in Bullerbü* (1963/35. Aufl. 2015)

Kurzvorstellung

Weihnachten spielt in dem schriftstellerischen Werk von Astrid Lindgren (1907–2002) eine wichtige Rolle, als zentrales Fest thematisiert sie es in ihren Büchern immer wieder. Allerdings entspricht die Art und Weise, wie sie den Geist der vergangenen, idyllischen Weihnachtsbeschaulichkeit beschwört, in keiner Weise der Realität, wie die Autorin das Fest selbst erlebte und beging.[48] Das Bilderbuch, das die ab 1946 erscheinende Bullerbü-Trilogie ergänzt, widmet sich der Weihnachtsthematik in der für Lindgren typischen verklärenden Art und Weise, die durch die heiteren, detailreichen und farbenfrohen Bilder wesentlich unterstützt wird.

Das Buch schildert ein idealisiertes, winterliches Weihnachtsfest in Bullerbü, wie es die Protagonistin Lisa und die dörflichen Spielgefährten erleben. Für die Erzählung leitend ist die alleinige Ausrichtung an der kindlichen Perspektive. Die Eltern werden erwähnt, nehmen aber eine Statistenrolle ein. Das Buch beginnt mit den autonomen, kindlichen Festvorbereitungen, die bunt und fröhlich geschildert werden: das Pfefferkuchenbacken, das Feuerholzmachen, das Aussuchen und Abholen des Baumes und das Liedersingen. Der Vormittag des Heiligabend wird zunächst von der endlosen Warterei auf die Bescherung bestimmt, dann jedoch von dem geschmück-

48 Dankert 2013, 194.

ten Weihnachtszimmer und dem feinen, ausgiebigen Weihnachtsessen abgelöst. Heiter ist die Ankunft des Weihnachtsmanns mit dem vollen Geschenkeschlitten. Die Bescherung lässt keine Wünsche offen. Am sehr frühen Morgen des ersten Weihnachtstages fahren die Familien mit dem Pferdeschlitten zur Christmesse in die Kirche. Begeistert gehen die Kinder im Anschluss mit Skiern, Schlitten und Schlittschuhen zum ausgelassenen Wintersport in die winterliche Natur. Diese geselligen Aktivitäten werden abends im Haus mit viel Spiel und Spaß fortgesetzt, sodass die frohgemute Stimmung kein Ende zu finden scheint.

Ziele und Kompetenzen der Stunde

»Kinder lernen biblische Geschichten als Elemente christlicher Tradition und Anhalt christlichen Glaubens kennen, die zusammen mit anderen, aus dieser Tradition mitbestimmten Geschichten aus Vergangenheit und Gegenwart Wege der Lebensdeutung und verantwortlichen Handelns zeigen.«[49] Dies trifft beim Weihnachtsfest im besonderen Maße zu, weil sich hier Traditionen, Bräuche und die biblische Ursprungsgeschichte in einmaliger Art und Weise sehr lebendig verbinden und bis heute im Leben der Kinder von herausgehobener Relevanz sind.

Die Kinder nehmen durch die Präsentation des Bilderbuches zunächst einmal die Fülle an Bräuchen wahr, die zur Feier des Weihnachtsfestes gehören. Sie erkennen evtl. Verbindungen zum eigenen Leben und versuchen, anhand eines Brauches den Inhalt zu deuten. Um die religiöse Wahrnehmungs- und Deutungskompetenz geht es zunächst primär. Sie findet ihre Vertiefung durch die Beantwortung des fiktiven Briefes, in dem die Kinder gefragt werden, was das Kernanliegen von Weihnachten ist. In der Präsentation der Antwortschreiben können sie ihre Meinungen reflektieren. Neue Perspektiven können sich dann durch die Konfrontation mit der Weihnachtsgeschichte ergeben. Indem die Kinder nun den Inhalt der Weihnachtsgeschichte an die im Bilderbuch präsentierten Bräuche rückbinden, stellt sich die Frage nach Ursprung und Sinn der weihnachtlichen Festkultur. Hier geht es um die Stärkung der

49 EKD 2000, Punkt 2.1.

Deutungskompetenz, aber auch um die Urteilskompetenz. Diese ist bei dem abschließenden Versuch einer Positionierung der Kinder gefragt. Der Zusammenhang von biblischer Geschichte und lebendiger Tradition wird so für die Kinder intensiv thematisiert und in das eigene Leben integriert.

Unterrichtsinhalt

Die verklärte und stark emotionale Darstellung des Weihnachtsfestes mit den farbenfrohen und ausdrucksvollen Bildern stellt in großer Bandbreite traditionelle Bräuche und Rituale kindgerecht dar. Diese große Fülle bietet einen Ausgangspunkt für eine erste Annäherung der Kinder an das Weihnachtsfest:

Das Bilderbuch eignet sich zum Vorlesen oder Erzählen als Ganzes, wobei man die detailreichen Bilder wundervoll mit einbeziehen kann, da es auf ihnen in besonderer Weise viel zu entdecken gibt. Um die Aufmerksamkeit der Kinder zu erhöhen, bekommen sie eine Beobachtungs-/Höraufgabe: *Schreibt alles auf, was die Kinder in Bullerbü vor und an Weihnachten machen.* Sollte die Klasse noch nicht so weit im Schreiben sein, kann man alternativ ein Arbeitsblatt vorbereiten, in dem die Bräuche vorgegeben sind und die Kinder diese beim Hören ankreuzen können.

Im Tandem suchen die Kinder einen Brauch aus, der ihnen gut gefällt. Sie schauen sich dazu das Bild im Buch an und versuchen eine ganz kurze Erklärung zu verfassen, was dieser Brauch ihnen bedeutet und mit Weihnachten zu tun hat.

Die unterschiedlichen Erklärungen werden als Ergebnisse besprochen und evtl. Fehlinterpretationen korrigiert. Ungenannte Bräuche können in einem gemeinsamen Gespräch ergänzt werden. Diese können anhand des Bildes evtl. erschlossen werden. Wichtig ist, das breite Spektrum an Gewohnheiten und Ritualen zur Sprache zu bringen, gleichzeitig aber auch für die Kinder erkennbar werden zu lassen, dass die Bräuche eine unterschiedlich enge Verbindung zu dem Weihnachtsgeschehen besitzen.

Vertiefung: Die Klasse erhält einen Brief von einem Kind aus einem sehr fernen und fremden Land. Dieses Kind erklärt, das Buch von Lindgren über Bullerbü gelesen und verstanden zu haben, dennoch stellt es eine Frage an die Kinder der Klasse: *»Dass Weihnachten* *euch Spaß macht und ihr gerne feiert, das habe ich verstanden. Aber ich habe noch nicht begriffen, was der Grund für das ganze Feiern ist?«*

Die Kinder verfassen kleine Antwortbriefe. Die Antworten werden in der Klasse präsentiert.

Die Weihnachtsgeschichte nach Lukas wird vorgelesen und mit den Kindern besprochen.

Von der Kenntnis der Weihnachtsgeschichte her erfolgt nun eine Rückbindung an das Bilderbuch *Weihnachten in Bullerbü.* Wie würden die Kinder nun urteilen: Welche Rituale der Kinder haben mit der Weihnachtsgeschichte zu tun und wie? Evtl. wird mit den Bildern des Buches gearbeitet. Die Kinder dürfen mit einem weißen Blatt überdecken/kleben oder aber ausstreichen, was mit dem ursprünglichen Weihnachten nichts zu tun hat. Beeindruckend ist das Ergebnis, was von den Bildern übrigbleibt.

Abschließend kann versucht werden, dass die Kinder einen eigenen Standpunkt einnehmen. Sind Bräuche, die in der Weihnachtsgeschichte Anhalt finden, besser oder sind alle gleich viel wert?

9.2.2 Willi Fährmann/Gabriele Hafermaas, *Paco baut eine Krippe* (1993/2004)

Willi Fährmann (geb. 1929) ist ein deutscher Autor von zahlreichen Kinder- und Jugendbüchern. Im Hauptberuf arbeitete er, von der katholischen Jugendbewegung inspiriert, als Lehrer und Schulrat, veröffentlichte zugleich ein breites Oeuvre, das auch religionspädagogische und schulpädagogische Arbeiten enthält. Zum Thema Weihnachten hat Fährmann mehrere Bücher verfasst.

Kurzvorstellung

Das farbefrohe Bilderbuch spielt in Südamerika. Der zehnjährige Paco lebt mit seinen Eltern auf der Hazienda (Landgut) von Don Alfredo. Paco und seine Familie sind arm und so muss der Junge z. B. schon früh bei der Maisernte mitarbeiten und versteht viel von ungerechten Lebensbedingungen.

Eine große Chance bedeutet für Paco der Schulbesuch, der durch die Initiative von Dona Klara, einer Tante Alfredos, möglich ist. Hier lernt Paco die Weihnachtsgeschichte kennen. Er bekommt die Idee, sie lebendig in dem leerstehenden Nachbarhaus nachzustellen.

Daher spricht er verschiedene Menschen an, um die einzelnen Rollen und Aufgaben für die Krippendarstellung besetzen zu können. Am Abend treffen sich nicht nur die Akteure, auch viele Nachbarn und die Haziendabesitzerfamilie kommen. Letztere bringt passende Geschenke mit, sodass die Krippendarstellung vollkommen wird. Das friedliche und eindrückliche Zusammensein erreicht die Herzen der Menschen und klingt noch lange in ihnen nach.

Ziele und Kompetenzen der Stunde

Das Bilderbuch ist durchaus anspruchsvoll, beinhaltet aber durch die überzeugende Bildgestaltung und die kindgerechte und faszinierende Geschichte ein hohes Identifikationspotenzial, das der bekannten Weihnachtsgeschichte eine große Attraktivität verleiht.

Wie bei der Auseinandersetzung mit *Weihnachten in Bullerbü* geht es auch hier um das Kennenlernen biblischer Geschichten als Elemente christlicher Tradition, die Wege der Lebensdeutung und verantwortlichen Handelns zeigen. Dies ist in dem Bilderbuch insbesondere durch den Transfer der Handlung nach Südamerika gegeben. Das bedeutet zum einen sicherlich einen hohen Anspruch an die Klasse, zugleich aber eine besondere Chance, einen fremden Lebenszusammenhang kennenzulernen und die Kinder an die Verantwortung für das gemeinsame Leben heranzuführen.

So geht es bei dem strukturierten Wahrnehmen und Verstehen von Pacos Lebenswelt zunächst um den Ausbau der Wahrnehmungskompetenz und angesichts des Vergleichs mit dem eigenen Leben und dessen Umständen zugleich auch um die Deutungskompetenz. Diese findet eine starke Vertiefung in der Aufgabe, einen Traum von Paco zu formulieren. Hierbei deuten die Kinder das bisher Erarbeitete und leiten daraus Wünsche und Hoffnungen ab. Durch die dann geschilderte Weihnachtsgeschichte müssen die Kinder selbständig den Transfer herstellen, warum diese eine solche Hoffnungskraft für Paco besitzt. Wiederum werden sie in ihrer Deutungskompetenz gefordert. Die Übertragung der Weihnachtsgeschichte in dem Bilderbuch und die einzelnen Szenen fordern die Wahrnehmungs- und Deutungskompetenz. Die Formulierung eines eigenen Endes schult erneut die Deutungskompetenz, der Austausch über die Ergebnisse darüber hinaus auch die Sozial- als auch Urteilskompetenz. Letztere wird bei der Frage nach der besonderen Kraft der Weihnachtsgeschichte noch einmal aktiviert. Die gemeinsame Übertragung in das Hier und Heute fördert unterschiedliche Kompetenzen, sicherlich in besonderem Maße wiederum die Deutungs- und Urteilskompetenz.

Unterrichtsinhalt

Das (textlich) umfangreiche Bilderbuch, das evtl. als eine Überforderung für eine 1. oder 2. Klasse anmutet, beinhaltet ein großes Potenzial. Ein reflektiertes, schrittweises Vorgehen nimmt die Kinder mit in diese (vordergründig fremde) Welt.

Zunächst geht es um die Erschließung der Lebenswelt des Protagonisten Paco auf der Hazienda in Südamerika. Die ungerechten, von Deutschland so unterschiedlichen Verhältnisse und der Gegensatz von arm und reich sind Thema. Dies findet sich vor allem auf den ersten Seiten des Buches (S. 4–7). Es ergeben sich drei Schwerpunkte: Das Haus – Leben im Haus/Kleidung/die Eselin Juanita (S. 4+6). Die Arbeit – Pacos Arbeit (S. 5). Die Schule – Vergleich (S. 7). Zu jedem Thema wird ein Bild(ausschnitt) ausgewählt. Die Kinder sollen anhand des Bildes Details erkennen und im Vergleich herausarbeiten, was in Pacos Welt anders ist. Evtl. kann man ein kleines szenisches Spiel im Anschluss veranstalten: Ein Kind ist Paco, ein anderes besucht ihn. Paco erklärt ihm seine Welt.

Nachdem die Kinder in die Welt des Buches eingetaucht sind, sollen sie jeweils ein Bild malen, wovon Paco träumt. Was macht ihm Hoffnung? Was wünscht er sich besonders? Nach einer Bilderausstellung kommt die Fortsetzung des Bilderbuches.

Die Weihnachtsgeschichte und Pacos-Ideen-Nest (S. 8–9). Die Kinder erörtern, warum Paco die Weihnachtsgeschichte besonders anspricht. Welche Ideen können in Pacos Kopf entstanden sein? In einem größeren Erzählzusammenhang werden die einzelnen Schritte erzählt, die zur Krippe führen (Ochse, Maria und Säugling, Josef, Engel). Evtl. ist es für den Zusammenhang günstig, frei zu den Bilderbuchseiten zu erzählen und dabei einige Details zu straffen. Zur Vertiefung wird die Weihnachtsgeschichte gelesen und zusammen verglichen, wie die einzelnen Personen aufgenommen werden und vorkommen.

Die letzte Seite (S. 23) wird aufgespart. Die Schülerinnen und Schüler gestalten/malen selbst die letzte Seite oder schreiben das Ende auf. Was passiert, nachdem die Stalllaterne erloschen ist und die Menschen nach Hause gehen? Verändern sich die Menschen? Die Ergebnisse werden in einer Kunstausstellung bzw. in Lesungen präsentiert und besprochen. Weiterführend kann folgende Frage sein: Wieso hat die Weihnachtsgeschichte solch eine Kraft?

Um das Gespräch über die verändernde Kraft von Weihnachten und das selbst erdachte Ende aufzunehmen, sollen die Kinder anhand der Vorlage die Geschichte in unsere Zeit und unser Land übertragen. Da dies für ein einzelnes Kind zu schwierig ist, kann dies als Gemeinschaftsaktion der ganzen Klasse versucht werden. Gemeinsam wird überlegt, wo die Geschichte hier und heute spielen könnte, welche einzelnen Personen und Rollen dafür nötig sind etc. Besonderes Gewicht sollte auf dem Ende liegen. Wie könnte das gestaltet werden? Gibt es noch weitere Möglichkeiten, wie die Menschen sich verändern?

9.3 Klasse 3/4

An dieser Stelle sollen zum Thema Identität Ideen zu Bilderbüchern von Wolf Erlbruch *Frau Meier, die Amsel* und Lorenz Pauli/Miriam Zedelius *Harzig, Kipplig, Fälltum* vorgestellt werden.

9.3.1 Wolf Erlbruch, *Frau Meier, die Amsel* (1995/5. Aufl. 2006)

Wolf Erlbruch (geb. 1948) hat in seinen vielfach ausgezeichneten Bilderbüchern ein breites Themenspektrum aufgegriffen. U. a. beschäftigt er sich in seinem Werk mit dem Sinn des Lebens, Tod, Schöpfung, aber auch mit Klassikern der Literatur. Kennzeichnend für Erlbruch ist, dass oft Tiere die Protagonisten in seinen Handlungen sind.

Kurzvorstellung

Das Buch erzählt in ausdrucksstarken Bildern von der überaus ängstlichen Frau Meier, die mit ihrem Mann zusammenlebt und sich um viele alltägliche, aber auch nicht alltägliche Dinge außerordentlich große Sorgen macht, bis sie eines Tages in ihrem Garten ein hilfloses, schwächliches Vogeljunges findet. Frau Meier beschließt, den kleinen

Vogel großzuziehen. Sie kümmert sich mit Hingabe um den Piepmatz, füttert ihn Tag für Tag emsig und erkennt im Laufe der Zeit, dass es sich um eine junge Amsel handelt. Frau Meier begreift, dass zu dem Großwerden des Vogels das Fliegenlernen gehört. Als Vogelmutterersatz versucht sie, die junge Amsel zum Fliegen zu bewegen, aber alle Bemühungen sind erfolglos. Nach einigem Nachdenken klettert sie mit der Amsel auf einen Kirschbaum, zeigt dem Vogel Flugbewegungen, hat damit aber keinen Erfolg. Betrübt bleibt Frau Meier auf dem Kirschbaumast sitzen und grübelt über ihren Misserfolg. Als sie ein sonderbares Gefühl durchzuckt, rutscht sie vom Ast und fliegt eine kleine Runde, um dann wieder neben dem Amseljungen auf dem Ast zu landen. Danach machen die beiden eine weitere Runde. Aus der Darstellung geht nicht hervor, was das Initial war, dass es mit dem Flugversuch geklappt hat. Am nächsten Morgen kann sie es fast nicht abwarten, einen kleinen Morgenflug zu machen.

Die Geschichte ist als ironische Umkehrung konzipiert (Titel), denn schon Kinder wissen, dass die Menschen nur mit Hilfsmitteln fliegen können. Hier allerdings wächst Frau Meier durch ihre Aufgabe, die Sorge um ein hilfloses Lebewesen, über sich hinaus und lernt selbst fliegen.

Im Buch finden sich in sogenannter Applikationstechnik erstellte verfremdete Illustrationsteile, die teilweise im leeren Bildraum appliziert werden und mit verschiedenen Techniken erstellt sind.

Ziele und Kompetenzen der Stunde

Frau Meier, die Amsel hat keinen direkten religiösen oder biblischen Bezug. Jedoch ist dieser leicht herzustellen, da über die Thematik der Identität und Veränderung Anknüpfungspunkte vorhanden sind.

Religiöse Bildung in der Grundschule »hilft den Kindern, sich in der pluralen Vielfalt möglicher Lebensentwürfe zurechtzufinden und eine eigene Identität zu entwickeln, die religiöse Orientierung und ethische Urteilsfähigkeit einschließt«.[50] Diesem Anspruch wird folgende Unterrichtsidee gerecht, indem zunächst das Bilderbuch präsentiert wird, die Kinder einen eigenen Schluss erfinden und die entwickelten Ideen mit dem Originalschluss kontrastieren. Indem sie

50 EKD 2000, Punkt 1.2.

vergleichen und zudem eigene Überschriften erfinden, stärken sie ihre Urteils- und Deutungskompetenz. Die anschließende Aufgabe stellt einen weiteren religionspädagogischen Aspekt dar. Die Schülerinnen und Schüler müssen nun selbst überlegen, inwiefern das Bilderbuch religiös zu interpretieren ist. In dem anschließenden Austausch und den weitergehenden Unterrichtsschritten wird diese Perspektive vertieft. Zum einen werden die Kinder aufgefordert, ihr Selbstverständnis und ihre soziale Umwelt dahingehend zu hinterfragen, ob Menschen Impulse zur Veränderung aufgenommen und umgesetzt haben, zum anderen kommen sie mit den Mitschülerinnen und Mitschülern darüber ins Gespräch und werden so in ihrer Dialogkompetenz gestärkt. Dies kann in der Vorbilddiskussion noch vertieft werden.

Unterrichtsinhalt

Die Unterrichtsstunde oder evtl. Unterrichtsstunden kann man unter die Fragestellung fassen: »Kann der Glaube Flügel verleihen?«

Das Bilderbuch wird unter Einbezug der aussagekräftigen Bilder bis zur Seite, auf der es heißt »da Frau Meier nach dem vergeblichen Flugunterricht grübelnd im Kirschbaum sitzt und in den Himmel schaut. Dort schweben zwei mittelgroße Wolken nah beieinander …«, vorgelesen oder erzählt.

Die Schülerinnen und Schüler erhalten nun die Aufgabe: Schreibt die Geschichte zu Ende! Die Geschichten der Kinder werden präsentiert.

Die Ideen der erfundenen Erzählungen werden mit dem Originalende verglichen. Die unterschiedlichen Schilderungen werden dabei gegenübergestellt und abgewogen.

Um noch einmal den Inhalt der Geschichte von Erlbruch zu fokussieren und auch evtl. Differenzen zu den Schülergeschichten zu benennen, wird ein neuer Titel für das Bilderbuch gesucht. Welche Vorschläge haben die Schülerinnen und Schüler? Bei ihrer Suche sollen die Kinder die Bilder des Buches mit einbeziehen. Ergeben sich daraus Hinweise? Hat sich Frau Meier verändert? (Antworten können sein »die Verwandlung« oder »der Glaube verleiht Flügel«.)

Diese Überschriften geben eine gute Grundlage, über die Absicht von Wolf Erlbruch zu reden: Was könnte er mit seinem Buch sagen wollen?

Ein religionspädagogischer Impuls wird durch folgenden Auftrag gegeben: »Stellt euch vor, die Geschichte endet nicht so, wie ihr gehört habt, sondern sie geht folgendermaßen weiter: *Am nächsten Morgen, es war ein Sonntag, machen Frau Meier und die Amsel wieder einen Morgenflug. Diesmal bis in den nächsten Ort. Dort steht eine große Kirche, deren Türen weit offen sind. Frau Meier und die Amsel fliegen in die große Kirche hinein, drehen ein paar Runden und merken dann erst, dass der Pfarrer Gottesdienst hält. Frau Meier und die Amsel setzen sich hoch oben in der Kirche auf die Orgelpfeifen. Der Pfarrer liest gerade eine Stelle aus der Bibel vor, eine Wundergeschichte – evtl. Joh 5,1–9 – und Frau Meier hört aufmerksam zu. Als der Gottesdienst zu Ende ist, fliegt Frau Meier zu dem großen Kerzenständer, zündet eine Kerze an und betet. Schreibe ihr Gebet auf.*

Alternativ könnte der Arbeitsauftrag offener formuliert lauten: *Nachdem Frau Meier die Wundergeschichte gehört hat, bleibt sie auf den Orgelpfeifen sitzen und schreibt für ihren Mann ihre Gedanken auf. Was schreibt Frau Meier? Die Gebete bzw. Briefe werden präsentiert.*

Ein Abschluss könnte sein: Im Leben passieren Veränderungen, Anstöße kommen häufig von außen (Amsel) oder weil man daran glaubt (Wunder). *Überlege, ob dir Menschen (auch aus Büchern, Filmen, Sport etc.) einfallen, bei denen du auch eine Veränderung erlebt hast oder beobachten konntest.* Eine vertiefende Frage könnte sein: Sind diese Menschen Vorbilder? Was macht sie dazu?

9.3.2 Lorenz Pauli/Miriam Zedelius, *Harzig, Kipplig, Fälltum* (2010)

Der Schweizer Lorenz Pauli (geb. 1967) hat lange Zeit als Erzieher gearbeitet und bringt diese Erfahrungen mit in seine Bilderbuchautorenschaft ein. In seinen Büchern greift er eine bunte Palette an Themen auf. Dabei finden sich immer wieder berndeutsche Formulierungen. Er erhielt mehrfach Auszeichnungen.

Miriam Zedelius, geboren 1977 in Heidelberg, studierte Malerei in Karlsruhe, Grafik und Design in Halle und Illustration an der Hochschule für Grafik und Buchkunst in Leipzig.

Kurzvorstellung

Die Familie des kleinen Leo benötigt Möbel. Deswegen beschließt sie, nicht in die Ferien zu fahren, sondern das Geld in neue Möbel zu investieren. Sie fahren zusammen in ein großes (schwedisches) Möbelhaus. Leo weigert sich, in die Kinderbetreuung zu gehen, und ist stattdessen lieber bei dem Einkauf dabei. Da der Einkauf viel Zeit benötigt, fährt Leo mit dem Bürostuhl Karussell und wird dafür von den Eltern ausgeschimpft. Auch sein Versteckspiel bei den Plüschtieren und sein Spiel beim Einladen der Möbel ins Auto kommen nicht gut an. Die Eltern schimpfen wieder, dass Leo alles durcheinanderbringe. Zuhause angekommen sollen die Möbel aufgebaut werden. Leo sucht sich seine eigene Beschäftigung und spielt still mit den Schrauben und Beschlägen. Doch die Eltern sind gereizt und unzufrieden und schimpfen mit Leo. Daraufhin beschließt Leo, den Eltern zu helfen und die Möbel auf eigene Faust aufzubauen. Kreativ baut er die verschiedenen Elemente der Möbel zu einem neuen Ganzen, zu einem Flugzeug! Als die Eltern die Startgeräusche des Fliegers hören, kommen sie angerannt und setzen sich auf Leos Anweisung in das Flugzeug hinein und sogleich fliegen sie aus dem Fenster in den Urlaub. Trotz der Einwände der Eltern lässt Leo sich nicht von seinem Plan abbringen.

Ziele und Kompetenzen der Stunde

Das originelle Bilderbuch mit den kreativen farbenfrohen Bildern hat mehrere Ebenen, auf die man eingehen kann. Im Mittelpunkt sollen jedoch das kindliche Eigenverständnis und die Identitätsbildung in Auseinandersetzung mit den elterlichen und anderen Erwartungen stehen. Ein religionspädagogischer Zusammenhang lässt sich zu der Thematik aufzeigen, indem biblische Parallelen einbezogen werden.

Das Bilderbuch beginnt punktgenau bei der Lebenswelt der Schülerinnen und Schüler, da es eine typische Situation ihres Lebens aufgreift. Indem die Situationen gesammelt und dann diskutiert werden, werden eigene Erfahrungen wahrgenommen und ethisch reflektiert. Die Deutungs-, vor allem aber auch die Dialogkompetenz stehen im Mittelpunkt. Wenn das Ende des Bilderbuches präsentiert wird und die Kinder es beurteilen und auf Situationen des eigenen Lebens übertragen, wird die Urteilskompetenz gestärkt. Die Übertragung auf den biblischen Bereich ist auf diese Weise vorbereitet. Der Transfer fällt leicht und ist für die Kinder von großem Interesse, da neue und andere Wege der Auseinandersetzung präsentiert werden. Vor dem Hintergrund christlicher und biblischer Deutung gilt es nun für die Schülerinnen und Schüler, das eigene alltägliche Handeln zu reflektieren und bewusst eine eigene Position zu gewinnen. Noch einmal wird so die (religiöse) Urteilskompetenz erweitert.

Unterrichtsinhalt

Das Bilderbuch könnte auch den Titel »Wenn Träume fliegen lernen« tragen, was durch die ansprechenden, fantasievollen und ausdrucksstarken Bilder unterstrichen wird. Der Titel gibt die Richtung der Unterrichtsidee an. Das Bilderbuch wird zu Beginn erzählt oder vorgetragen, bis zu der Stelle, an der die Eltern ein letztes Mal mit Leo schimpfen, er sich jedoch still mit den Schrauben und Beschlägen beschäftigt. Die Schülerinnen und Schüler dürfen auf das Buch zunächst reagieren und bekommen im Anschluss Karteikarten und sollen so viele Anlässe wie möglich aufschreiben (je Beispiel eine Karte), in denen sie selbst schon mal »ausgeschimpft« wurden und Ähnliches erlebt haben wie Leo. In der Annahme, dass viele Karteikarten zusammenkommen, werden diese in Auswahl vorgelesen und gesammelt.

Die Frage, wie man mit dem »Meckern« umgehen kann, wird thematisiert. Die Schülerinnen und Schüler tauschen Vorschläge aus. In Aufnahme des Bilderbuches werden (freiwillig) zwei Gruppen gebildet – die Eltern- und die Leo-Gruppe. In den beiden Gruppen werden Argumente gesammelt, warum die jeweiligen Personen so gehandelt haben und was sie zur Lösung beitragen können (evtl. ist ein Arbeitsblatt mit der Aufgabenstellung und Linien zum Schreiben hilfreich). Danach folgt mit je zwei Kindern pro Gruppe ein (Streit-) Gespräch. Dies kann wiederholt werden, bis die Motivation deutlich geworden und evtl. auch ein Übereinkommen für eine Lösung gefunden ist. Nun erst wird das Bilderbuch mit dem fantasievollen Ende erzählt oder vorgetragen. Die Kinder dürfen reagieren und dabei das Ergebnis beurteilen. Evtl. wird eine Gesprächsrunde ergänzt, in der über die Eigenschaften von Leo nachgedacht wird. Nun erhalten die Kinder die Aufgabe, für eine zuvor geschilderte »Meckersituation«, die sie selbst auf eine Karte geschrieben haben oder die von jemand anderem auf eine Karte geschrieben wurde, eine Lösung zu finden. Die Lösungen werden präsentiert. Noch einmal wird im Anschluss darüber nachgedacht, welche Eigenschaften man als Kind besitzen muss, um solche Lösungen vertreten zu können.

Religionspädagogisch kann im weiteren Verlauf vertieft werden, wie man mit »Meckern«, das bedeutet mit Konflikten, umgehen kann. Beispielhaft könnte hier Mt 5,38–42 als »Entfeindung« (Aushebelung des Talionsgesetzes: Wenn jemand dich auf die rechte Backe schlägt, halte ihm die linke hin etc.) bearbeitet werden. Nachdem im vorherigen Schritt bereits methodisch mit der Podiumsdiskussion gearbeitet wurde, könnte man mit von den Kindern selbst entwickelten Rollenspielen fortfahren, die eine typische »Meckersituation« aufgreifen und mit einer Lösung im Sinne der Bibel konfrontieren. (Das müssen keine Inszenierungen sein, Szenen sind gefragt. Beispielsweise reagieren Kinder auf eine typische ungerechte Meckersituation, in der sie von den Eltern aufgefordert werden, das eigentlich doch ordentliche Kinderzimmer aufzuräumen, folgendermaßen: Sie bieten nach getaner Arbeit an, auch das Wohnzimmer gemeinsam aufzuräumen. Ein solches Verhalten überrascht die Eltern und gibt die Möglichkeit, die Meckersituation aufzulösen und zu besprechen.) Falls den Kindern keine Situationen einfallen oder sie nichts Persönliches einbringen wollen, können zu unterschiedlichen Bildern des Buches Situationen als Hilfestellung erfunden und dazu Lösungen erarbeitet werden. Zum Schluss kann in der Klasse reflektiert werden, warum dies eine christliche Haltung ist und wie man sie als Kind in die eigenen »Meckersituationen« des Lebens übertragen kann.

9.4 Klasse 5/6

Die Frage nach unterschiedlichen Gottesvorstellungen ist das Thema im Bilderbuch von Rafik Schami/Sandra Beer *»Wie sehe ich aus«, fragte Gott*. Unterrichtsideen für die Sek I, Klasse 5/6, sollen hierzu vorgestellt werden. Gleichsam ist die Frage nach der eigenen Geltung, nach Leistung und Rechtfertigung Thema in dem Bilderbuch von Max Lucado/Sergio Martinez *Du bist einmalig*, zu dem unterrichtliche Vorschläge angeboten werden.

9.4.1 Rafik Schami/Sandra Beer, *»Wie sehe ich aus«, fragte Gott* (2011/3. Aufl. 2014)

Der Autor Rafik Schami wurde 1946 in Damaskus geboren. Der syrisch-deutsche Schriftsteller kam 1971 nach Deutschland, studierte Chemie und promovierte 1979. Er ist einer der bedeutendsten Autoren im deutschen Sprachraum. Seit 2002 ist er Mitglied der Bayerischen Akademie der Schönen Künste. Seine Bücher sind bisher in 27 Sprachen übersetzt worden.

Kurzvorstellung

Gott will wissen, wie ihn die Wesen seiner Schöpfung sehen und was sie über ihn denken. Zu diesem Zweck kommt er auf die Erde und fragt verschiedene Wesen, wie er, Gott, aussehe. Er befragt eine Wolke, einen Schmetterling, einen Fisch, ein Schneeglöckchen, eine Palme, eine Schildkröte, ein Atom, eine Jasminblüte, einen Distelfink, eine Maus, eine Spinne und einen Regenbogen. All diese beschreiben Gott in Bildern, die ihrem Lebenskontext und ihrer Lebenserfahrung entnommen sind. Gemeinsam ist den Beschreibungen, dass Gott wunderbar ist und man sich ihm nur in seinen ganz persönlichen Bildern annähern kann. Am Ende fragt Gott die Krönung seiner Schöpfung, den Menschen. Er trifft auf ein Mädchen, das ihn für ein allmächtiges Kind hält. Dann trifft er auf einen Maler, der auf die Frage nach Gott ein Bild von sich selbst malt. Dies lässt Gott zweifeln und macht ihn nachdenklich. Indem der Maler ein Selbstporträt malt, entwirft er ein anthropomorphes Gottesbild und gibt damit als Einziger eine Antwort, die Gott enttäuscht.

Ziele und Kompetenzen der Stunde

Das Thema Gottesbilder ist ein klassisches Thema der Orientierungsstufe. Häufig werden Kinder in dieser Einheit aufgefordert, ihr Bild von Gott zu malen, was nicht unumstritten ist, denn der Malauftrag provoziert anthropomorphe Darstellungen. Diesen Gedanken greift Schami auf, weitet ihn aber auf andere Geschöpfe aus, um deutlich zu machen, dass man nur in Bildern, die der eigenen Lebenswelt entstammen, von Gott reden kann. Die Schülerinnen und Schüler nehmen diese Erkenntnis wahr, indem sie die einzelnen Geschichten der Befragten deuten, und setzen sie kreativ um, indem sie weitere Szenen/Geschichten gestalten.

Unterrichtsinhalt

Das Bilderbuch wird eingeführt, indem die Frage des Titels im Unterrichtsgespräch besprochen wird. Was könnte sich hinter diesem Titel verbergen? Aus den ersten Präsentationen von Wolke, Schmetterling und Fisch kann das Prinzip, mit dem das Bilderbuch arbeitet, wahrgenommen werden: Wir machen uns aus unserem Lebenskontext ein Bild von Gott, aus den vielfältigen Bildern wird als kollektive Erinnerung die Wahrheit der Aussagen über Gott deutlich. Kritisch könnte man natürlich einwenden, dass alle Aussagen, die die Figuren machen, Projektionen sind (Feuerbach).

Nun kann das Prinzip umgesetzt werden. Dabei sollen die Schülerinnen und Schüler selbst je drei Bilderbuchseiten gestalten: zuerst ein(e) im Buch vorkommende(s) Tier/Pflanze, die sie nach Fertigstellung mit Schamis Umsetzung vergleichen, dann ein Tier/Wesen nach eigener Wahl und zum Schluss die Antwort eines Menschen. Hier dürfen sie wählen, ob ein Kind, ein alter Mann, eine kranke Frau etc. antworten. Die Darstellungen werden in Kleingruppen vorgelesen und besprochen. Abschließend kann problematisiert werden, warum Schami die Antwort der Menschen so kritisch darstellt, denn in der Bibel wird der Mensch doch als Ebenbild Gottes dargestellt. Warum darf der Mensch dann Gott nicht als Mensch malen?

9.4.2 Max Lucado/Sergio Martinez, *Du bist einmalig* (2003/9. Aufl. 2015)

Max Lucado, geb. 1955 in Texas, ist Autor und regional bekannter Pastor der Oak Hills Church (ehemals den Gemeinden Christi zugehörig) in San Antonio (Texas). Er verfasste 50 Bücher, die teilweise auf der Bestsellerliste der New York Times zu finden waren. Das in Deutschland wohl bekannteste ist *Du bist einmalig.*

Der Künstler Sergio Martinez, geb. 1938 in Mexiko Stadt, studierte in Paris Kunst und hat danach als künstlerischer Leiter und Illustrator auf drei Kontinenten gearbeitet. Er ist freiberuflich für Disney Press und andere große Verlage tätig gewesen und hat international anerkannte Geschenkausgaben von Klassikern, darunter *Peter Pan, Pinocchio* und *Eine Weihnachtsgeschichte,* gestaltet.

Kurzvorstellung

Punchinello gehört zu den Wemmicks, einem kleinen Volk von Holzpuppen, die alle von Eli, dem Schnitzer, gemacht worden sind. Dabei ist jeder Wemmick anders. Es gibt große und kleine Holzpuppen, manche haben große Augen, andere eine große Nase.

Alle Wemmicks leben in einem kleinen Städtchen und tun jeden Tag das Gleiche: Sie stecken sich gegenseitig goldene Sterne oder graue Punkte an, je nachdem ob das, was sie tun oder wie sie aussehen, den anderen gefällt oder nicht. Einige Wemmicks haben überall goldene Sterne und fühlen sich deshalb besonders gut. Andere Holzpuppen können nur sehr wenig und machen viele Fehler, deshalb bekommen sie ständig graue Punkte angesteckt. So ein Wemmick ist auch Punchinello: Egal wie er sich anstrengt, ihm gelingt nichts. Manchmal fällt er hin oder er verkratzt sein Holz oder er sagt etwas Dummes, wenn er versucht zu erklären, warum er gefallen ist – und so bekommt er nur graue Punkte. Punchinello ist traurig und will am liebsten gar nicht mehr nach draußen gehen. Durch die schlechten Erfahrungen glaubt er schließlich, was die anderen über ihn sagen: Er ist kein guter Wemmick. Darin sind sich die anderen Holzpuppen einig.

Eines Tages trifft Punchinello auf ein Wemmick-Mädchen namens Lucia, das schon äußerlich ganz anders ist als alle anderen Wemmicks. An ihr kleben weder Punkte noch Sterne. Die Aufkleber fallen einfach ab, sie halten nicht an ihr. Punchinello fragt das Mädchen nach den Gründen dafür und Lucia antwortet, dass sie jeden Tag Eli, den Holzschnitzer, besucht. Das empfiehlt sie auch Punchinello. Voller Zweifel, ob Eli ihn überhaupt sehen will, macht die Holzpuppe sich auf den Weg.

Beim Schnitzer angekommen bemerkt Punchinello erstaunt, dass dieser seinen Namen kennt. Eli erklärt ihm, dass das doch selbstverständlich sei, wo er ihn doch gemacht habe. Dann erklärt er ihm, dass es nicht wichtig sei, was die anderen Holzpuppen von ihm halten würden, sie seien doch nur Holzpuppen. Wichtig sei nur, was er, Eli, der Schnitzer, denke. Und er sagt dem Holzjungen, dass er einmalig ist. »Denke daran«, sagte Eli, »[...] du bist einmalig, weil ich dich gemacht habe. Und ich mache keine Fehler.« Punchinello fühlt die Wahrheit in Elis Aussage und die Erleichterung ist ihm anzusehen. Als er das erkennt, fällt ein Aufkleber auf den Boden. Eli erklärt Punchinello, dass die Aufkleber nur dann haften, wenn sie für ihn selbst wichtig sind. Er solle aber besser der Liebe seines Schöpfers vertrauen und sich nicht davon abhängig machen, was andere von ihm denken.

Ziele und Kompetenzen der Stunde

Die Schülerinnen und Schüler erleben die Spannung zwischen der Erfahrung, Dinge – besser als andere – zu können (Erfolgserlebnisse) und an Dingen zu scheitern (Versagen). Sie haben internalisiert, Anerkennung mehrheitlich für Leistung zu bekommen, nicht aufgrund ihres Menschseins und ihres Soseins an sich. Gesellschaftlich propagierte Bilder des idealen Menschen (Schönheits- und Fitnessideal) in der Werbung, in Soap-Sendungen und Jugendmagazinen unterstützen die nicht erfüllbaren Ansprüche, die viele Jugendliche in dieser Zeit des Erwachsenwerdens an sich haben. Diese Grunderfahrung des Menschen können die Schülerinnen und Schüler in diesem Bilderbuch in gleichnishafter Verfremdung durch das Bild der goldenen Sterne und der grauen Punkte wahrnehmen und appliziert auf ihr konkretes Leben deuten. Bezogen auf die religiöse Identität wird nun durch den zweiten Teil der Geschichte ein Deutungsangebot im Sinne der Rechtfertigungslehre gemacht, bei dem eine Auseinandersetzung mit Menschen- und Gottesbildern angebahnt wird, die das gnädige und befreiende Handeln Gottes am Menschen betont. Somit wird in Verbindung zu der Frage nach dem wahren Menschsein ein religiöser Bezug wahrgenommen, das christliche Angebot kann geprüft und hinsichtlich seiner Lebenshilfe bewertet werden. Beichte/Buße als Rituale/religiöse Ausdrucksformen, die auf die Bedürftigkeit des Menschen im Umgang mit Versagen von der Kirche angeboten werden, können im Sinne einer Handlungs- bzw. Gestaltungskompetenz im Anschluss kennengelernt werden. So können die Schülerinnen und Schüler die Bedeutung religiöser Ausdrucksformen für den Umgang mit diesen existenziellen Erfahrungen des Scheiterns beschreiben und eine Perspektive für die eigene Haltung dazu entwickeln.

Unterrichtsinhalt

In dem Bilderbuch geht es um Erfolg und Misserfolg, um Achtung und Verachtung, um Leistung und Zuspruch und um Scheitern und Gelingen. Es geht um uns Menschen und wie wir unsere Welt und unseren Alltag erleben: Aussehen, Besitz und Leistung sind drei wesentliche Merkmale in der Gesellschaft, über die sich Menschen allzu oft definieren. Sie entscheiden über unsere Bedeutsamkeit, sie bringen Anerkennung und Akzeptanz, Wertschätzung und Ruhm zum Ausdruck. Die Meinung anderer ist enorm wichtig für das Selbstbewusstsein und Selbstwertgefühl. Nur wer besondere Leistungen erbringt, verdient Anerkennung und Lob, nur wer materielle Güter besitzt, verdient Respekt. Die anderen sind Versager und Außenseiter, über die man sich lustig macht. Das ist das Thema des Buches.

In Aufnahme der christlichen Rechtfertigungslehre ändert sich dieser Teufelskreis, wenn der einzelne Mensch sich von der Leistungsmoral befreit und sich Bedeutsamkeit durch Gott zusprechen lässt: Gott kennt den einzelnen Menschen, er weiß, dass jeder Gaben hat, denn er hat ihn geschaffen. Er gibt uns die Kraft, bestätigt und erfüllt in der Gesellschaft zu leben, in der für Christen aber andere Werte zählen.

Denkbar sind in Aufnahme des Entwurfs von Ellerbrock/Fabian/Richter-Vogel zwei thematische Schwerpunkte:

1. *Anderssein in der Leistungsgesellschaft: Beurteilung und die Folgen*
2. *Lucia weist den Weg: bedingungslose Annahme durch Eli*

Ausgangspunkt der Stunde könnte das Bild auf S. 8 sein, das als Folie präsentiert wird.[51] Nachdem die Situation der Wemmicks vorgelesen wurde, wird gemeinsam überlegt, wofür Sterne und Punkte vergeben werden. Punchinello ist Außenseiter, seine Gefühle können durch Gedankenblasen thematisiert werden, ein Brief an ihn kann Tipps der Kinder für seine Situation verschriftlichen.

Warum ist Punchinello fasziniert von Lucia? Warum wäre er gerne wie sie? Worin unterscheiden die beiden sich? Die Erkenntnis leitet zur Begegnung mit Eli über. Hier wird erklärt, warum Sterne und Punkte unwichtig sind und woher man sein Selbstbewusstsein und sein Verständnis von der Einmaligkeit beziehen soll:

---

51 Vgl. auch Ellerbrock/Fabian/Richter-Vogel 2007; siehe auch Molls 2010.

Vom Schöpfer Eli. Diese Begegnung kann auch eingeführt werden, indem eine Auswahl an Bildern vorgegeben wird und die Lernenden dazu die Geschichte schreiben.

9.5 Mittelstufe

9.5.1 Max Bolliger/Michaela Sangl, *Die Geschichte des weisen Nathan. Die Ringparabel neu erzählt. Festgabe zum 80. Geburtstag von Max Bolliger* (2009)[52]

Max Bolliger (1929–2013) war einer der bekanntesten und erfolgreichsten Kinderbuchautoren der Schweiz. In seinem Werk finden sich zwei Schwerpunkte: Auf der einen Seite schrieb er kurze Erzählungen, die oft als Bilderbuchtexte verwendet wurden, auf der anderen Seite erzählte der Autor viele biblische Texte nach.

Die gebürtige Neuseeländerin Michaela Sangl (geb. 1969) besitzt ein abgeschlossenes Architekturstudium und arbeitet als vielseitige Künstlerin. Sie singt, komponiert und ist als Schauspielerin tätig. Zudem hat sie mehrere Kinderbücher illustriert.

Kurzvorstellung

Die Vorlage, die Max Bolliger verwendet hat, ist aus Lessings *Nathan der Weise,* einem beispielhaften Theaterstück der Aufklärung, in dem Lessing die Notwendigkeit der Toleranz der Religionen darlegt. Lessing verfasste das Stück nach einer langen Zeit der Auseinandersetzung mit religiösen Fanatikern, die glaubten, im alleinigen Besitz der religiösen Wahrheit zu sein, und deshalb den Anspruch auf Autorität in allen Glaubensfragen erhoben. Im Zuge der Auseinandersetzung erhielt Lessing sogar das Verbot, seine Thesen gegen den Hamburger Hauptpastor Goeze zu publizieren, auf das er folgendermaßen reagierte:

> »[...] da habe ich diese vergangene Nacht einen närrischen Einfall gehabt. Ich habe vor vielen Jahren einmal ein Schauspiel entworfen, dessen Inhalt eine Art von Analogie mit meinen gegenwärtigen Streitigkeiten hat, die ich mir damals wohl nicht träumen ließ.«[53]

52 Dies ist die Überarbeitung von Auszügen des Beitrags: Was ist die »wahre Religion«?, erschienen in Heft 5/2012 der Zeitschrift Religion 5–10, 22–27.

53 Lessing 1968, 796 f.

Gotthold Ephraim Lessing selbst kannte die Ringparabel aus *Decamerone* von Giovanni Boccaccio, dem sie vermutlich wiederum aus der Legendensammlung *Gesta Romanorum* vorlag. Der Bilderbuchtext von Max Bolliger lehnt sich eher an die Fassung Boccaccios (1313–1375) an als an die Ausgestaltung Lessings.[54] In Abweichung zu Lessing finden Bewertungen unterschiedlicher Art statt:

- Saladin und Nathan werden als Freunde dargestellt (S. 6).
- Von Nathan erzählt man sich, er sei unermesslich reich, aber geizig (S. 6).
- Saladin will Nathan in letzter Not mit der Ringparabel um Hilfe, d. h. um Geld bitten – der Erpressungsgedanke wird verschönt (S. 8).
- In der Ringparabel selbst wird die Eigenschaft des Ringes jüdisch-christlich zugespitzt, indem es dort heißt, der Besitzer des Ringes habe »die Gabe, seinen Nächsten zu lieben wie sich selbst« (S. 10).
- Wie sich die Wahrheit des Ringes für die Söhne erweisen soll (Ethik!) und wann diese festgestellt wird, bleibt unklar, weil der Richterspruch nur am Rande erwähnt wird: »Auch der Richter vermochte nicht zu entscheiden, welcher der drei Söhne nun der wahre Erbe sei.« (S. 17)

Zum Inhalt: Sultan Saladin ist in Geldnot, denn die Karawane, die Geld und Güter aus Ägypten hätte bringen sollen, ist nicht in Jerusalem eingetroffen. Deshalb will er den reichen Juden Nathan um Hilfe bitten. Er hat aber Angst, dass dieser ihm das Geld nur zu »Wucherzinsen« leihen wird. Dennoch möchte er ihn nicht mit Gewalt zwingen, ihm das Geld zu geben, sondern stellt ihm mit einer Frage eine Falle, um Druck gegen ihn ausüben zu können. Er fragt: »Welche von den drei Religionen ist die richtige?« Anstelle einer Antwort erzählt Nathan eine Geschichte von einem wohlhabenden Mann im fernen Osten, der einen sehr wertvollen Ring besaß. Trug man den Ring am Finger, so hatte man die Gabe, »den Nächsten zu lieben wie sich selbst«. Der Ring sollte eigentlich demjenigen seiner drei Kinder vererbt werden, den er am liebsten hatte, aber er konnte sich nicht ent-

54 Siehe Schlusswort des Autors im Bilderbuch, 20.

scheiden und versprach ihn jedem der Kinder. Deshalb ließ er zwei identische Kopien anfertigen und übergab am Sterbebett jedem der Söhne einen der nicht unterscheidbaren Ringe. Als die drei Söhne erkannten, dass jeder einen Ring bekommen hatte, kam es zum Streit und sie ließen die Ringe von einem Richter prüfen – ohne Ergebnis. Dann schlossen sie Frieden und bemühten sich fortan, jeder auf seine Art ihre Nächsten zu lieben wie sich selbst, weil das die Intention des Vaters gewesen sei.

Durch diese Geschichte ist der Sultan, der seine Frage eigentlich gestellt hatte, um Nathan mit dessen Antwort unter Druck zu setzten, sehr berührt und vergisst den eigentlichen Grund, warum er Nathan zu sich bestellt hatte. Nathan bietet dem Sultan nun von sich aus Geld an und der Sultan gesteht ihm seine Hintergedanken bei der Einladung. Nach einiger Zeit gibt der Sultan Nathan das Geld und viele weitere Kostbarkeiten wieder zurück und macht ihn im ganzen Land für seine Weisheit und Güte bekannt.

Ziele und Kompetenzen der Stunde

Die Ringparabel gibt mit dem Toleranzgedanken eine mögliche Lösung des Umgangs mit der Frage nach der wahren Religion vor und kann damit an bereits im Unterricht behandelte Themen wie Toleranz, Gottesbilder und/oder Absolutheitsanspruch des Christentums anknüpfen. Die Schülerinnen und Schüler nehmen wahr, wie der Toleranzgedanke in der Ringparabel aus Lessings *Nathan der Weise* bildhaft und verständlich entfaltet wird: Die wahre Religion zeigt sich letztendlich an ihrer Ethik. Die Frage, wie durch Bilder einzelne Aspekte der Parabel hervorgehoben werden können, kann die Anforderungssituation für die Einheit sein. Damit wird deutlich, dass im Bild auch ein hermeneutischer Deutungsschlüssel vorgegeben wird.

Unterrichtsinhalt

Als Einstieg könnte mit der Frage »Was ist die richtige/wahre/beste Religion?« begonnen werden, zu der entweder Antworten gesammelt werden oder die Jugendlichen sich in den Ecken gemäß ihrer Meinung aufstellen und dort Begründungen für diese Meinung suchen. Auf den vier Postern in den Ecken könnte z. B. stehen:

1. Das kann man nicht entscheiden.
2. Meine Religion.
3. Das wird sich am Ende der Welt zeigen.
4. Jede Religion ist die richtige, wenn sich ihre Mitglieder richtig verhalten.

Das Bilderbuch wird bis S. 9 vorgelesen, in Kleingruppen wird überlegt, welche Geschichte Nathan erzählen könnte, um die Frage zu beantworten. Die Ergebnisse werden vorgestellt und anschließend mit der Geschichte von Nathan verglichen. Im danach folgenden Unterrichtsgespräch werden die Fragen thematisiert: *Wer ist mit den Personen (Vater, Söhne, Ring, Richter) gemeint? (Warum) Ist die/eine Geschichte eine gute Antwort? Wie hätte man die Geschichte in Bezug auf die Frage (Was ist die beste Religion?) noch verbessern können?*

Folgende Antworten könnten gefunden werden:

- Herkunft des Rings: Vom Vater auf Sohn übertragbar; Herkunft: Bund Gottes mit Menschen – Juden (AT); Christen (NT); Muslime (Koran).
- Eigenschaften des einen Rings: Macht vor Gott und Menschen beliebt.
- Söhne: Konkurrenz, Vertreter der drei Religionen Judentum, Christentum, Islam; Religionskriege.
- Drei Ringe: Nicht unterscheidbar; gegenseitige Anklagen; drei durch Vernunft nicht unterscheidbare Offenbarungsreligionen; Eigenschaft: »Die Gabe, seinen Nächsten zu lieben wie sich selbst« (S. 10).
- Rat des Richters: Echtheit nicht beweisbar; friedlicher Wettstreit; Ethik der Religionen leben: Liebe praktizieren, Toleranz üben, Pluralismus?
- Richter am Ende der Zeit: Entscheidet Weltgericht? Pädagogische Intention.

Denkbar ist die Schülerinnen und Schüler alternativ erst nach dem Vorlesen jeweils ihre Deutung aufschreiben zu lassen. In Kleingruppen werden die Deutungen sortiert und im Unterrichtsgespräch verglichen. Folgende Deutungen, die sich in der Sekundärliteratur finden, könnten auftreten:

- Die Ringparabel soll zeigen, dass es keine einzig wahre Religion gibt und alle Religionen »gleich gut« sind.
- Das Thema der Ringparabel ist, dass die Menschen sich durch den Anspruch auf den Besitz der wahren Religion, wie die Brüder in der Geschichte, voneinander entfremdet haben.
- Die Ringparabel will dazu auffordern, dass sich die Religionen gegenseitig in Ruhe lassen.
- Die Nächstenliebe ist der gemeinsame Grundsatz der drei Religionen und soll aktiv und sichtbar praktiziert werden, um die Liebe seiner Mitmenschen zu erlangen und so die Echtheit seines Ringes, d. h. die Besonderheit und damit die Wahrheit der Religion zu belegen.
- In der Ringparabel geht es um die Frage, welche Religion die richtige ist.

Als Fortsetzung der Geschichte könnte man z. B. ein Antigleichnis aus der Sicht eines Juden/Christen/Muslimen, der von der Wahrheit seiner Religion überzeugt ist, bzw. eine Fortsetzung der Handlung der Ringparabel im Sinne der Weltgeschichte schreiben lassen (Versuch der Verführung, Ausschalten des einen Sohnes, auf die Probe stellen, den Richter erneut nach einem Vorkommnis anfragen, das – gefälschte – Testament des Vaters wird aufgefunden usw.). Alternativ dazu können auch Gleichnisse anderer Religionen zum Toleranzgedanken gelesen werden.[55]

9.5.2 Unterrichtsprojekt: Was ist ein gutes Bilderbuch zum Thema Sterben und Tod?

Im Kapitel Sterben/Tod dieses Buches (S. 248 ff.) werden unterschiedliche Bilderbücher zum Thema vorgestellt, die verschiedene Aspekte aufgreifen und fokussieren.

---

55 Solche Gleichnisse anderer Religionen findet man in Kuschel 2004, z. B. Etienne de Bourbon (1261), 134; altfranzösische Erzählung *Vom echten Ring* (um 1270), aus jüdischer Sicht 138 ff.; das Karavanseray-Gleichnis, bei dem alle Religionen gleich schlecht sind, der Autor dennoch bei der seinen verweilt, 149 ff.

Kurzvorstellung

Die im Kapitel Sterben/Tod aufgeführten Bilderbücher, aber auch mögliche weitere zum Thema werden den Schülerinnen und Schülern präsentiert. Alle fokussieren das Thema mit unterschiedlichen Kontrahenten, verschiedenen Perspektiven und ungleichen Graden an Ernsthaftigkeit. Hier Kriterien der Bewertung zu diskutieren und daran entlang die Bilderbücher zu beurteilen, soll Ziel der Einheit sein.

Lernziele/Kompetenzen

Die Lernenden nehmen die Unterschiedlichkeit vorliegender Bilderbücher zum Themenbereich Sterben/Tod wahr. Sie deuten Aspekte wie Handlungen, Akteure, Stimmungen, Bilder u.a. und können so zwischen verschiedenen Texten und Bildern differenzieren. Zur Bewertung reflektieren sie unterschiedliche Kriterien, die sie auf die Bücher anwenden und damit zu einem eigenen Urteil in Bezug auf eine spezielle Zielgruppe gelangen.

Unterrichtsverlauf

Die Ausgangsfrage nach der Bewertung von Kinderbüchern zum Thema Sterben/Tod wird gestellt und gemeinsam überlegt, worin sich die Bilderbücher zum Thema überhaupt unterscheiden. Zur Orientierung wird eine Tabelle angelegt, damit jede/r sich einen Überblick über die ausliegenden Bücher verschaffen kann. Darin können als Spalten ausgewiesen werden:

- *Autor, Titel, Ort, Auflage, Jahr*
- *Wer stirbt?*
- *Welche Handlung gibt es?*
- *In welchem Stil sind die Bilder gestaltet?*

Alle lesen nun mindestens fünf der ausgelegten Bücher und tragen die Informationen in die Tabelle ein.

Um Bilderbücher zu bewerten, braucht es neben diesen eher deskriptiven Aspekten Kriterien der Bewertung. Auch darüber kann gemeinsam nachgedacht werden, z.B.:

- Nimmt das Bilderbuch die kindliche Lebenswelt auf, direkt oder verfremdet?

- Wird (christliche) Hoffnung vermittelt oder nur ver-tröstet?
- Werden Möglichkeiten der Trauerbewältigung angeleitet?
- Ist das Buch kreativ?
- Sind die Bilder so, dass sie zum Nachdenken/Weiterdenken anleiten? Unterstützen sie den Text?
- Fördert das Buch eine Tabuisierung des Todes, ist es zu ernst bzw. zu wenig ernsthaft?

Nachdem die Kriterien diskutiert und für alle festgehalten wurden, sollen die Schülerinnen und Schüler ein Bilderbuch auswählen, das sie im Sinne einer Buchvorstellung als das Beste für eine bestimmte Zielgruppe prämieren und dazu eine Begründung vorstellen. Denkbar wäre, dass individuelle Kaufempfehlungen für einen Kindergarten bzw. eine Grundschule gegeben werden sollen.

9.6 Oberstufe

Auch in der Oberstufe kann man mit Bilderbüchern sinnvoll arbeiten. Zum Thema Religionskritik werden Ideen zu dem Kinderbuch von Michael Schmidt-Salomon/Helge Nyncke *Wo bitte geht's zu Gott?* vorgestellt, zum Thema Schöpfung/Weltentstehung/Verhältnis Glaube und Naturwissenschaft zu Michael Schmidt-Salomon/Helge Nyncke *Susi Neunmalklug.*[56]

9.6.1 Michael Schmidt-Salomon/Helge Nyncke, *Wo bitte geht's zu Gott? fragte das kleine Ferkel. Ein Buch für alle, die sich nichts vormachen lassen* (2007)

Michael Schmidt-Salomon, geb. 1967 in Trier, bezeichnet sich selbst als Philosoph, Musiker und Autor. Er ist Vorstandssprecher der Giordano-Bruno-Stiftung und verfasste in deren Auftrag das *Manifest des Evolutionären Humanismus.* Darüber hinaus hat er zwei Bilder- bzw. Kinderbücher geschrieben, die klar religionskritische Positionen benennen und hier beschrieben werden sollen.

56 Die Darstellungen der beiden Bilderbücher für die Oberstufe sind eine Überarbeitung eines Teils des Beitrags von Zimmermann 2013a.

Helge Nyncke, geb. 1956 in Würzburg, studierte an der Hochschule für Gestaltung in Offenbach und arbeitet als Illustrator hauptsächlich von Sach-, Kinder- und Jugendbüchern.

Kurzvorstellung

Der Inhalt des für Kinder konzipierten Bilderbuches erzählt die Geschichte eines Ferkels und eines Igels, die eines Tages an ihrem Haus ein Plakat mit der Aufschrift finden: »Wer Gott nicht kennt, dem fehlt etwas!« Deshalb machen sich beide auf die Suche nach Gott und befragen die Geistlichen der drei großen Buchreligionen, des Judentums, Christentums und des Islam. Zuerst besuchen sie einen Rabbi, der ihnen von einem strafenden Gott erzählt, dann gehen sie zu einem Bischof, welcher ihnen vom Opfertod Jesu berichtet, zum Schluss zu einem Imam, der die Hölle schildert, in der alle Nichtmuslime schmoren müssen. Das Ferkel hat nun erkannt, dass Gott ihnen und allen Menschen offenbar Angst machen will, und resümiert mit dem religionskritischen Satz: »Wer Gott nicht kennt, der braucht ihn nicht.«

Das Bundesministerium für Familie, Senioren, Frauen und Jugend hat 2007 die Indizierung von *Wo bitte geht's zu Gott? fragte das kleine Ferkel* als jugendgefährdende Schrift beantragt. Dieser Antrag wurde im März 2008 abgelehnt.[57] Das Kinderbuch, das deshalb heftige Diskussionen auslöste, kann in diesem Sinne in seinem Aufforderungscharakter zur Auseinandersetzung mit religionskritischen Schriften herangezogen werden. Es stellt beispielhaft einen Entwurf religionskritischer Weltanschauung dar und nimmt auch das Lebensgefühl vieler Menschen auf, die Glück als zentrales Lebensziel ansehen. Religion wird in dieser Sichtweise als Ursache von Angst einflößender Repression dargestellt, die dem Streben nach Glück entgegenstehe.

Lernziele und Kompetenzen

In der Arbeit mit dem Werk kann und sollte herausgearbeitet werden, dass der im Buch vorgestellte Gott mit dem in Jesus Christus zutiefst menschlich begegnenden Gott keine Ähnlichkeit hat (Gottesbild).

57 Bundesministerium für Familie, Senioren, Frauen und Jugend 2007.

Im Rahmen der Kompetenzen und Standards der EKD für den Evangelischen Religionsunterricht der Sekundarstufe I kann man die Fragen nach Religionskritik am ehesten der 6. Kompetenz zuordnen: »Sich mit anderen religiösen Glaubensweisen und nicht-religiösen Weltanschauungen begründet auseinandersetzen, mit Kritik an Religion umgehen sowie die Berechtigung von Glauben aufzeigen.«[58] Dabei sollen die Schülerinnen und Schüler als Standards »zwischen religiösen Glaubensweisen und nicht-religiösen Weltanschauungen unterscheiden und sie beurteilen« und »sich mit religionskritischen Anfragen an den Glauben und mit alltäglicher Ablehnung von Religion auseinandersetzen« können.[59] Wie auch im Kerncurriculum für das Fach Evangelische Religionslehre in der gymnasialen Oberstufe[60] geht es um die »Wahrnehmungs- und Darstellungsfähigkeit« religiös bedeutsamer Phänomene, außerdem darum, ausgewählte philosophische, literarische und theologische Dokumente im Horizont ihrer Relevanz für die Auseinandersetzung mit aktueller Religionskritik zu deuten (Deutungsfähigkeit), zu solchen religionskritischen Themen begründet zu urteilen (Urteilsfähigkeit) und auch mit Atheisten und Religionskritikern argumentierend in Dialog treten zu können (Dialogfähigkeit).

Unterrichtsinhalt

Gabriele Obst hat im Rahmen eines kompetenzorientierten Unterrichts folgende konkrete Anforderungssituation entworfen, an der entlang sie eine Unterrichtsreihe konzipiert:

Stell dir vor, du hättest ein Patenkind, das in diesem Monat seinen achten Geburtstag feiert. Du weißt noch nicht ganz genau, was du ihm schenken könntest. Ein Freund erzählt dir, dass er neulich ein interessantes Kinderbuch im Buchladen entdeckt habe: Wo bitte geht's zu Gott? fragte das kleine Ferkel. *Du überdenkst den Tipp, willst aber nicht sofort Geld ausgeben, sondern dich erst einmal erkundigen.*[61]

58 EKD 2011, 21.
59 Ebd.
60 EKD 2010.
61 Keymer/Obst 2010, 40–44; Obst 2008.

In der vorgeschlagenen Vorgehensweise wird anhand des Kinderbuches zu folgenden Aspekten gearbeitet:

- Ist die Darstellung der drei Religionen sachgemäß?
- Hat die Darstellungsweise historische Vorbilder?
- Vermittelt das Buch durch die Texte und Bilder antijudaistische, antichristliche oder antimuslimische Klischees?
- Wer sind die Verfasser und was ist ihr Hintergrund?
- Wie haben die Religionsgemeinschaften darauf reagiert?
- Sollte man ein solches Buch auf den Index jugendgefährdender Schriften setzen?

Diese Auseinandersetzung kann einen Beitrag dazu leisten, dass die Schülerinnen und Schüler in einen kritischen Diskurs um das Buch eintreten und damit die Relevanz der Auseinandersetzung mit medialer Religionskritik am Beispiel eines Kinderbuches erfahren.

9.6.2 Michael Schmidt-Salomon/Helge Nyncke, *Susi Neunmalklug erklärt die Evolution. Ein Buch für kleine und große Besserwisser* (2009)

Kurzvorstellung

Ein kleines Mädchen, Susi Neunmalklug, klärt ihren Religionslehrer, Herrn Hempelmann, auf, dass die Schöpfungsgeschichte völliger »Unsinn« sei und der Lehrer da etwas »völlig falsch verstanden« habe (S. 11). Richtig sei dagegen die Entstehung der Welt durch den Urknall, die Entstehung der Sonne vor 4,5 Milliarden Jahren, die Bildung der Meere vor 500 Millionen Jahren, die Entwicklung von Tier- und Pflanzenarten vor 200 Millionen Jahren, der Asteroidenschlag, der die Dinosaurier tötete, die Entstehung der Säugetiere durch Selektion und schließlich vor 200.000 Jahren die Entwicklung zum Homo sapiens. »Eine verrückte Geschichte« (S. 27), die mit dem lieben Gott gar nichts zu tun habe. Schließlich hätte ein lieber Gott, der »so etwas erschaffen hat und dann noch meint, alles sei gut […], riesige Tomaten auf den Augen.« (S. 32) »Ebenso wenig wie es keinen Hasen gibt, der die Eier versteckt, gibt es keinen Gott, der denen hilft, die in Not sind. Sonst hätte er doch eine völlig andere Welt erschaffen, nicht wahr?« (S. 34) Und wenn, so soll die Leserin bzw.

der Leser folgern, religiöse Menschen einmal nachdächten, würden sie das vielleicht auch erkennen.

Im Laufe des Gesprächs zwischen dem Religionslehrer und der klugen Schülerin wird dieser immer unsicherer und seine Rückfragen werden ärgerlicher. Am Ende bleibt ihm noch »hilfloses Stammeln«, von dem ihn die Pausenglocke erlöst. Durch die karikaturhaften, bunten Bilder werden die Hilflosigkeit und die Lächerlichkeit des Religionslehrers noch verstärkt. Aber die Protagonistin Susi Neunmalklug, »und ihr Name ist keine Übertreibung! Denn Susi ist nicht nur neunmal, sie ist zehnmal, ja vielleicht sogar hundertmal klüger als alle anderen!« (S. 1), hat gezeigt, wie dumm Religionslehrer sind und wie unsinnig ihre Erklärung der Weltentstehung ist. Die Frage, »inwieweit nun Name, Charakterisierung und geschildertes Verhalten geeignet sind, Susi zu einer Sympathieträgerin zu machen, mag jeder für sich beantworten.«[62]

Ziele und Kompetenzen der Stunde

Das Ziel der Giordano-Bruno-Stiftung, »die Grundzüge eines naturalistischen Weltbildes sowie einer säkularen, evolutionär-humanistischen Ethik zu entwickeln und einer interessierten Öffentlichkeit zugänglich zu machen«[63], wird hier an einem Kinderbuch vorexerziert. Die Ziele der Stiftung mit den Umsetzungen im Bilderbuch mit Oberstufenschülerinnen und Oberstufenschülern zu vergleichen, kann eine interessante Aufgabe zur Schulung der Wahrnehmungs- und Deutungsfähigkeit sein, gerade weil die Form mit »verbalen und grafischen Entgleisungen« und seine »stupid-brachiale Polemik«[64] auch schon Jugendlichen ins Auge springt. »(Religions-) Kritik erschöpft sich schließlich nicht einfach in Schmähung. An der kritischen Analyse dieses Bilderbuches kann man lernen, dass in ihnen die aktuellen Erkenntnisse von Wissenschaft und Philosophie nicht miteinander verknüpft werden, vielmehr wird der tradi-

62 Warnecke 2009.
63 http://www.giordano-bruno-stiftung.de/ (Zugriff am 2.11.2015).
64 Warnecke 2009.

tionelle Graben zwischen Geistes-, Sozial- und Naturwissenschaften durch (falsche) Stereotype vertieft.«[65]

Unterrichtsinhalt

Vergleichbar mit der Auseinandersetzung mit dem Kinderbuch *Wo bitte geht's zu Gott?* könnte zu diesem Buch mit folgender Anforderungssituation gearbeitet werden:

Du bist im Buchausschuss eurer Schulbibliothek und stößt im Rahmen einer Werbung auf das Buch Susi Neunmalklug erklärt die Evolution. *Soll man ein solches Buch für Schulbibliotheken bestellen?*

Folgende Aspekte der Bearbeitung bieten sich an:

- Ist die Darstellung der Differenz zwischen biblischer Schöpfungserzählung und der Evolution sachgemäß?
- Wie werden die Protagonisten (Susi Neunmalklug, der Lehrer Hempelmann, die anderen Schülerinnen und Schüler) dargestellt? Vermittelt das Buch durch die Texte und Bilder Klischees?
- Wer sind die Verfasser und was ist ihr Hintergrund?
- Wie haben Rezensenten bzw. die Religionsgemeinschaften oder Privatpersonen darauf reagiert?
- Was sind deren Kritikpunkte? Wie bewertest du ein solches Buch? Ist das »Schmähung«?[66]

Auch einige Aktionen der Stiftung dienen der Auseinandersetzung mit (meist auch medial inszenierter) Religionskritik: Am Aschermittwoch 2009 initiierte die Stiftung z. B. eine Kampagne, um den bundeseinheitlich geltenden Feiertag *Christi Himmelfahrt* zum *Evolutionstag* umzuwidmen und so »den enormen Erkenntnisgewinn, der mit der Entwicklung der Evolutionstheorie verbunden war und ist, in stärkerem Maße gesellschaftlich zu verankern«.[67]

---

65 Zu den Zuordnungen zu den EKD-Kompetenzen siehe unter 6.1.2.

66 Warnecke 2009.

67 www.darwin-jahr.de/e-day (letzter Zugriff am 2.11.2015).

Zweiter Teil
Bilderbücher thematisch geordnet

Einführung

Zunächst wurden im 9. Kapitel dieses Buches, differenziert nach dem Alter der Schülerinnen und Schüler, unterschiedliche Bilderbücher in einer möglichen unterrichtlichen Umsetzung relativ ausführlich vorgestellt. Damit konnte gezeigt werden, dass Bilderbücher nicht nur Medien für Kindergarten oder Grundschule sind, sondern auch bei älteren Schülerinnen und Schülern gewinnbringend eingesetzt werden können.

Im nun folgenden Teil soll eine Auswahl an Bilderbüchern nach bestimmten Themen wie Gott, Schöpfung, Festtage wie Weihnachten und Ostern, zu anthropologischen Grundfragen wie Angst und Mut, zu den Themen Fremdheit/andere Religionen und zu Sterben und Tod vorgestellt und Ideen zum Unterricht aufgezeigt werden.

1. Gott

Die Frage nach Gott ist das zentrale Thema religiöser Erziehung und begegnet uns im Bilderbuch, wie zu erwarten, in Bildern und Gleichnissen. Hierzu wurden verschiedene Bilderbücher ausgewählt, die unterschiedliche Arten der Darstellung und der inhaltlichen Zuspitzung fokussieren.

1.1 Kindliche Vorstellung von Gott

Paul Verrept, *Gott* (2003)

Zum Autor

Paul Verrept wurde 1963 in Deurne, Belgien, geboren, heute wohnt er in Antwerpen. Er ist Grafiker, Illustrator und Verleger, hat Filme gemacht, im Theater Regie geführt, einen auf die Publikation von theatralischen Texten spezialisierten Verlag gegründet und etwa zehn Kinderbücher entworfen und veröffentlicht.

Zum Inhalt

Ein Junge bekommt von seinem Großvater ein Fernglas geschenkt und möchte herausfinden, ob er Gott damit sehen kann. Daraufhin sieht er durch das Fernglas ein Kaninchen und folgert: »Gott ist ein Kaninchen.« Er beobachtet weiter: Das Kaninchen hat eine Familie und lebt mit ihr gemeinsam in einer Höhle. Nach dem Essen bringt es seine Kinder zu Bett und zaubert sie in den Schlaf. Auch sich und seine Frau zaubert das Kaninchen in den Schlaf. Gottes Familie erlebt also, so folgert der Kleine, denselben Alltag wie die Menschen, er liebt seine Kinder und kümmert sich aufopferungsvoll um sie. Er ist das netteste und freundlichste Kaninchen der Welt und er liebt jeden. Der Junge wünscht sich, dass das Kaninchen ihn eines Tages besucht und abholt, damit er mit Gottes Kindern spielen kann. Er will Gott dann fragen, wie alt er eigentlich ist und wie es sich anfühlt Gott zu sein.

Didaktische und methodische Hinweise

Die Geschichte folgt der kindlichen Logik und überträgt das, was Kinder von Gott wissen oder glauben zu wissen, auf eine Figur, hier das Kaninchen. An dieser Figur wird etwas von Gott sichtbar. In dieser Pragmatik werden auch die uns bekannten biblischen Bilder von Gott verwendet: Gott ist ein Turm, eine Festung, Hirte, König und in diesem Bilderbuch eben ein Kaninchen.

Natürlich ist Gott kein Kaninchen. Allerdings können wir an dem Kaninchen aus der Geschichte einiges über Gott erfahren. Gott wird an Lebewesen sichtbar: Er ist nicht weit weg, sondern spielt in unserem Leben eine große Rolle, das ist die Aussage des Bilderbuches. Gott zeigt sich in alltäglichen Situationen. Wir brauchen daher kein Fernglas, wenn wir etwas von Gott erfahren wollen, und doch hilft das Fernglas Unauffälliges zu beobachten, es ins Zentrum zu setzen. Die Brechung »Gott – ein Kaninchen« kann als Frage »Ist Gott ein Kaninchen?« gut als Ausgangspunkt zum Theologisieren genommen werden. Die Vorstellung wird sicherlich abgewiesen werden, aber »Wenn Gott kein Kaninchen ist, wie sieht er denn dann aus?« An dieser Stelle können die Kinder all ihre Vorstellungen von Gott einbringen, von eigenen Erfahrungen berichten und Vermutungen anstellen. Weiterführend kann gefragt werden, was die genannten Eigenschaften Gottes denn mit dem Kaninchen zu tun haben. Hier sollten die Kinder erkennen, dass auch das Kaninchen aus der Geschichte Eigenschaften wie Gott hat. Das Sprechen in Bildern wird hier sicherlich Gegenstand des Gesprächs werden. Wenn man versucht zu begründen, warum Gott wie (!) ein Kaninchen ist, sollte auf den Referenzrahmen möglicher Begründungen Bezug genommen werden. Die Bibel ist die Quelle, die die Erfahrungen, die Menschen mit Gott gemacht haben, in dichter Form festgehalten hat, deshalb kann man hinsichtlich der Aussagen hier rückfragen: Das Bild des guten Hirten zeigt, dass Gott seine Kinder sehr lieb hat, was über das Kaninchen auch gesagt wird. Auch zu Aussagen wie »er liebt jeden«, »ich hoffe, dass er eines Tages kommt und mich abholt« können biblische Vergleichstexte gesucht werden.

Das letzte Bild, auf dem der kleine Junge mit dem ihm zugewandten Kaninchen zu sehen ist, hat den Text: »Dann werde ich ihn fragen, wie alt er ist. Und wie es sich anfühlt, Gott zu sein.« Auch hier kann im Gespräch weitergearbeitet werden: Welche Fragen würdet ihr Gott stellen? Können wir manche Fragen aus uns bekannten biblischen Texten beantworten?

Methodisch kann mit dem Bild des Fernrohrs gearbeitet werden. Eine Möglichkeit wäre es, den Kindern Malvorlagen mit einem Fernrohr vorzulegen. Hier sollen sie allerdings nicht das malen, was der Junge aus der Geschichte sieht, sondern an Situationen denken, die sie selbst an Gott erinnern. Fragen wie »Wann habt ihr schon einmal etwas erlebt, worin sich Gott gezeigt hat?« oder »Worin kann man Gott noch erkennen?« können hier im Sinne einer natürlichen Theologie eine Hilfe sein. Auf diese Weise wird die Verbindung zwischen der Fiktion der Geschichte und der Realität der Schüler hergestellt.

Als weitere Möglichkeit bietet sich das Basteln eines Fernrohres an. Mit eigenen Fernrohren könnte man die Kinder Gott suchen lassen. Wo können die Schülerinnen und Schüler Gott erkennen? Was schauen sie an, wenn sie Gott in der Welt entdecken wollen? Diese Fragen und die dazugehörigen Antworten können gemeinsam gesammelt und auf Bildern oder Collagen zum Ausdruck gebracht werden.

Theologische Begleittexte

- Jes 40,31 (Gott ist wie ein Adler)
- Joh 1,18 (Der unsichtbare Gott/Verkündigung)
- Gen 1,26 (Gott als Schöpfer der Lebewesen)

Weiterführende Fragen

- Wer ist Gott?
- Wie sieht Gott aus, welche Eigenschaften hat er?
- Mit wem oder was können wir Gott vergleichen?
- Wie können wir Gott erkennen? Wo zeigt sich Gott in unserer Welt?

- Helfen Bilder für Gott beim Glauben oder schaden sie? Welche modernen (Tier-)Bilder bieten sich an?

Literatur

Rainer Oberthür, Wer bist du, Gott? Gottesvorstellungen, -beziehungen und -ahnungen von Kindern zur Sprache bringen, in: notizblock 51 (2012), 10–17.

1.2 Gottes Liebe, Talente

Max Lucado/Sergio Martinez, *Genau so, wie du bist* (2007)

Zum Autor/zum Illustrator

Max Lucado, geb. 1955 in Texas, ist Pastor in der Oak Hills Gemeinde in San Antonio, Texas. Lucado ist ein international erfolgreicher Bestsellerautor. Er hat mehr als 50 Bücher, davon auch einige Bilderbücher, verfasst.

Sergio Martinez, geb. 1938 in Mexico City, ist freier Illustrator für Projekte auf verschiedenen Kontinenten. Er studierte Kunst in Paris. Er arbeitete u. a. für Disney und andere große Verlage.

Zum Inhalt

In einer kleinen Stadt leben fünf Waisenkinder, die sich zusammengetan haben, um nicht allein auf der Welt sein zu müssen. Eines Tages erfahren sie, dass der König entschieden hat, von nun an ihr Vater zu sein. Sie freuen sich sehr darüber. Die anderen Dorfbewohner sagen ihnen, dass sie für den König etwas Schönes vorbereiten sollen, da Könige so etwas normalerweise von ihren Untertanen erwarten. Vier der fünf Waisenkinder haben unterschiedliche Talente. Das eine Kind kann wunderschön schnitzen, das andere die schönsten Bilder malen. Ein weiteres Kind kann himmlisch singen und das vierte Waisenkind ist unheimlich schlau und belesen. Nur das fünfte Waisenkind, ein Mädchen, weiß nicht, welches Talent es hat. Das Mädchen schaut sich gerne die vorbeiziehenden Menschen an und interessiert sich für deren Leben. Sie hat ein »reines Herz«.

Um für sich und ihre Geschwister Geld zum Essen zu verdienen, striegelt sie die Pferde von Kaufleuten und füttert die Tiere. Doch auch sie möchte dem König ein Geschenk präsentieren, wenn dieser in der Stadt eintrifft, um sie abzuholen. Sie kommt auf die Idee, dass ihre Geschwister ihr etwas von ihrem Talent abgeben können, indem sie ihr zeigen, wie man schön malt, schnitzt etc. So geht sie zu dem Bruder, der so schön schnitzen kann. Doch dieser ist so in seine Arbeit vertieft, dass er keine Zeit für sie hat. Genau so ergeht es dem Mädchen auch bei den anderen Waisenkindern. Alle sind so mit ihren Arbeiten beschäftigt, dass sie ihr nicht helfen wollen.

Das Mädchen ist sehr traurig. Sie kehrt zurück zum Stadttor, an dem sie immer ihren Aufgaben nachgeht. Ein paar Tage später erscheint ein Kaufmann, der auf einem Esel reitet. Das Kind füttert das Tier und der Kaufmann ruht sich von seiner langen Reise auf einer Bank aus. Es findet ihn sehr sympathisch und möchte mehr von ihm erfahren. Doch er sucht jemanden in der Stadt und verspricht dem Mädchen, später wiederzukommen. Er kommt sehr bald zurück, doch ohne die Personen, die er gesucht hat, weil diese zu beschäftigt waren, um ihm zuzuhören. Da begreift das Mädchen, dass es sich bei dem Mann um den König handelt. Er wird ein anderes Mal wiederkommen, um zu schauen, ob die anderen Kinder mehr Zeit für ihn haben. Das Mädchen aber möchte gerne seine Tochter sein, obwohl sie kein Geschenk für ihn hat. Da sagt der König: »Mein Liebes, du hast Freundlichkeit, deine Zeit, deine Liebe. Natürlich sollst du mein Kind sein. Ich liebe dich genau so, wie du bist.« (S. 31) So verpassten die Kinder mit den vielen Talenten den Besuch des Königs. Aber das Mädchen, das ihm nur sein Herz schenken konnte, wurde seine Tochter.

Didaktische und methodische Hinweise

In dem Bilderbuch geht es um Gottes Liebe zu den Menschen. Er liebt nicht nur die, die die größten Talente haben, sondern alle Menschen, die ihn suchen, ohne Ansehen der Person. Es wird in diesem Bilderbuch deutlich gemacht, dass man nicht durch Leistung einen Lohn von Gott empfängt. Nicht die Werke zählen vor Gott, sondern dass man die eigenen Gaben, egal ob sie in der Gesellschaft zählen oder nicht, entdeckt und wachsam in sein Leben für Gott einbringt. Der Leser erfährt, dass Gott auch die augenscheinlich Schwachen und weniger Begabten in sein Himmelreich aufnimmt, ja in dieser Geschichte sogar vor denen, die viele Gaben haben.

Im Umgang mit diesem Bilderbuch könnten die Lernenden auf einen Zettel ihre positiven Begabungen (Talente) für sich aufschreiben. Denkbar ist, dass zur Erweiterung (Außensicht) auf Pappteller, die den Kindern auf den Rücken geklebt werden, positive (und zwar ausschließlich solche, das muss kontrolliert werden!) Merkmale und Begabungen eingetragen werden.

Die Lehrkraft kann dann das Bild aus dem Bilderbuch auf S. 29 zeigen. Die Lernenden sollen überlegen, was auf dem Bild dargestellt ist und was der Mann zu dem Kind sagen könnte. Das kann durch Verfassen von Sprechblasen geschehen. Danach wird die Geschichte vorgelesen. Die Schülerinnen und Schüler erkennen, dass es wichtig ist, die eigenen Talente und die der anderen wahrzunehmen, aber auch, dass diese Talente vor Gott nicht wichtig sind, da er jeden so annimmt, wie er ist.

Um diesen Aspekt zu unterstützen, könnte man die Geschichte weiterschreiben lassen. Als Leitfragen können dazu dienen: *Wie ergeht es dem Mädchen bei ihrem neuen Vater? Wie geht das Leben für die übrigen Geschwister weiter? Wird der Vater wiederkehren und wie werden sich die anderen Waisenkinder ihm dann gegenüber verhalten? Wie könnte das Mädchen ihre Geschwister informieren?*

Damit den Schülerinnen und Schülern deutlich wird, dass in diesem Gleichnis mit dem Vater Gott gemeint ist, könnten andere Gleichnisse als theologische Begleittexte verwendet werden, um die Möglichkeiten bildlicher Sprache zu thematisieren.

Theologische Begleittexte

- Mt 25,1–13 (Das Gleichnis von den zehn Jungfrauen)
- Mt 25,14–30/Lk 19,12–27 (Das Gleichnis von den anvertrauten Pfunden)
- Mt 20,1–16 (Gleichnis von den Arbeitern im Weinberg)
- Mt 5,14–16 (Licht nicht unter den Scheffel stellen)

Weiterführende Fragen

- Hat jeder (gleich viele, gleich wertvolle, gleich nützliche) Begabungen?
- »Reichtum verpflichtet« heißt es – verpflichten Begabungen auch, wozu?
- Was ist das Wichtigste in meinem Leben?

Literatur

Gertrud Miederer, Sola gratia – allein durch Gnade. Luthers Verständnis vom gnädigen Gott, in: Grundschule Religion 36 (2011), 11–13.

Corinna Peuker, »Komm mit! Wir suchen (d)einen Schatz!«. Unterrichtsbausteine zum Thema »Talente und Stärken wahrnehmen« für Klasse 3 und 4, in: notizblock 40 (2006), 8–12.

1.3 Bilder für Gott

Marie-Hélène Delval/Barbara Nascimbeni, *Wie siehst du aus, Gott?* (2011)

Zur Autorin/zur Illustratorin

Marie-Hélène Delval, 1944 in Nantes, Frankreich geboren, schreibt seit vielen Jahren Romane für Kinder und Nacherzählungen von biblischen Texten.

Barbara Nascimbeni (geb. 1969) ist eine aus Italien stammende Illustratorin, die mit Verlagen aus Großbritannien, Frankreich, Italien, Deutschland und Korea arbeitet.

Zum Inhalt

In dem Bilderbuch werden 40 verschiedene Gottesvorstellungen aufgegriffen, die mit kindgerechten Bildern untermalt werden. Die kurzen Texte, die nie länger als eine Seite sind, haben einen fast meditativen Charakter und knüpfen an menschliche Erfahrungen mit Gott an.

Eine Vorstellung von Gott ist z. B.: »Gott du bist Licht. Gott ist ein Licht, das alles überstrahlt, das zu hell für unsere Augen ist.« (S. 12) Weiter wird gesagt, dass das Licht Gottes sich in vielen Dingen, wie im Glanz der Sonne, der Freude in einem Gesicht oder in der Hoffnung, die das Leben erhellt, widerspiegelt.

Darauf folgen unter anderem noch die Bilder Lebensatem, Nacht, Wort, Stille, Tränen der Menschen, reißender Fluss, ein Feuer in uns, heilig, Liebe, König, Arzt, Freund, Vater u. a.

Als Leitfragen des Buches dienen: Wo und wie erfahren wir Gott in unserem Alltag? Erfahren wir ihn auch in Höhen und Tiefen unseres Lebens? Dabei bleibt immer die Vorstellung, dass Gott ein den Menschen zugewandter Gott ist. Dies dient als hoffnungsvolles und Mut machendes Motiv.

Die dazugehörigen Illustrationen sind sehr ansprechend und lassen den Kindern Raum, eigene Assoziationen und Vorstellungen in das jeweilige Gottesbild miteinzubringen. Es wird deutlich gemacht, dass es viele verschiedene Gottesbilder gibt und nicht nur ein allgemeingültiges. Den Kindern wird vermittelt, dass man Gott zwar im Alltag nahe sein kann, ihn jedoch nie ganz begreifen und fassen kann.

Didaktische und methodische Hinweise

Mit diesem Bilderbuch kann man mit den Schülerinnen und Schülern über ihre eigenen Gottesvorstellungen ins Gespräch kommen. Zum Einstieg ist es möglich, ihnen z. B. ein Bild aus dem Buch auf einer Folie zu zeigen und zu fragen, wo sie Gott auf dem Bild finden können. Anschließend kann die Lehrkraft den dazugehörigen Begleittext aus dem Buch vorlesen, die Art der Darstellung und die genannten Aspekte werden analysiert, sodass die Struktur des Buches deutlich wird. Denkbar ist nun, den Text vorzugeben und die Kinder/Jugendlichen den Inhalt visualisieren zu lassen. Anschließend ist der Vergleich mit der Illustration umso spannender.

Die nächste Frage an die Schülerinnen und Schüler könnte lauten: *Wo kann man Gott im Alltag noch finden und welche Bilder bringen das zum Ausdruck?* Die Lernenden können dazu selbst Bilder malen und die dazugehörigen Texte verfassen. Die Ergebnisse werden vorgestellt. Eine weiterführende Frage ist, wie Gott in den Bildern und Texten im Buch dargestellt wird. Das Buch spricht durchweg positiv von Gottes Handeln. Als Gegensatz kann man Texte aus der Bibel suchen (lassen) wie z. B. das Gleichnis vom armen Lazarus und dem reichen Mann (Lk 16,19–31), in denen Gott nicht nur gut und freundlich ist. Diskutiert werden könnte, ob diese Bilder und Texte auch Platz in einem solchen Buch haben sollten und wie man sie illustrieren könnte, ohne Angst zu machen.

Theologische Begleittexte

- Joh 8,12 (Ich bin das Licht der Welt)
- Joh 15,5 (Ich bin der Weinstock, ihr seid die Reben)
- Psalm 23 und Lk 15,4–17 (Gott als guter Hirte)

Weiterführende Fragen

- Wie können wir von Gott reden? (In Bildern, Geschichten, aus Erfahrungen u. a.)
- Wo und wie erfahren wir Gott im Alltag?
- Erfahren wir ihn auch in Höhen und Tiefen unseres Lebens?
- Kann Gott auch strafend/kritisch/böse sein?

1.4 Vertrauen, Wege zu Gott finden

Max Lucado/Chuck Gilles, *Immer an deiner Seite* (2008)

Zum Autor

Max Lucado, geb. 1955 in Texas, ist Pastor in der Oak Hills Gemeinde in San Antonio, Texas. Lucado ist ein international erfolgreicher Bestsellerautor. Er hat mehr als 50 Bücher, davon auch einige Bilderbücher, verfasst.

Chuck Gilles wurde 1940 in New York geboren und arbeitete als Künstler, Grafiker, Maler und Fotograf.

Zum Inhalt

In einem Königreich leben drei Ritter, die als die Stärksten im Land bekannt sind. An einem Abend sitzen sie mit dem Königssohn am Tisch, der ihnen berichtet, dass sein Vater einem von ihnen die Prinzessin zur Frau geben will, wenn sie eine Prüfung bestehen. Die drei Ritter müssen durch einen Wald reisen, der Angst und Schrecken verbreitet. In ihm leben »Hoffenichtse«, die sehr schlau sind. Jeder Ritter darf sich für die Reise einen Weggefährten aussuchen, der ihn bis zum Schloss begleitet. Der Prinz erklärt, dass der König auf einer Flöte spielen wird, damit die Ritter den Weg zum Schloss finden. Von dieser Flöte gibt es noch eine, die dem Prinzen gehört. Jeder der drei Ritter hat eine besondere Begabung. Carolus ist der Stärkste, Alon ist der Schnellste und Cassidon der Weiseste. Am nächsten Tag beginnt die Prüfung für die Ritter und ihre Weggefährten. Das Volk des Königs wartet viele Tage, bis zwei Männer aus dem Wald auftauchen. Die Männer werden versorgt und es wird ein Fest vorbereitet. Cassidon ist der Ritter, der die Prüfung bestanden hat. Er erzählt, dass die Hoffenichtse die Melodie der Flöte des Königs nachahmten. Doch er hatte sich den richtigen Weggefährten ausgesucht – den Königssohn –, um auf die Nachahmer nicht hereinzufallen. Der Prinz konnte Cassidon helfen die richtige Melodie herauszuhören: »›Ich wusste, dass es nur einen gibt, der die Melodie ganz genau so wie du spielen kann‹, erklärte Cassidon. ›Es gibt keinen anderen, dem ich vertraut hätte, dass er immer an meiner Seite bleiben würde.‹« (S. 31)

Didaktische und methodische Hinweise

In dem Bilderbuch geht es um das Vertrauen darauf, den richtigen Weg zu Gott zu finden. Das wird in Form eines Gleichnisses erzählt: Der Weiseste unter den Rittern erkennt, dass er dem Sohn des Königs vertrauen kann, um die Aufgabe zu bestehen. Übertragen heißt das, dass wir auf Jesus vertrauen können, um in Gottes Reich zu gelangen. Nur wer erkennt, dass Jesus den richtigen Weg zeigt, kann Gott erreichen, so die Botschaft der Geschichte. Versteht man unter den drei Rittern die drei monotheistischen Religionen Judentum, Christentum und Islam, vertritt Lucado damit ein exklusivistisches Konzept des Dialogs der Religionen, das nicht mehr unbedingt aktuell ist. Sowohl ein inklusivistischer Ansatz als auch ein pluralistisch-theozentrischer Ansatz lassen sich mit diesem Gleichnis nicht begründen. Diese Applikation der Bild- auf die Sachebene ist natürlich nicht zwingend, die Ritter könnten auch andere Menschen sein, die nach Gott suchen, die Dreizahl legt diese Deutung aber nahe.

Das Thema Vertrauen und die Frage, in was man sein Vertrauen setzt, könnten vor der Lektüre des Buches thematisiert werden, bzw.

das Buch wird bis zu der Stelle vorgelesen, an der die drei sich hinsichtlich ihres Begleiters entscheiden müssen. Wer wird gewählt, warum? Argumente für und gegen die Wahl der Kinder werden gesucht und diskutiert.

Nach der Lektüre wird die Bedeutung der Führung verständlich: »Jedes Mal, wenn die Melodie deiner Flöte zu uns in den Wald drang, begannen Hunderte von Flöten zu spielen. Rings um uns hörten wir Musik – Melodien aus jeder Richtung.« (S. 27) Wieder einmal betont Lucado, dass die angesehenen Eigenschaften wie Stärke und Geschwindigkeit/Geschicklichkeit hier nicht helfen. Das Bild auf S. 31, auf dem der gewählte erfolgreiche Begleiter, der Königssohn, dargestellt wird, ist ähnlich wie die gängigen (amerikanischen) Jesusdarstellungen gemalt, sodass die Aussage deutlich wird: Man soll sich Jesus anvertrauen, der auch in schwierigen Zeiten eine Führung im Sinne Gottes ermöglicht. Auch die anderen Bilder sind fast im Stil romantisierender Mittelalterdarstellungen gestaltet, sprechen damit aber bestimmt Jungen aus der Grundschule an.

Auf der Bildebene könnten sicherlich weitere Übertragungen gesucht werden: Was heißt es, die Hand der Tochter zu bekommen? Was sind Prüfungen auf der Reise heute (die Gesichter der »Hoffenichtse« könnten hier ausgefüllt werden, vgl. das Bild auf S. 9)?

Theologische Begleittexte

- Ps 47,8 (Gott als König)
- Joh 14,6 (Niemand kommt zum Vater denn durch mich)
- Joh 14,1b (Die Nähe zwischen Gott und Jesus)

Weiterführende Fragen

- Worauf/Auf wen kann ich vertrauen?
- Was bedeutet es für gläubige Christen, sich von Jesus führen zu lassen (»What would Jesus do?«)?
- Worauf darf ich als Christ hoffen? Was ist das Fest, das am Ende des Buches angekündigt wird?

1.5 Wer und wo ist Gott?

Regine Schindler/Ursula Verburg, *Benjamin sucht den lieben Gott* (11. Aufl. 2000)

Zur Autorin/zur Illustratorin

Regine Schindler-Hürlimann (1935–2013) war eine Schweizer Germanistin und Schriftstellerin. Besonders als Verfasserin religiöser Kinder- und Jugendbücher sowie als Expertin für Kinderbibeln hatte sie großes Ansehen.

Ursula Verburg, geboren in Hamburg, arbeitet nach ihrer Ausbildung zur Fotografin im Atelier Rheinländer und nach ihrem Studium an der Fachhochschule für Gestaltung in Hamburg als Buchbinderin und Grafikerin.

Zum Inhalt

Benjamin möchte alles über den lieben Gott wissen. Als er eines Abends im Bett liegt, fragt er den Astronauten, der auf einem Plakat in seinem Zimmer abgebildet ist, ob er auf dem Mond Gott gesehen hat. Der lacht aber nur und schüttelt den Kopf. Draußen sieht der kleine Junge den dunklen Nachthimmel, auf dem die Sterne leuchten, als wären sie auf schwarzem Samt gestickt. »Das ist das Kleid des lieben Gottes«, denkt Benjamin. Weil er sie von nahem sehen möchte, schlüpft er in seine Gummistiefel und schleicht sich leise in den Garten. Dort ist eine Leiter an den Birnbaum gelehnt, auf die er hinaufsteigen möchte: »Dort oben werde ich dem Himmel am nächsten sein. Vielleicht kann ich das Kleid des lieben Gottes berühren!« (S. 4)

Doch als er oben steht, spürt er, dass der Himmel noch so weit weg ist. Er fragt die Vögel, die es doch eigentlich wissen müssten. Diese verweisen ihn aber nur auf einen »ganz großen Berg […], einen Berg, der bis zum Himmel reicht« (S. 6).

Nach beschwerlicher Suche findet er den Berg, auf den eine Seilbahn hinauffährt.

Der Seilbahnfahrer fragt Benjamin, wo er hin will. Dieser sagt, er wolle auf den Berg. »Ich suche den lieben Gott.«

Der Seilbahnfahrer ist erstaunt und sagt: »Da weiß ich nicht, ob du da auf dem rechten Weg bist. Ich habe ihn noch nie gesehen.« (S. 10) Auf dem Gipfel des Berges angekommen scheint ihm der Himmel noch weiter weg als zu Hause und er ist müde und enttäuscht. Da hat der Wind Erbarmen mit ihm, er bläst ihn hoch in die Luft und setzt ihn auf einer Wolke ab. Der Junge fragt die Wolken, die glitzernden Regentropfen, den warmen Sonnenstrahl und schließlich, als ein Gewitter aufkommt, auch die Blitze nach dem lieben Gott. Keiner von ihnen hat Gott jemals gesehen, aber alle wissen, dass er den Himmel erschaffen hat, dass er stark ist und schnell. Deshalb gehorchen sie ihm alle.

Danach setzt der Wind den kleinen Benjamin auf einer herrlich duftenden Blumenwiese ab. Benjamin denkt, das müsse die Himmelswiese sein, aber es ist nur der Garten seiner Eltern. Benjamin allerdings sieht die Welt mit anderen Augen und erkennt, dass die schönen Blumen nur ein Künstler wie Gott gemacht haben kann.

Da kommen seine Eltern auch schon aus dem Haus und schließen ihn in die Arme. Er kann kaum an sich halten, um seine Erkenntnisse der wunderbaren Nacht weiterzugeben: Gott hält sich nicht nur im Himmel auf. Er hat Himmel, Sterne und viel mehr erschaffen. Der Vater ergänzt den Menschen als Schöpfung Gottes. Er erklärt Benjamin, dass Gott bei allen Menschen wohnt und sie alle lieb hat.

Didaktische und methodische Hinweise

Die schon alte Erzählung von 1979, die vor allem in ihren Illustrationen eher antiquiert und nicht mehr zeitgemäß wirkt, möchte den Himmel nicht leerräumen, sondern geht der kindlichen Vorstellung nach, dass gerade kleinere Kinder immer noch denken, Gott wohne im Himmel. Die Erzählung gibt zwar einzelne Antworten (siehe Inhalt) vor, kann aber gerade unter Zurückhaltung des Endes vor allem dazu verwendet werden, die Vorstellungen der Schülerinnen und Schüler zur Sprache zu bringen, indem Benjamins Weg antizipierend vorweggenommen wird.

Für ältere Klassenstufen kann kontrastierend mit dem Kurzfilm *Mr. Tao* gearbeitet werden, der auf der Suche nach Gott ebenfalls einen Berg besteigt, dann seinen Weg lustig weiter in den Himmel fortsetzt, um grüßend an Gott vorbeizulaufen, der ärgerlich protestierend auf die Knie fällt.

Theologische Begleittexte

- Apg 1,9–11 (Christi Himmelfahrt)
- Ps 11,4 (Des Herrn Thron ist im Himmel)
- 1. Korinther 13,12 (Wir sehen jetzt wie durch einen Spiegel)

Weiterführende Fragen

- Wo wohnt Gott?
- Wann kann ich Gott spüren?
- Welche biblischen Vorstellungen über den Ort Gottes gibt es?

Literatur

Petra Freudenberger-Lötz, Vorstellungen von Gott in einer vierten Klasse der Grundschule, in: Schönberger Hefte 29 (1999) 1, 2–8 (die Erzählung ist hier auf einen älteren Jungen Hannes appliziert, dazu finden sich ein Unterrichtsverlauf und Materialien).

1.6 Gott heute auf unserer Erde

Kare Bluitgen/Chiara Carrer, *Ein Stiefel fiel vom Himmel* (2001)

Zum Autor/zur Illustratorin

Kare Bluitgen (geb. 1959) lebt als Lehrer und Schriftsteller in Kopenhagen. Für sein schriftstellerisches Werk wurde ihm der Preis des dänischen Kultusministeriums verliehen.

Chiara Carrer wurde in Venedig geboren und lebt als Illustratorin in Rom. Sie wurde für ihre Arbeiten mehrfach ausgezeichnet, u. a. erhielt sie den Premio Anderson. Ihr Bilderbuch *Otto Karotto* (Picus) wurde 2001 für den Deutschen Jugendliteraturpreis nominiert.

Zum Inhalt

Gott erfreut sich nach einem Regen an seinem Regenbogen und verliert, auf einer Wolke sitzend, einen seiner Stiefel. Er hat ihn schon seit Ewigkeiten und liebt ihn sehr. Deshalb begibt er sich auf die Erde, um ihn wiederzufinden. Er fragt den Parkwächter, einen vorbeieilenden Passanten, den Pfarrer, das Fundbüro und im Schuhladen, jedoch kann und will ihm niemand weiterhelfen. Bei einer Militärparade wird er als Landstreicher von der Polizei festgenommen. Die Polizisten lachen über seine Verrücktheit und vergessen dabei, die Gefängnistür zu verschließen. So kann Gott sich in der Nacht davonschleichen. Am nächsten Morgen trifft er glücklicherweise einen kleinen Jungen beim Angeln, der hat seinen Stiefel gefunden und lässt sich darauf ein, Gottes Geschichte anzuhören.

Didaktische und methodische Hinweise

Die Idee, die hinter der Erzählung steckt, wird in der Literatur und im Film häufiger verwendet: Aus unterschiedlichen Gründen kommt Gott auf die Erde und wird dort erst einmal nicht erkannt. Dies könnte der Ausgangspunkt sein, um darüber mit den Kindern nachzudenken: *Wenn Gott heute auf die Erde käme, was könnte passieren, was würde er vielleicht erleben?*

In diesem Bilderbuch trifft Gott bei der Suche nach seinem verlorenen Stiefel auf allerhand Leute. Die einen misstrauen ihm bzw. glauben ihm nicht, die anderen lachen ihn aus und sperren ihn ein, weil sie ihn für verrückt halten. Doch am Ende trifft Gott einen Jungen, der abseits angelt. Er hat Zeit zuzuhören und lässt sich auf die Geschichte ein. Auf den ansprechenden großflächigen Bildern des Buches kann man viel entdecken. Sie sind als Collagen verschiedener Techniken gestaltet: Klassisch wird die Gottesvorstellung »Gott als Mann mit weißem Bart« aufgenommen, man erkennt aber auch den immer wiederkehrenden Finger Gottes aus Michelangelos berühmtem Fresko, Reste der Konsumgesellschaft in Form von aufgeklebten Teilen von Formularen, Kalenderblättern, Rechnungszetteln und Fotos, die integriert werden.

Was geschähe, wenn Gott heute auf die Welt käme? Viele biblische Assoziationen bereichern für kundige Leser die Inhaltsfolie und können mit den Schülerinnen und Schülern erschlossen werden: Gott darf nicht auf den Rasen des Parks, wie Jesus damals am

Sabbat nicht auf das Weizenfeld durfte, um Ähren zu raufen. Gott sucht seinen Stiefel im Müll, auch Jesus weilte an Orten, an denen man sich damals eher nicht aufhielt: bei den Frauen, bei den Prostituierten, bei Kranken und Behinderten. Im Gefängnis wird Gott dann sogar gequält, und doch kann er fliehen, unter Zurücklassung von merkwürdigen Fußspuren. Jesus sucht das Heil bei den Armen und Aussätzigen, wird ebenfalls eingesperrt und geschlagen. Und wem begegnet Gott im Bilderbuch? Er trifft einen Jungen, der fischt, so wie Jesus damals die ersten Jünger auch beim Fischfang getroffen hat. Erst dieser kleine Junge hat Zeit, seine Geschichte zu hören.

Theologische Begleittexte
- Mk 2,23–28 (Ährenraufen am Sabbat)
- Joh 8,1–11 (Jesus und die Ehebrecherin)
- Mk 1,40–45 (Heilung eines Aussätzigen)

Weiterführende Fragen
- Was würde passieren, wenn Gott/Jesus heute auf die Erde käme?
- Warum wird Gott ausgelacht und eingesperrt?
- Welche Menschen sind offen für die Botschaft des Evangeliums, warum, welche nicht?
- Was sind (wunderliche) Spuren Gottes auf der Erde?

1.7 Handelt Gott? Straft Gott?

Hermann Schulz/Dorota Wünsch, *Ein Apfel für den lieben Gott* (2004)

Zum Autor/zur Illustratorin

Hermann Schulz (geb. 1938), Sohn eines Missionars, hat nach vielen Reisen einen Verlag geleitet und unterschiedliche Bücher und Bilderbücher geschrieben. Er wurde mehrfach ausgezeichnet. Schulz ist Mitglied des PEN-Zentrums Deutschland.

Dorota Wünsch, geb. 1962 in Lodz/Polen, studierte von 1981–83 an der Kunstakademie in Lodz. 1984 kam sie über ein Gaststipendium nach Deutschland und studierte bis 1992 Kunst an der Mainzer Universität. Heute lebt und arbeitet sie als freie Künstlerin und Mutter von drei Kindern in Saarbrücken.

Zum Inhalt

Großmutter Gretchen lebte als Kind mit ihren Eltern in einem Bergwerksort. Aus ihrer Kindheit erzählt sie ihrem Enkelkind eine Geschichte, bei der nicht sicher ist, ob der liebe Gott im Spiel ist. Gretchen ist kein liebes Kind. Sie macht viele Streiche. Die Eltern drohen damit, dass der liebe Gott ihre Streiche sieht und sie bestrafen wird. Gretchen glaubt das nicht, heckt aber nun erst recht Streiche aus, um auszuprobieren, ob Gott sie straft. Doch nichts passiert und Gretchen macht eine Pause auf dem Weg an der alten Scheune. Sie merkt nicht, dass das dicke Pferd mit dem Kohlenwagen, bis oben hin voller Kohlen, langsam den Weg heraufkommt. Das Pferd verlässt die Spur, um dem Kind auszuweichen – plötzlich kippt der Wagen um, die Kohlen poltern auf den Boden. Der Kohlenhändler Jakob entdeckt das am Boden liegende Gretchen. Er ist sichtlich erschrocken und bringt das unverletzte Gretchen zur Mutter. Er kann sich gar nicht beruhigen, dass das Pferd extra den Weg verlassen hat, um Gretchen zu schützen. Gretchen verlässt heimlich die Küche, stibitzt einen Apfel, bringt ihn zum Pferd und sagt: »Danke schön, du dickes Pferd! Gib zu, dass du der liebe Gott bist!«

Didaktische und methodische Hinweise

Das ansprechende Bilderbuch stellt die inhaltliche Frage, sozusagen als Suchaufgabe, bereits auf der ersten Seite vor: »Ob der liebe Gott im Spiel war, musst du selbst herausfinden.« Kindgerecht wird die Frage, wie Gott wirkt und handelt, vor allem unter dem Fokus der weit verbreiteten Vorstellung (und schwarzen Pädagogikdrohung) »der liebe Gott sieht alles« verfolgt. Insofern ist das gar nicht so liebe Gretchen eine Protagonistin, mit der sich Kinder gut identifizieren können, da diese sich dieselben Fragen stellen: Sieht Gott alles und straft er?

Methodisch kann man gut an diese Fragestellung anknüpfen. Zunächst kann man mit Assoziationen zum Titel des Buches und Gottesvorstellungen anfangen: *Vielleicht sieht Gott aus wie …? Gott kann vielleicht …? Wenn ich Gott fragen könnte …? Gott braucht man, wenn …?* Dann liest man das Buch bis zu der Stelle vor, an der die

Mutter Gretchen wegen der Streiche wütend droht, dass Gott irgendwann Gretchen bestraft, und ihre Tochter dann traurig ansieht. Die Impulsfragen sind: *Sieht Gott alles? Und bestraft Gott? Oder belohnt er auch?* Ergänzend kann man Bibelzitate oder Sätze zu Gott erarbeiten, die den Kindern bei der Beurteilung der Fragen helfen. Die Lektüre könnte z. B. bis zu der Stelle gehen, als Gretchen denkt: »Man müsste etwas tun, was verboten ist. Schon der Gedanke daran machte ihr großen Spaß.« Die Aufgabe lautet: *Was könnte Gretchen tun? Schreibt die Geschichte weiter.* Nach der Arbeitsphase und den Präsentationen wird das Buch bis zu der Stelle gelesen, an der Gretchen die ganzen Streiche durchgeführt hat. »Das wird der liebe Gott bestimmt gesehen haben«, dachte Gretchen. Nach dem Vergleich mit den Ergebnissen könnten Impulse zum Weiterdenken sein: *Denkt Gretchen, dass Gott sie gesehen hat? Was denkst du? Stell dir vor, du müsstest Gretchen antworten!*

Interessant ist es nun, die Geschichte nicht als Ganze zu Ende zu lesen, sondern mit einem Bildimpuls zu arbeiten: *Zwei riesengroße Räder kommen vor Gretchens Augen vorbei. Was passiert nun? Wie geht die Geschichte weiter? Und hat das alles mit Gott zu tun? Handelt Gott? Schreibe das Buchende!*

Wiederum kommt es zur Präsentation der Ergebnisse, es folgt der Schluss. Der Satz »Danke schön, du dickes Pferd …« wird besprochen. *Wie meint Gretchen das? Hat Gott nun gehandelt oder nicht? Und hat Gretchen herausgefunden, ob Gott sie sieht? Kommt Gott vor?* Ein Abschluss könnte ein Gebet sein, das die Kinder für Gretchen formulieren.

Theologische Begleittexte

- 1. Kön 19 (Elia am Horeb)
- Ps 69,15 (Errette mich aus dem Schlamm, dass ich nicht versinke)
- Ps 130,1 (Aus tiefer Not rufe ich, Gott, zu dir)
- Jes 54,10 (Denn es sollen wohl Berge weichen und Hügel hinfallen …)

Weiterführende Fragen

- Wie kann man Gott erkennen?
- Straft der liebe Gott?
- Erkennen alle Menschen Gott?

- Ist Gott immer gleich?
- Ist Gott immer da?

1.8 Philosophieren zur Gottesfrage

Oscar Brenifier/Jacques Després, *Was, wenn Gott einer, keiner oder viele ist* (2013)

Zum Autor/zum Illustrator

Oscar Brenifier (geb. 1954) ist ein französischer Philosoph und veranstaltet in zahlreichen Ländern philosophische Seminare und Workshops für Kinder und Erwachsene. Im gleichen Verlag sind in einer Reihe noch weitere Bilderbücher erschienen: *Was, wenn es nur so aussieht, als wäre ich da? Was, wenn ich nicht der wäre, der ich bin? Was, wenn es sich anfühlt wie Liebe?*

Jacques Després (geb. 1966) ist ein französischer Künstler, der in unterschiedlichen Bereichen wie Animation, Spieleentwicklung und Bühnenbildgestaltung gearbeitet hat.

Zum Inhalt

Das Buch beginnt mit dem Satz: »Man kann von Gott sehr unterschiedliche und sogar gegensätzliche Vorstellungen haben …« Zu sehen sind unterschiedliche, in Schwarz-Weiß gehaltene Figuren auf einer schwarz-weißen Spirale. Jeweils auf einer farblich in unterschiedlicher Aufmachung präsentierten Doppelseite finden sich nun unterschiedliche Positionen zur Gottesfrage: der Glaube an die Existenz Gottes, Gott als Idee, Monotheismus, Polytheismus.

Dabei werden folgende Aspekte jeweils eingeleitet mit »Manche denken … – Andere glauben …«: die Existenz Gottes, die Erkenntnismöglichkeit Gottes (im Innern der Menschen oder in den heiligen Büchern, den Propheten, den Geistlichen), der Ort seines Wirkens, die Bedeutung der Weitergabe des Glaubens, die Bedeutung Gottes, die Frage nach der Prädestination, das Gebet als Kommunikation zwischen Gott und Mensch, die Folgen des Gottesglaubens, der Zusammenhang von Gottesglauben und Moral, eschatologische Vorstellungen u. a. Am Ende sieht man das Bild des Anfangs. Mit der Frage: »Und du?« wird die Leserin bzw. der Leser aufgefordert, zwischen den dargestellten Positionen eine eigene zu wählen und zu begründen.

Didaktische und methodische Hinweise

»Innovative Illustrationen und gekonnte Texte zu einem wichtigen Sach-Thema machen ›Was, wenn es nur so aussieht, als wäre ich da?‹ zu einem Unikat auf dem Sachbuchmarkt«, so lautete die Jurybegründung für den Deutschen Jugendliteraturpreis 2012. Das Bilderbuch wurde auch mit dem Luchs von DIE ZEIT und Radio Bremen sowie dem Leselotsen des Buchjournals ausgezeichnet und leitet zum Theologisieren bzw. zum Philosophieren über die Gottesfrage an: Lenkt Gott die Welt oder lässt er dem Menschen vollkommene Freiheit? Reagiert Gott auf die Gebete der Menschen oder sind unsere Bitten vergeblich? Ist der Glaube an Gott nur Aberglaube oder brauchen wir ihn, um dem Universum einen Sinn zu verleihen? In zwölf Gegensätzen zeigen Oscar Brenifier und Jacques Després, was Menschen zum Thema Gott glauben oder eben auch nicht glauben. Die Illustrationen sind durch die Figuren mit den überdimensionalen, an Fernseher/Bildschirme erinnernde Köpfe irritierend, der immer gleiche nachdenkliche Gesichtsausdruck regt zum Nachdenken über die eigene Position an. Die Positionierung der Figuren, die Farben, die Requisiten im Bild ermöglichen interessante Ergänzungen und Interpretationen zu den Statements. Dadurch, dass die Bilder die Aussagen interpretieren, könnte man die eigene Position gerade bei älteren Schülerinnen und Schülern durch Bilder darstellen lassen. Denkbar wäre auch, die Positionen durch die Schülerinnen und Schüler formulieren und anschließend mit denjenigen im Bild vergleichen zu lassen. Die Themen dafür müsste man vorgeben.

Möchte man mehr biblisch-theologisch vertiefen, wäre es denkbar, solche biblischen Widersprüche aufzunehmen in dem Sinne: Manche sagen, die Dinge, die in der Bibel aufgeschrieben sind, sind genauso auch passiert. Andere glauben, dass dort individuelle Geschichten mit Erfahrungen von Menschen aufgeschrieben wurden, deren Wahrheitsgehalt sich nicht in der Übereinstimmung von Tatsachen und Ereignissen definieren lässt.

Theologische Begleittexte

- Ex 3,13 f. und Ex 20,1 f. (Ich bin, der ich bin)
- Mk 1,9–11; 15,37–39; Joh 1,1–14; Phil 2,5–14 (Offenbarung Gottes in Jesus Christus)
- Ex 20,4 (Du sollst dir kein Bildnis machen)
- Mt 20,1–15; Lk 15,11–32 (Biblische Gottesvorstellungen in den Gleichnissen)

Weiterführende Fragen

- Wie finde ich meine Position zu den angebotenen Standpunkten?
- Welche Konsequenzen hat die jeweilige Position?
- Wie begründe ich die Wahl? Welcher biblische Text kann Referenzpunkt sein?
- Glauben Juden, Christen und Muslime an denselben Gott?

Literatur

Mirjam Zimmermann/Harmut Lenhard (Hg.), Wer ist das eigentlich – Gott? Religion 5–10 (2011), 1.

Dies., Glauben alle an denselben Gott? Religion 5–10 (2012), 5.

1.9 Himmel, Projektionstheorie

Katja Reider/Angela von Roehl, *Wahre Wolkenwunder* (1997)

Zur Autorin/zur Illustratorin

Katja Reider wurde 1960 in Goslar geboren. Nach ihrem Germanistik- und Publizistikstudium in Göttingen arbeitete sie zunächst in einer PR-Agentur, später dann nur noch als Kinder- und Jugendbuchautorin.

Angela von Roehl wurde in Frankfurt am Main geboren. In Hamburg und London hat sie Illustration und Grafik-Design studiert und arbeitet seitdem als selbstständige Grafikerin und Illustratorin.

Zum Inhalt

Eines Morgens sitzen eine Maus, eine Giraffe, eine Ziege, ein Bär und ein Schwein auf ihrem Lieblingsplatz und blicken nach oben in die Wolken. Die Maus stellt sich die Frage, was wohl über den Wolken sein mag. Die Ziege antwortet: »Was soll da schon Besonderes sein? Die Luft dort oben ist ein wenig frischer.« Die Giraffe kann das mit ihrem langen Hals bestätigen. Obwohl der Bär lieber ein Schläfchen machen möchte, besteht die Maus darauf zu erforschen, was über den Wolken ist. Die Tiere sollen übereinander klettern und so einen Turm bilden. Ganz unten steht das Schwein.

Auf diese Art und Weise gelingt es den Tieren, über die Wolken zu blicken. Dort sieht die Maus einen Himmel voller Käse, die Ziege entdeckt wunderschöne, schneeweiße Ziegenböckchen und der Bär erkennt Bienenstöcke mit leckeren Honigwaben. Nur das Schwein zeigt kein Interesse an der Himmelsleiter, bleibt auf der Erde und springt glücklich und zufrieden in eine Schlammpfütze. Im Anschluss tauschen sich die Tiere über ihre Erkenntnisse aus.

Didaktische und methodische Hinweise

Warum sieht die Maus den Käsehimmel, der Bär den Honig und warum bleibt das Schwein erdverbunden? In diesem Bilderbuch wird gezeigt, dass wir Menschen den Himmel individuell auslegen und unsere Wünsche dorthin projizieren. Die Welt oder zumindest die Wirklichkeit im Himmel ist nicht objektiv vorgegeben, sondern wird von jedem von uns konstruiert. Diese erkenntnistheoretische Grundlage kann an diesem Buch erschlossen werden.

Hier setzt z.B. auch die Religionskritik an. So ist nach Ludwig Feuerbach (1804–1872) Gott die Summe aller Wünsche nach Unsterblichkeit, Vollkommenheit, Glück, Gleichberechtigung etc. eines Menschen. Er projiziert diese auf eine Gottheit, weil er darin nicht seine eigenen Wünsche erkennen kann bzw. will.

Nach dem Abstieg von der Himmelsleiter vertritt jedes Tier seine Sichtweise und sieht sich dabei mit der der anderen Tiere konfrontiert. Gemeinsam kann überlegt werden, welche Bedürfnisse bei den Tieren im Vordergrund stehen (Maus und Bär: Hunger stillen; Ziege und Giraffe: Sehnsucht nach Liebe), was ihre Bilder beeinflusst und wie man in einer Diskussion zwischen den Tieren zu einem Ergebnis kommen kann.

Auch die Bibel formuliert eschatologische Hoffnungen, die aber bei Jesus nicht in die Zukunft verlagert werden, sondern mit der Vorstellung vom Reicht Gottes schon mitten auf der Welt beginnen (Reich Gottes Gleichnisse). Hier kann auf Spurensuche unter den Wolken gegangen werden.

Theologische Begleittexte

- Ex 3,13 f. und Ex 20,1 f. (Ich bin, der ich bin)
- Ex 20,4 (Du sollst dir kein Bildnis machen)
- Jes 65,25 (Eschatologische Hoffnungen)
- Mk 4,3–9 (Gleichnis vom Sämann)
- Offb 21,2–5 (Das neue Jerusalem)

Weiterführende Fragen

- Was glaube ich »über den Wolken zu sehen«? Warum?
- Welche Typen von Menschen sehen welche Dinge?
- Welche Vorstellung vom Himmel gibt es in der Bibel?

1.10 Was die Welt im Innersten zusammenhält

Manuela Monari/Brunella Baldi, *Der rote Faden* (2012/2. Aufl. 2015)

Zur Autorin/zur Illustratorin

Die Italienerin Manuela Monari (geb. 1964) arbeitete als Grundschullehrerin, lebt in Modena und leitet dort die Kinderbuchhandlung La Bottega di Merlino, die sie selbst gegründet hat. Sie ist eine bekannte italienische Kinderbuchautorin, die für ihre Bücher mehrfach ausgezeichnet wurde.

Die Florentinerin Brunella Baldi hat ihren künstlerischen Hintergrund in Tanz und Choreografie, widmet sich mittlerweile aber der Malerei und der Illustration. Sie erhielt nationale und internationale Preise.

Zum Inhalt

Ein Kind erzählt altklug, dass es einen Faden gibt, der alles verbindet. Er verbindet das Kind mit seinen Eltern, die Menschen und Häuser einer Stadt, Wälder, Ozeane, den Himmel, die Sterne und die Tiere. Der Faden verbindet nicht nur Lebendiges, sondern auch Menschen mit Gedanken, mit Ideen und Entdeckungen. Das Kind hat seine Eltern gefragt, wie der Faden heißt. Die Mutter meint, der Faden sei die Liebe, der Vater nennt ihn Vernunft, die Lehrerin die Wahrheit, der beste Freund glaubt, dass der Faden Gott sei. Dieser Faden ist immer da, dehnt sich, reißt aber nicht und bewirkt, dass der kleine Erzähler sich sicher fühlt und Orientierung findet.

Mit dem Symbol des roten Fadens nimmt die Erzählerin mit einfachen Sätzen den Kinderalltag aufmerksam und heiter auf, die unaufdringlichen Illustrationen in zarten Pastellfarben unterstützen den Text. Die Beziehungen miteinander, so folgern die Leserin und der Leser, machen das wahre Leben aus.

Deshalb gibt es am Schluss die Empfehlung: »Ich wünsche euch, dass ihr immer einen besten Freund habt. Und ich rate euch: Macht einen doppelten Knoten in den Faden, der euch verbindet.«

Didaktische und methodische Hinweise

Das Bilderbuch leitet an, die Bezogenheit aller Teile dieser Welt zusammenzudenken. Diese Bezogenheit wird vom Kind erfahren in der Liebe, in der Vernunft und in der Suche nach der Wahrheit. Dieser »rote Faden« könnte aber auch Gott sein, wie der Freund vorschlägt. Auf diese Weise wird ein Gottesbild angeboten, das weitab vom Klischee vom alten Mann mit Bart ist und Gott nicht mehr als Person denkt.

Unterrichtlich können die Beziehungen und ihre Bedeutung nach den im Buch genannten Gruppen vertieft werden: *Worin besteht mein roter Faden zu meinen Eltern? Zu meinen Freunden? Welche Chancen und welche Verpflichtungen beinhaltet das?* Diese Aspekte können mit Bildern und einem roten Faden im Rahmen von Collagen vertieft werden. Möglich ist hier, gruppenweise Beziehungen zwischen Menschen, zwischen Mensch und Natur, zwischen Welt und Kosmos darstellen zu lassen.

Bevor die Lösungen der Erwachsenen (Liebe, Vernunft, Suche nach Wahrheit, Gott) vorgelesen werden, sollen die Kinder selbst zu Wort kommen: *Was würdest du antworten, wenn das Kind dich fragt, was der rote Faden sein könnte?*

Abschließend kann versucht werden, die Gottesbeziehung mithilfe eines roten Fadens darzustellen. Dabei kann auch trinitarisch gearbeitet werden, z. B. wieder mit einer Collage, bei der die Kinder sich selbst (Vorname) mit Gott, bestehend aus Gottvater, Jesus und Heiligem Geist, in Beziehung setzen und die Anordnung begründen müssen.

Theologische Begleittexte

- 1. Kor 15,28 (Damit Gott alles in allem sei)
- Jos 1,9 (Der Herr, dein Gott, ist mit dir …)

Weiterführende Fragen

- Gibt es in (d)einem Tagesablauf einen »roten Faden«?
- Gibt es in (d)einem Leben einen »roten Faden«?
- Kann man Gott in den Beziehungen der Menschen entdecken?

1.11 Gottesbilder, Mensch als Ebenbild?

Rafik Schami/Sandra Beer, *»Wie sehe ich aus«, fragte Gott*

Siehe im ersten Teil unter 9.4.1.

1.12 Rechtfertigungslehre

Max Lucado/Sergio Martinez, *Du bist einmalig*

Siehe im ersten Teil unter 9.4.2.

2. Schöpfung

Das Thema Schöpfung bietet eine Fülle an Schwerpunkten und wird in zahlreichen Bilderbüchern behandelt. Es geht um den Schöpfungsakt, die Bewahrung der Schöpfung und die menschliche Verantwortung oder aber um die Stellung des Menschen in der Schöpfung und in diesem Zusammenhang um die generelle Frage nach Sinn und Zweck des menschlichen Daseins. Die unterschiedlichen Thematiken ermöglichen es, die Schöpfung in unterschiedlichen Altersstufen mit je eigenem Akzent zu behandeln und Kindern (und Jugendlichen) immer neue Perspektiven zu eröffnen. Dabei kann jeweils auf geeignete Bilderbücher zurückgegriffen werden.

2.1 Schöpfung und Sinn des Lebens

Wolf Erlbruch, *Die große Frage* (2004/9. Aufl. 2015)

Zum Autor

Wolf Erlbruch (geb. 1948) hat in seinen vielfältigen und vielfach ausgezeichneten Bilderbüchern (u.a. Deutscher Jugendliteraturpreis, Luchs) ein breites Themenspektrum aufgegriffen. U.a. beschäftigt er sich in seinen Werken mit dem Sinn des Lebens, Tod, Schöpfung, aber auch mit Klassikern der Literatur. Kennzeichnend für Erlbruch ist, dass oft Tiere die Protagonisten in seinen Handlungen sind.

Zum Inhalt

Die große Frage, die im Titel annonciert wird, wird in dem kleinformatigen Bilderbuch nicht ausgeführt, sondern lässt sich aus den 21 Antworten des Buches erschließen: »Warum bin ich auf der Welt?« Eine Antwort darauf geben mit kurzen und griffigen Antworten verschiedene Menschen (Bruder, Großmutter, dicker Mann, Vater, Blinder, Schwester, Mutter), Tiere (Katze, Vogel, Hund, Ente, Kaninchen), Berufe (Pilot, Soldat, Matrose, Gärtner, Bäcker, Boxer), Dinge (die Drei, Stein) und der Tod. Alle zeigen, dass es auf diese wichtige Frage nur sehr persönliche Antworten geben kann.

In den Illustrationen ist der typische Erlbruch-Stil erkennbar, der sich durch einen Mix aus Collage, Zeichnung und Malerei auf weißem Hintergrund, auszeichnet.

Didaktische und methodische Hinweise

Das Buch ist eine Auftragsarbeit des französischen Départements Val de Marne aus dem Jahr 2003 (Titel: La grande question). Es wurde jedem Neugeborenen seitens des Départements zur Geburt geschenkt. Die Antworten sind auf den ersten Blick nicht religiös geprägt, allerdings bietet die existenzielle Grundfrage die Möglichkeit, Perspektiven des Glaubens einzutragen, die Antworten des Buches daraufhin zu befragen und darüber theologische Gespräche zu führen. Die anthropologischen Aussagen bieten überdies auch die Basis, schöpfungstheologische Aspekte zu bedenken.

Da im Bilderbuch die auf dem Cover annoncierte große Frage nicht genannt wird, kann man dies zum Ausgangspunkt dafür machen, zu spekulieren, wie diese wohl lauten könnte: *Schaut euch das Cover genau an und überlegt, um welche große Frage es sich wohl handelt. Schreibt alle Möglichkeiten auf, die euch einfallen.* Bei der Präsentation können nicht nur alle Ideen genannt und gewichtet, sondern auch Begründungen diskutiert werden, warum es sich bei den Vorschlägen um eine große bzw. um keine große Frage handelt. Hier wird man auf die Unterscheidung zwischen beantwortbaren und nicht beantwortbaren Fragen kommen, zu denen große Fragen immer gehören. Eine Variation der Idee ist es zu überlegen, wer sich vor allem mit der großen Frage beschäftigt und evtl. eine fiktive Minibiografie vor der Lektüre des Buches dazu zu erfinden. Die Resultate können mit den Antworten im Buch verglichen werden.

Aus den Antworten im Bilderbuch können die Kinder die große Frage ergründen. Wenn sie die Frage formulieren, sollen sie einen eigenen Beitrag verfassen und ein Bild dazu erstellen: *Schreibe eine eigene Antwort auf die große Frage auf und male dazu ein passendes und kreatives Bild!* Eine Ausstellung würdigt die Ergebnisse.

Die Beiträge des Bilderbuches sind vielfältig und die kleinen Statements geben in ihrer Buntheit das Potenzial für die eigene Antwortsuche der Kinder. Dies kann man unterstützen, indem man sie zu einem Ranking oder einer Skalierung ermuntert. Als Vorbereitung schreibt man die Akteure (Bruder, Katze, usw.) auf je einen kleinen Zettel. Einen Stapel mit allen Zetteln der 21 Akteure erhält jedes Kind und den Auftrag: *Male auf das Blatt Papier einen Weg, der zu einem Ziel führt. Das Ziel stellt die Antwort dar, warum du auf der Welt bist. Klebe die Antworten aus dem Buch auf das Blatt entlang des Weges. Die Antworten, die dich ansprechen, klebe nahe zum Ziel, die dich nicht ansprechen, dementsprechend weiter weg.* Die Skalierungen werden vorgestellt und besprochen. Die Kinder erhalten danach den Auftrag, Oberbegriffe für ihre wichtigen Antworten zu finden. Sind ihnen eher Menschen und menschliche Beziehungen wichtig oder materielle Dinge, Lebensleistungen oder Genuss?

Den schöpfungstheologischen Gedanken kann man durch folgende Idee eintragen: Eine weitere Seite wird präsentiert. Sie enthält das Bild eines Pfarrers. Die Aufgabe an die Kinder lautet: *Schreibe auf, was der Pfarrer wohl auf der Seite schreiben würde. Warum bist du auf der Welt?* Die Kinder äußern ihre Gedanken und diskutieren diese. Danach präsentiert der Pfarrer auf dem Bild nicht nur eine kurze Antwort, sondern einen Auszug aus dem Schöpfungsbericht (Gen 1,26–28). Finden die Kinder die Antwort hilfreich oder lehnen sie sie ab? Eine Diskussion mit zwei Stühlen (Ja/Nein), auf die man sich setzen muss, um seine Meinung zu sagen und um die Gedanken zu strukturieren, kann initiiert werden. Wo würden die Kinder diese Antwort auf ihrem Weg verorten? Denkbar wäre auch, Personen aus der Kirchengemeinde zu der Frage zu interviewen. Es können auch andere Konfessionen und Religionen in der Klasse verteilt werden, die jeweils im Lebensumfeld der Jugendlichen zu finden sind. Die Antworten werden erbeten und dann in der Klasse vorgestellt.

Theologische Begleittexte

- Gen 1 (Schöpfung)
- Gen 2 (Paradies)
- Psalm 8 (Herrlichkeit der Schöpfung)
- Psalm 104 (Loblied auf die Schöpfung)
- 2. Kor 5,17 (In Christus eine neue Kreatur)

Weiterführende Fragen

- Gibt es eine verbindliche Antwort auf die Frage, warum ich auf der Welt bin?
- Erschafft Gott heute noch neues Leben?
- Ist Gott bei der Geburt eines Kindes dabei?
- Was heißt das, dass Gott alles erschaffen hat?

Literatur

Kirsten Rabe, »Warum bin ich auf der Welt?« Bausteine für eine schöpfungstheologische Lektüre von Wolf Erlbruchs »Die große Frage« im Jahrgang 5/6, in: Loccumer Pelikan (2013) 2, 81–85.

2.2 Die Schöpfung als Paradies

Helme Heine, *Samstag im Paradies* (1985/2004)

Zum Autor

Helme (Helmut) Heine (geb. 1941) ist ein deutscher Schriftsteller, Illustrator und Kinderbuchautor, der mehr als 50 Kinder- und Jugendbücher veröffentlichte (z. B. das bekannte *Freunde*). Er wurde vielfach ausgezeichnet (u. a. Europäischer Jugendbuchpreis, Premio Grafico der Bologna Children's Book Fair) und lebt mittlerweile in Neuseeland.

Zum Inhalt

Das Bilderbuch schildert zu Beginn knapp, auf je einer Seite die ersten fünf Schöpfungstage. Erst die Erschaffung des Menschen am sechsten Tag, dem Samstag, erzählt es ausführlich. Gott erschafft die Menschen in seiner Werkstatt in einem aufwendigen Prozess. Er entwirft Skizzen, holt sich Material wie Lehm und Wasser und formt ihn dann. Als er sieht, wie gelungen der erste Mensch geworden ist, formt er einen zweiten und verleiht beiden die unsterbliche Seele. Es folgen mehrere Seiten ohne Text, die Adam und Eva lebensfroh im Paradies zeigen. Über beide wacht Gott, der sich auf den Sonntag freut.

Didaktische und methodische Hinweise

Gott wird in dem Bilderbuch sehr anthropomorph dargestellt. Er gleicht einem älteren Künstler, der im Atelier fröhlich handwerklich tätig ist. Der weiße Bart fehlt ihm so wenig wie der sommerliche Panamahut. Doch trifft diese Darstellungsweise die kindliche Vorstellung von Gott? Eine kritische Betrachtung ist zu Beginn ein produktiver Ausgangspunkt: *Schau dir die Bilder von den ersten Schöpfungstagen gut an. Kann und darf man Gott so darstellen? Passen die Bilder zur Schöpfung? Schreibe eine Rezension!* Als eine Ergänzung kann die Aufgabe dienen: *Suche dir einen Schöpfungstag aus, der dich besonders anspricht und male ihn. Überlege dabei, ob du Gott darstellst und wie du ihn darstellst.* Beide Aufgaben dienen dazu zu überlegen, wie Gott und die Schöpfung zusammenzudenken sind.

Die Erschaffung des Menschen bildet den Schwerpunkt des Buches. Die Frage an die Kinder lautet: *Warum erschafft Gott die Menschen so spät in der Schöpfungsfolge?* Die Kinder sollen darüber still nachdenken und sich in einem Schreibgespräch austauschen. Die biblische Begründung kann evtl. ergänzt und diskutiert werden.

Gott hat den Menschen geschaffen. Das Buch zeigt nicht nur, welche Gaben Gott den Menschen verliehen hat, sondern auch, wofür diese dienen können. Auf einem DIN A3-Blatt sollen die Kinder die menschlichen Umrisse einzeichnen und die im Buch benannten Sinnesorgane und Gaben eintragen. Die Aufgabe lautet: *Ergänze das Blatt. Schreibe auf das Papier (oder male) so viele Möglichkeiten, wie dir einfallen, wofür die einzelnen Organe noch dienen können.* Bei der Präsentation kann bedacht werden, welches die wichtigste Fähigkeit darstellt und ohne welche Fähigkeit ein menschliches Leben nicht mehr menschlich ist. Den Zusammenhang zu der Schöpfung stellt die Frage her: *Welche Gaben sind echte Gaben (der Schöpfung) und was sind (eher) menschlich erlernte Fähigkeiten? Gibt es Gaben, die der Mensch nicht selbst beeinflussen kann? Sind bei allen Menschen die Gaben oder Fähigkeiten ausnahmslos gleich? Oder gibt es Unterschiede?*

Die Paradiesbilder umfassen Motive, die die Arktis/Antarktis (Eisbären und Pinguine) sowie Dschungel und Vorzeitwesen (Mammuts) widerspiegeln. Die Kinder werden gebeten, ihre Version vom Paradies zu malen. Dabei dürfen sie ihrer Fantasie freien Lauf lassen (Bei Gott ist alles möglich!). Man kann die Ideen durch das Lesen von prophetischen Verheißungstexten anreichern. Dabei kann thematisiert werden, was es bedeutet, dass die Menschen paradiesische Zustände für die Zukunft erwarten. *Male ein Bild vom Paradies. Lasse deiner Fantasie freien Lauf. Es gibt keine Grenzen. Nichts ist unmöglich!*

Bei der Präsentation kann gemeinsam bedacht werden, was die Paradiesvorstellungen für uns heute bedeuten.

»Bei Gott sind tausend Jahre wie ein Tag«, heißt es auf der letzten Seite. Diese Aussage kann dazu dienen, mit den Kindern die Spannung zwischen Schöpfung und Naturwissenschaft zu diskutieren. *Wie sind die Aussagen der Bibel gemeint? Gibt es eine Wahrheit hinter der Wahrheit? Wie könnte in den eigenen Worten der Schöpfungsbericht lauten? Schreibt einen modernen Schöpfungsbericht!*

Theologische Begleittexte

- Gen 1 (Schöpfung)
- Gen 2 (Paradies)
- Jes 11,1–9 (Ankündigung des messianischen Reiches)

Weiterführende Fragen

- Ist der Mensch die Krone der Schöpfung?
- Was bedeutet der Schöpfungsgedanke heute?
- Paradies und Zukunftsvisionen?
- Schöpfung und Naturwissenschaft – wie kann man das zusammendenken?

2.3 Theologisieren über die Schöpfung

Bart Moeyaert/Wolf Erlbruch, *Am Anfang* (2003/3. Aufl. 2015)

Zum Autor/zum Illustrator

Bart Moeyaert (geb. 1964) ist ein belgischer Schriftsteller, der für seine Kinder- und Jugendbücher vielfach mit bedeutenden Preisen ausgezeichnet wurde (u. a. Deutscher Jugendliteraturpreis, mehrfach der Luchs sowie für den Hans Christian Andersen-Preis, ebenfalls mehrere Nominierungen). Er verfasst Theaterstücke und Drehbücher und unterrichtet kreatives Schreiben. Das vorliegende Buch ist auch für Theater- und Musikaufführungen bearbeitet worden.

Wolf Erlbruch (geb. 1948) hat in seinen vielfältigen und vielfach ausgezeichneten Bilderbüchern (u. a. Deutscher Jugendliteraturpreis, Luchs) ein breites Themenspektrum aufgegriffen. Mehrere der von uns vorgestellten Bilderbücher hat er illustriert.

Zum Inhalt

In anfangs sparsamer und damit dem Schöpfungsprozess entsprechender Bebilderung erzählt das Bilderbuch die Geschichte der Schöpfung. An der biblischen Vorlage orientiert entfaltet das Buch humorvoll und originell den bekannten Inhalt in doch anderer Weise. Die Betrachter werden von einem Erzähler, der mit Gott die Schöpfung erlebt, angesprochen und in das Geschehen und die Zusammenhänge der diversen Schöpfungsstationen miteinbezogen, die er ausführlich kommentiert. So bedenkt er das »Nichts« des Anfangs, ist skeptisch gegenüber der Tagwerdung und entgegnet Gott, dass die Land- und Wassertrennung Zufall sei. Während Gott die Pflanzen und anschließend die Tiere erschafft, ist der Erzähler desorientiert und sucht seinen angemessen Platz, den er mit Gott diskutiert. Er ist von der Tierwelt überwältigt und bedenkt selbstkritisch Gott gegenüber, ob er nicht etwa nur ein Fehler sei. Aber Gott verneint das und schafft eine Frau. Im Anschluss ist Gott sehr müde und ruht sich aus.

Didaktische und methodische Hinweise

Der anregende Text und die einfachen und doch zutreffenden Zeichnungen zu Beginn des Buches bilden die Basis des gemeinsamen Nachdenkens über den Anfang. Der erste Satz lautet: »Am Anfang war das Nichts.« Die knappen Bemerkungen darüber, was es nicht gab, inspirieren dazu, eine Liste anzufertigen mit Menschen, Dingen, Orten etc., die es am Anfang nicht gab. Will man das Thema weiter vertiefen, kann eine Zusatzaufgabe lauten: *Suche drei Punkte von deiner Liste aus, bei denen es dir am schwersten fallen würde auf diese zu verzichten. Begründe!* Alternativ oder ergänzend bieten die Bilder mit den Collagen von Wolf Erlbruch Anreiz für die Kinder, eigene Seiten zu gestalten, da sie aufgrund der unvollkommen anmutenden Gestaltung keine hohe Schwelle darstellen. Die Aufgabe könnte lauten: *Schau dir die erste Seite des Buches zum »Anfang« und »Nichts« genau an. Wie würdest du eine Seite zu dem Thema gestalten?*

In dem Dialog mit dem Erzähler werden Spuren Gottes beschrieben, zugleich ist er anthropomorph abgebildet. Diese Definitionsansätze kann man konstruktiv nutzen: *Ihr seht das Bild, das Gott zeigen soll, wie er über den Anfang der Welt nachdenkt. Auch in dem Text gibt der Erzähler Hinweise, wie oder was Gott ist. Das passt aber nicht richtig zusammen. Nun bist du gefragt. Wie oder was ist Gott? Du kannst zu dem Buch eine neue Seite schreiben oder das Bild verändern.*

Auf den nächsten Seiten werden die unterschiedlichen Schöpfungstage vorgestellt, die seitens des Erzählers kommentiert werden. Man kann jeden einzelnen Tag bearbeiten, den Kindern die Aufgabe stellen, dass sie sich einen Tag bzw. ein Werk auswählen oder die Schöpfungstage im Zusammenhang bedenken. Letzteres geschieht durch eine Art »Schöpfungspyramide«. Dazu erhalten Kleingruppen à 3–4 Kinder Karteikarten, auf denen die Tage bzw. Werke geschrieben sind. Die Kinder sollen sich nun darauf einigen, welches die wichtigeren oder weniger wichtigen Tage bzw. Werke sind. Der wichtigste Tag bzw. das wichtigste Werk kommt an die Spitze der Pyramide. Die Ergebnisse werden präsentiert und dann gemeinsam versucht, ein Gesamtergebnis zu erzielen. Gibt es Unterschiede zwischen den Schöpfungstagen?

Der Erzähler sagt zu Gott: »Gib's endlich zu: Ich bin ein Fehler!« Daraufhin erschafft Gott die Frau, die den Erzähler ergänzt wie eine

Hand die andere. Die Frage nach dem Menschen als Schöpfungsfehler beantworten die Kinder im Zusammenhang mit der »Schöpfungspyramide«. Das Wort »Mensch« wird auf eine farbige Karteikarte geschrieben. Die Kinder sollen in der Kleingruppe überlegen, an welcher Stelle er in die Pyramide passt. *Denk einmal darüber nach: Ist der Mensch ein Fehler oder hat er eine (wichtige) Aufgabe in der Schöpfung?*

Das (vielleicht pessimistische) Ergebnis des Gesprächs kann mit einem Gedankenanstoß erweitert werden: Der Mensch spielt in dem Bilderbuch eine herausgehobene Rolle. Er ist vor dem Anfang der Schöpfung bereits dabei. Will der Schriftsteller damit sagen, dass der Mensch ein Fehler ist oder eine wichtige Aufgabe hat? Oder hat er noch eine andere Botschaft?

Ein schöner Impuls zum Theologisieren mit Kindern findet sich am Ende des Buches: Gott schläft am letzten Tag der Woche vor lauter Erschöpfung ein. Wie kann das sein? Wovon ist Gott so müde? Und kann Gott überhaupt müde sein und schlafen? Hier ergibt sich wieder eine Gesprächsmöglichkeit, um am Gottesbild zu arbeiten. Als Kontrast können Texte der Bibel dienen, die das Gegenteil behaupten. Gott schläft nie! Die Diskussion kann vertieft werden, indem man den Kindern nach einer eher kurz gehaltenen Anfangsdiskussion die Aufgabe gibt: *Schreibe eine Geschichte. Sie fängt mit dem Satz an: Am Tag, als Gott vor lauter Erschöpfung schlief …*

Nach der gesamten Lektüre kann es fruchtbar sein, die biblische Grundlage heranzuziehen und im Vergleich Ähnlichkeiten und Veränderungen im Bilderbuch festzustellen. Dabei kann für die Kinder die Frage leitend sein: Warum haben Bart Moeyaert und Wolf Erlbruch das Buch gemacht? Welche besondere Botschaft wollten sie mit dem Buch weitergeben? Und auf welchen Aspekt der biblischen Erzählung machen sie aufmerksam? Die Kinder erhalten den Auftrag: *Vergleicht in Kleingruppen das Bilderbuch und die biblische Geschichte. Gibt es Abweichungen? Gibt es Übereinstimmungen? Eine Tabelle kann euch helfen, diese aufzulisten. Wenn ihr die Tabelle fertig habt, beantwortet die Fragen: Warum haben die Bilderbuchmacher dieses Buch gemacht? Welches Ziel wollen sie mit dem Buch erreichen? Schreibt einen Brief an die beiden, was euch an dem Buch aufgefallen ist.*

Theologische Begleittexte

- Gen 1 (Schöpfung)
- Gen 2 (Paradies)
- Ps 121,3–4 (Der dich behütet schläft nicht …)
- Mt 6,26–30 (–34) (Seht die Vögel unter dem Himmel)

Weiterführende Fragen

- Was ist vor dem Anfang?
- Was ist Nichts?
- Sind alle Schöpfungstage gleich wichtig?
- Wie gehört der Mensch in die Schöpfung?

2.4 Von der Schöpfung bis zu Kain und Abel

Paola Parazzoli/Antonella Abbatiello, *Die Schöpfung* (2011)

Zur Autorin/zur Illustratorin

Paola Parazzoli (geb. 1955) ist Italienerin und lebt in Mailand. Sie arbeitet als Lektorin und schreibt Geschichten und Gedichte für Kinder. Einen weiteren Schwerpunkt in ihren Werken bilden biblische Nacherzählungen.

Antonella Abbatiello (geb. 1959) studierte in Rom Kunst. Sie hat ca. 80 Bilderbücher illustriert.

Zum Inhalt

Das Buch bietet eine eng am biblischen Text gehaltene Nacherzählung der ersten fünf Kapitel der Genesis: Schöpfung, Paradieserzählung, Sündenfall, Kain und Abel sowie die Nachkommenschaft der ersten Menschen. Die Bilder sind naiv realistisch gehalten und setzen den Textinhalt direkt um.

Didaktische und methodische Hinweise

Der nahe biblische Bezug und der weite Bogen, der über die eigentliche Schöpfung hinaus geschlagen wird, macht das Bilderbuch interessant. Insofern muss und kann man in größeren Abschnitten mit dem Buch arbeiten. Das Schöpfungschaos wird auf der ersten Seite benannt, allerdings nicht illustriert. Eine Aufgabe, die die später ordnende Schöpfung umso mehr kontrastiert, kann sein: *Stell dir vor, du fährst mit einem kleinen (Raum-)Schiff durch das große Durcheinander vor der Schöpfung. Was fühlst du? Siehst du aus den Fenstern etwas? Oder erlebst du sogar eine Überraschung? Schreibe einen Reisebericht von der Fahrt durch das Schöpfungschaos – falls du daraus heil zurückkommst!* Die Reiseberichte können den Ausgangspunkt dafür bilden, mit den Kindern darüber zu sprechen, was vorhanden oder eben nicht vorhanden war. Fragen können sein: Was war vor dem Anfang? Wo war Gott?

Die einzelnen Schöpfungswerke werden je Seite erzählt und vorgestellt. Den Texten sind Symbole zugeordnet, die zusätzlich zu den Bildern Orientierung über den Inhalt des jeweiligen Schöpfungstags geben. Mit den Kindern kann es in einem Überblick um die Frage gehen, inwiefern in der Reihenfolge der Tage ein tieferer Sinn liegt und was die einzelnen Schöpfungswerke generell für das Menschsein bedeuten. Durch ein selbstgedichtetes Lied können sie zum Nachdenken darüber angeregt werden: *Schreibt zu den einzelnen Schöpfungstagen einen Liedtext. In ihm sollen nicht nur die jeweiligen Taten und Werke Gottes beschrieben, sondern auch die Bedeutung für die Menschen aufgezeigt werden. Denn was wäre das menschliche Leben ohne Licht, Meer oder Pflanzen? – Die Texte müssen sich nicht, können sich aber reimen.* Um die Kinder zu inspirieren, kann man zuvor ein Schöpfungslied singen. Da ist die Palette breit, von *Er hält die ganze Welt …* bis zu *Geh aus, mein Herz.*

Die Erschaffung des Menschen bildet Abschluss und Höhepunkt der Schöpfung. Sehen die Kinder das auch so? Und folgt daraus für die Menschen eine besondere Verpflichtung (Herrschaftsauftrag)? Mit dem Bild zu dem Schöpfungstag kann man arbeiten. Die Vorlage wird kopiert und verteilt. Die Kinder erhalten die Aufgabe: *Teilt das Bild durch einen senkrechten Strich in zwei Hälften. In eine Hälfte malt ihr hinein, wie der Mensch mit der Schöpfung umgehen sollte. In die andere Hälfte malt ihr hinein, wie er mit der Schöpfung heute umgeht. Sollte der Platz nicht ausreichen, so könnt ihr ein größeres Blatt nehmen und das Bild ergänzen.* Nach der Präsentation ist eine Frage, warum die Menschen mit der Schöpfung so umgehen.

Die Paradieserzählung vereinigt viele Aspekte. Erneut kann man den Blick auf die Dankbarkeit sowie die Verantwortung und den

Umgang mit der Schöpfung lenken. Ein weiterer Gesichtspunkt ist die Grenze zwischen Gott und Mensch. Die wird durch das Essverbot deutlich, das Gott wegen der Frucht vom Baum des Wissens ausgesprochen hat. Für die Kinder bietet die Stelle einen Gesprächsanlass. Das Thema Verbote und Grenzen ist ihnen bekannt, sie können es gut nachvollziehen und auf Gott übertragen. Interessant ist es, die unterschiedlichen Funktionen von Verboten herauszuarbeiten. *Stellt im Tandem eine Liste zusammen, in der ihr in die eine Spalte alle Verbote für Kinder eintragt, die ihr positiv findet, und in die andere Spalte alle Verbote, die ihr negativ findet.* Die Listen werden diskutiert und verschiedene Aufgaben von Verboten benannt. Fragen können sein: Wozu gehört Gottes Gebot? Und warum war es nötig, dass Gott ein Verbot erlässt? Ist der Hinauswurf von Adam und Eva aus dem Paradies eine angemessene Strafe oder eventuell auch eine Schutzmaßnahme?

Die Erzählung von Kain und Abel gehört zu den »schwierigen« biblischen Texten. Das Grundthema der Geschwisterrivalität ist Kindern indes vertraut und wird von ihnen als lebensnah erlebt. Den Aspekt der Eifersucht und großen Wut in den Vordergrund zu rücken, die schlimmen Folgen nicht gering zu schätzen, aber nicht zum Hauptthema zu machen, scheint ratsam. Den Fokus auf Rivalität und Streit mithilfe eines »Rollenspiels« oder selbsterfundener »Alltagsgeschichten« zu legen, ist einleuchtend. Ein weiterer Gesichtspunkt ergibt sich durch die beiden eindrücklichen Bilder, die den einsamen und verzweifelten Kain zeigen. Kinder werden dies nachvollziehen können, sie kennen die Verzweiflung über eigenes Tun. Produktiv ist das Formulieren von »Gebeten« für den verzweifelten Kain. Die Kinder können ihre eigene Situation in das Gebet hineintragen und gleichzeitig das Mitleiden Gottes und seine Zusage erleben. Das Erbarmen Gottes, das auch im Kainsmal deutlich wird, kann ein lohnender Ausgangspunkt für kindertheologische Gedanken sein.

Theologische Begleittexte

- Gen 1 (Schöpfung)
- Gen 2 (Paradies)
- Gen 3 (Sündenfall)
- Gen 4 (Kain und Abel)

Weiterführende Fragen

- Wo war Gott vor dem Chaos der Welt?
- Hat die Abfolge der Schöpfung einen Sinn?
- Ist der Mensch die »Krone der Schöpfung«?
- Woher kommt das Böse in die Schöpfung?
- Verzeiht Gott alles?

Literatur

Lena Kuhl, Zugänge zum Gebet am Beispiel von Kain und Abel, in: Loccumer Pelikan (2005) 4, 165–168.

Michael Fricke, »Schwierige« Bibeltexte im Religionsunterricht. Göttingen 2005.

2.5 Schöpfung und Gegenwart

Masahiro Kasuya, *Schöpfung* (1987/18. Aufl. 2015)

Zum Autor

Der Japaner Masahiro Kasuya (geb. 1937) lebt in der Nähe von Tokio. Nach seiner Tätigkeit als Theatermaler arbeitete er als Buchillustrator. Er hat mehrere religiöse Kinderbücher veröffentlicht und wurde mehrfach international ausgezeichnet.

Zum Inhalt

Im Bilderbuch stehen die Illustrationen im Vordergrund, die sparsam mit Texten versehen sind. Die großflächigen Aquarellbilder stellen die einzelnen Schöpfungstage sehr konzentriert dar und geben zugleich Raum für Entdeckungen und Interpretationen. So lassen sich bei der Schöpfung der Landtiere auch Dinosaurier finden. Mit dem siebten Tag, dem Ruhetag, hört das Buch nicht auf. Am Buchende wird noch davon erzählt, dass seit der Schöpfung viele tausend Jahre vergangen sind und immer neue Menschen geboren wurden. Abschließend wendet sich das Buch direkt mit seinem Text an den Betrachtenden. Der Bezug von Gottes Schöpfung zur Gegenwart wird so direkt geschaffen.

Didaktische und methodische Hinweise

Das dunkle, aber nicht schwarze Bild auf der ersten Seite lädt dazu ein, sich Gedanken zu machen, was es am Anfang alles nicht gab. Die Kinder können entweder auf den weißen Rand der dunklen Fläche oder sogar mit hellen Stiften in die dunkle Fläche hineinmalen, was es alles nicht gab: *Malt alles, was euch einfällt in/um das Bild. Was gab es vor der Erschaffung der Erde nicht?* Durch das anschließende Gespräch wird sicherlich klar, dass es nicht einfach ist, sich den Anfangszustand vorzustellen. Es können weitere »Impulse« zur Vertiefung gegeben werden. Gibt es Dinge vom Anfang der Welt, die es auch heute noch gibt? Gab es Gott schon vorher? Und wo war er? Gab es schon Denken, Ideen oder Fühlen?

Der knappe Text erinnert teilweise an Formulierungen aus Psalmworten. Die Arbeit mit ihnen und den großflächigen Bildern kann inspirierend sein. Deswegen kann man – je nach Alter – größere oder kleinere Textabschnitte aus Psalmtexten herauskopieren und den Kindern vorlegen. Beispielsweise aus Psalm 104. Aufgabe ist dann: *Du hast einen Text aus einem uralten Gebet, einem Psalm, erhalten. Suche ein Bild oder einen Schöpfungstag aus, der dazu passt, und überlege, wie man heute so einen Psalm schreiben würde. Formuliere ihn neu.* Besser ist es, eine kleine Auswahl von Psalmworten vorzulegen, damit die Kinder variieren können.

Das Bild der Menschen im Paradies wirkt naiv, der kurze Text ist wenig ausdrucksstark. Schenkte Gott wirklich nur einen schönen Garten? Was bedeutet das für die Menschen? Wieder ist der Text in der Kombination mit dem Bild eine Chance. Ohne dass die Kinder die ganze Paradieserzählung kennen müssen, kann man sie bitten aufzuschreiben, was nach der Schöpfung der Menschen im Garten passierte. Die Aufgabe lautet: *Betrachte das Bild ganz genau. Harmonisch leben Menschen und Tiere zusammen. Doch wie ging es dann weiter? Schreibe die Paradieserzählung weiter.* Über die eigenen Geschichten können die Kinder auf die Verantwortung der Menschen und deren Herrschaftsauftrag durch eigenes Denken kommen.

Das Bild über die Vermehrung der Menschen lässt viel Fantasie zu. Die Kinder können dadurch dazu angeregt werden, sich Gedanken zu machen, welche Schritte im Laufe der Vermehrung und der menschlichen Geschichte nötig waren: *Malt einzelne Stationen, wie die Menschen mehr und mehr wurden. Was für Ereignisse oder Besonderheiten mussten geschehen, bis die Menschen so wurden, wie sie heute sind?* Sicher geht es nicht um eine komplette Geschichte der Menschheit, die gemalt werden soll. Vielmehr sollen die Bilder präsentiert und einzelne Episoden bedacht werden. Was gehört für die Kinder zum Menschsein dazu? Welche Etappen sind ihnen bewusst und wichtig?

Zum Abschluss spitzt das Bilderbuch die Schöpfung auf die Schöpfung des menschlichen Individuums zu. Jede und jeder hat von/vor Gott sein Gesicht. Dieser Gedanke wird erweitert. Jedes Kind legt sich auf ein größeres Papier und seine Umrisse werden gezeichnet. Die Aufgabe lautet: *Was ist an dir einzigartig? Zeichne es in die Umrisse und ergänze es. Es müssen keine körperlichen Besonderheiten sein! Was hast du von Gott für besondere Merkmale geschenkt bekommen?* Bei der Besprechung ist auf eine vertrauensvolle Atmosphäre zu achten.

Theologische Begleittexte

- Gen 1 (Schöpfung)
- Gen 2 (Paradies)
- Ps 8 (Die Herrlichkeit des Schöpfers)
- Ps 19 (Lob der Schöpfung)
- Ps 24 (Einzug des Herrn in sein Heiligtum)
- Ps 33 (Loblied auf den mächtigen und gütigen Gott)
- Ps 65 (Dank für Gottes Gaben)
- Ps 104 (Herrlichkeit Gottes)
- Ps 139 (Der Mensch vor dem allwissenden Gott)

Weiterführende Fragen

- Wie ist der Anfang der Schöpfung vorstellbar, was war davor?
- Was ist das »Nichts«, wo war Gott da?
- Was ist die Aufgabe des Menschen in der Schöpfung?
- Ist jeder Mensch einzigartig?

2.6 Der Mensch als (einzigartige) Schöpfung Gottes

Heinz Janisch/Linda Wolfsgruber, *Wie war das am Anfang* (2009/2012)

Zum Autor/zur Illustratorin

Der Österreicher Heinz Janisch (geb. 1960) arbeitet als Redakteur beim Österreichischen Rundfunk. Er hat zahlreiche Kinder- und Jugendbücher veröffentlicht, die vielfach übersetzt und ausgezeichnet wurden (u. a. Deutscher Jugendbuchpreis, Luchs), zudem verfasste er einige Bücher für Erwachsene.

Die Südtirolerin Linda Wolfsgruber (geb. 1961) arbeitet als freischaffende Grafikerin und Illustratorin in Südtirol und Wien. Ihre Arbeiten wurden vielfach mit österreichischen Preisen gewürdigt.

Zum Inhalt

Auf die über Seiten verstreute Ausgangsfrage eines Mädchens »Wie war das am Anfang, als Gott an mich gedacht hat?« werden unterschiedliche schlicht-tiefgründige Antworten durchgespielt. Dabei wird darüber nachgedacht, ob Gott wollte, dass das Mädchen ein Gegenstand, eine Pflanze, ein Tier, eine Schneeflocke oder ein Stern würde. Am Buchende heißt es aber dann als Antwort: »Gott sagte: Du wirst ein Mensch sein. So ist es. Jetzt. Spannend.«

Didaktische und methodische Hinweise

Das Buch bietet nur wenig Text, der lyrisch verdichtet ist und dadurch Raum für eigene Gedanken und Interpretationen eröffnet.

Bereits mit der als Sternenhimmel gestalteten Buchinnenseite und der kleinen Geburtsangabe kann ein erster Impuls beginnen. Die Buchseite wird unkommentiert gezeigt und von den Kindern werden Vermutungen geäußert, warum das Buch »Wie war das am Anfang« eine solche Illustration hat. Im Anschluss soll jedes Kind seinen Stern malen. Die Aufgabe lautet: *Male einen Stern, der zu dir passt.* Die Ergebnisse werden präsentiert und gesichtet.

Die Ausgangsfrage wird genauer bedacht: Wie war das am Anfang, als Gott an mich gedacht hat? Die Kinder erhalten Karteikarten und dürfen so viele Antworten auf die Frage finden, wie ihnen einfallen. Die Antworten werden gesammelt und gemeinsam in hilfreiche sowie schwierige Antworten sortiert. Es wird anhand des Ergebnisses überlegt, was am Lebensanfang eine gute Basis bietet und was sich im Leben als Stolperstein erweist. Um die Gedanken zu vertiefen, sollen die Kinder Lilli (Innenseite) einen Geburtsglückwunsch schreiben. *Schreibe Lilli einen kurzen Geburtsglückwunsch. Bedenke dabei, was Lilli eine gute Grundlage für ihr Leben gibt!*

Im Buch werden verschiedene Alternativantworten gegeben. Was wäre, wenn Gott einen anderen Plan mit mir gehabt hätte? Die Seiten laden ein, diesem Gedanken nachzugehen. Eine Möglichkeit ist, den Auftrag zu geben: *Suche dir ein Tier, eine Pflanze oder einen Gegenstand aus dem Bilderbuch aus. Stelle dir vor, du bist kein Mensch, sondern das, was du ausgewählt hast! Was würdest du an einem Tag erleben? Was ist fremd und anders? Was ist gleich und bekannt? Schreibe einen Tagebucheintrag.* Die Einträge werden vorgestellt und besprochen.

Die Abschlussseiten betonen, dass Gott gedacht und geplant hat, dass das Mädchen ein Mensch sein soll. »So ist es. Jetzt. Spannend.« Damit wird die Einzigartigkeit des Menschseins betont. Das Ende wird besprochen und die Botschaft des Buches herausgearbeitet. Zur Vertiefung werden den Kindern Fotos von möglichst unterschiedlichen Menschen gezeigt. Gilt die Botschaft allen? Was bedeutet das? Die Aufforderung an die Kinder kann lauten: *Suche dir ein Foto aus, das dich besonders anspricht. Stell dir vor, der Mensch auf dem Foto liest das Buch und versteht die Botschaft: Gott hat ihn geschaffen, so wie er ist. Er ist einzigartig und von Gott gewollt. Was kann das für den Menschen bedeuten? Denk dir eine Geschichte aus, wie sein Leben sich verändert – oder auch nicht verändert.*

Als Abschluss und Vertiefung kann das Lied von Wilhelm Hey *Weißt du, wieviel Sternlein stehen* (EG 511), zumindest die 1. Strophe, gesungen werden. Das Sternenmotiv der Innenseite und die Aussage des Buches werden auf diese Weise noch einmal aufgenommen. Die Kinder werden aufgefordert, neue und kreative Strophen zu dichten.

Theologische Begleittexte

- Gen 1,27 (Und Gott schuf den Menschen zu seinem Bilde ...)
- Gen 15,5 (Sieh gen Himmel und zähle die Sterne ...)
- Ps 8 (Herrlichkeit der Schöpfung)
- Mt 2,10 (Als sie den Stern sahen, wurden sie hocherfreut)
- Lk 3,22 (Du bist mein lieber Sohn, an dir habe ich Wohlgefallen)

Weiterführende Fragen

- Ist jeder Mensch von Gott einzigartig gemacht? Worin zeigt sich die Einzigartigkeit?
- Ist menschliches Leben wichtiger als anderes Leben auf der Erde?
- Sind alle Menschen gleich wertvoll?
- Wie merken die Menschen, dass Gott sie einzigartig gemacht hat?
- Ist und bleibt das Leben »spannend«?

2.7 Die Schönheit der Schöpfung

Gioconda Belli/Wolf Erlbruch, *Die Werkstatt der Schmetterlinge* (1994/Sonderausgabe 2000)

Zur Autorin/zum Illustrator

Gioconda Belli (geb. 1948) ist eine politisch engagierte, nicaraguanische Schriftstellerin und Lyrikerin, die mehrere Romane und zahlreiche Gedichte veröffentlicht hat. Sie wurde für ihre Werke vielfach international ausgezeichnet. Für das vorliegende Buch erhielt sie u. a. den Literaturpreis Luchs.

Wolf Erlbruch (geb. 1948) hat in seinen vielfältigen und vielfach ausgezeichneten Bilderbüchern (u. a. Deutscher Jugendliteraturpreis, Luchs) ein breites Themenspektrum aufgegriffen. Er ist in diesem Buch mit mehreren Titeln vertreten.

Zum Inhalt

Die Gestalter aller Dinge müssen bei ihrer Arbeit streng die Regel beachten, dass sie Tiere und Pflanzen nicht mischen. Der junge Gestalter Rodolfo träumt davon, ein Wesen zu erschaffen, das Vogel und Blume zugleich ist. Als er in die Insektenwerkstatt versetzt wird, erfindet er mit seinen Freunden viele interessante Kreaturen, aber sein Traum, ein Wesen zu schaffen, das Vogel und Blume zugleich ist, kann er nicht verwirklichen. Lange grübelt er über das Problem. Er erfindet eine Libelle, wird dann aber von einem Kolibri zu seinem Entwurf inspiriert: dem Schmetterling.

Rodolfo stellt seine Schmetterlinge der Versammlung der Meister der Gestalter vor, die zutiefst von seinem Werk beeindruckt sind und dem Bau einer Werkstatt der Schmetterlinge zustimmen.

Didaktische und methodische Hinweise

Das Bilderbuch ist eine märchenhafte Schöpfungsgeschichte, die unterschiedliche Themen anspricht und relativ viel Text aufweist. Aufgrund des Umfangs (40 Seiten) und des größeren Textanteils bietet es sich an, das Buch über mehrere Stunden mit unterschiedlichen Schwerpunkten zu behandeln.

Zunächst kann man die Vorstellung und Beschreibung der Gestalter zum Ausgangspunkt machen und die Kinder bitten, ein Bild zu malen, wie sie sich die Schöpfung vorstellen: *Male ein Bild, wie du dir die Schöpfung vorstellst. In deinem Bild soll sichtbar werden,* wer *etwas schafft und* was *er schafft!* In einem gemeinsamen Gespräch werden die Bilder präsentiert. Weiterführende Fragen können sein: In welcher Beziehung stehen die Gestalter zu Gott? Kann man eine Geschichte der Schöpfung schreiben, die gar nichts mit Gott zu tun hat? Oder hat sie es doch? Hier kann man Vergleiche mit der biblischen Schöpfungsgeschichte oder anderen Schöpfungsmythen vornehmen. Leitend kann die Frage sein: Von welchen Quellen und Ideen hat sich Gioconda Belli beeinflussen lassen? Gibt es offensichtliche Verbindungen?

In dem Bilderbuch gibt es Aussagen über Schöpfungsordnungen, über die es sich lohnt gemeinsam nachzudenken. »Selbst die kleinsten Geschöpfe sind mit großer Weisheit entworfen.« (S. 7) Zu diesen Aussagen können (fächerübergreifend) naturwissenschaftliche

Beispiele eingespielt werden, die von den Kindern ergänzt werden (beispielsweise die Hummel, die technisch-naturwissenschaftlich betrachtet eigentlich nicht fliegen kann). Davon ausgehend können weitere Anregungen gesammelt werden, die aus der Natur entnommen sind und in denen man Schöpfungshandeln erkennen kann (Licht, Regenbogen, Sonnenuntergänge etc.). Diese Sammlung wird abschließend kritisch reflektiert. In einer Tabelle werden Argumente gesammelt, die dafür/dagegen sprechen, dass Gott/ein Schöpfer mit diesen Phänomenen in Zusammenhang steht.

In der Schöpfungsgeschichte eingewoben ist der Erzählstrang, dass Rodolfo seinen Traum und sein Ziel beharrlich verfolgt. Es bietet sich an, diesen Gedanken zu vertiefen und auch mit anderen biblischen Geschichten (Gleichnis von den anvertrauten Talenten, Mt 25,14–30) zu kombinieren. Die Frage nach den eigenen Träumen und Zielen kann ein produktives Gespräch initiieren. Wozu hat mir Gott Talent gegeben? Welches Ziel hat mein Leben? Eine hilfreiche Aufgabe kann sein: *Stelle dir vor, du bist einer der Freunde von Rodolfo. Du bist auch ein junger Gestalter und hast einen besonderen Traum. Was würdest du machen? Schreibe deine Geschichte. Ergänze das Buch.*

In den zahlreichen Gedanken des Buches finden sich Reflexionen über die Verletzlichkeit der Schönheit (S. 19–20). Diese können Basis für ein Nachdenken über Schönheit, über deren Flüchtigkeit und die Unmöglichkeit ihres Festhaltens bilden. Impulse für ein Gespräch können Fotos von früheren Schönheitsidealen sein, Mode, Frisuren etc. aus den letzten Jahrzehnten, die man unkommentiert auslegt und von den Kindern kommentieren lässt. Sie geben Gesprächsanlässe dafür, dass Schönheit vergeht bzw. zeitabhängig bewertet wird. Eine weitere Runde geht dann über Fotos oder Filme von Naturschönheiten, Blumenblüten, Landschaften etc. Diese scheinen zeitlos schön, sind aber ebenfalls vergänglich. Im Gegenüber zu der modischen Schönheit wird der Unterschied herausgearbeitet und über das Phänomen der endlichen Schönheit nachgedacht. Leitende Fragen können sein: Ist Schönheit endlich und verletzlich? Gibt es andere Phänomene? Was bedeuten die Einsichten für das eigene Denken? Wird man dadurch offener für Schönheit und auch toleranter für unterschiedliche Ideale?

Eine Welt voller Schmetterlinge, so lautet die abschließende Vision des Buches, die alle Menschen glücklich macht. Die Kinder sollen gemeinsam darüber nachdenken, warum der Gedanken an durch die Stadt fliegende Schmetterlinge so anregend und charmant ist. Kann die Begegnung mit einem gelungenen Moment der Schöpfung, so wie ihn die Schmetterlinge darstellen, tatsächlich den Alltag und das Gefangensein im Einerlei aufbrechen? Die Kinder erhalten dann die Aufgabe, eine Collage zu gestalten. *Sucht in Zeitungen und Illustrierten bzw. Zeitschriften Bilder aus der Berufswelt, dem Alltag oder andere euch interessierende Szenen, die euch ansprechen, und malt Schmetterlinge in diese hinein. Was verändert sich in den Bildern? Warum ist das so?*

Theologische Begleittexte

- Gen 1 (Schöpfung)
- Gen 2 (Paradies)
- Ps 8 (Die Herrlichkeit des Schöpfers)
- Ps 94,9 (Der das Ohr gepflanzt hat …)
- Mt 25,14–30 (Gleichnis vom anvertrauten Geld)

Weiterführende Fragen

- Ist Gott der Schöpfer *aller* Dinge?
- Verleiht Gott jedem Menschen besondere Talente? Welche?
- Was ist Schönheit?
- Was hat Schönheit mit Schöpfung zu tun?
- Gibt es ewige Schönheit oder ist Schönheit zeitabhängig?
- Beflügelt Schönheit den Alltag?

Literatur

Susanne von Braunmühl, »Der Traum von den fliegenden Blumen«, in: Grundschule Religion (2005) 11, 7–9.

Edelgard Moers, Was ist Schönheit? Lob auf Gottes wunderbare Schöpfung, in: Ulrike Itze/Edelgard Moers, Theologisieren in der Grundschule, Band 2, Buxtehude 2008, 91–109.

2.8 Die Welt als Schöpfung und Wunder

Erwin Grosche/Dagmar Geisler, *Der kleine Herr Wunder* (2007)

Zum Autor/zur Illustratorin

Erwin Grosche (geb. 1955) ist Kleinkünstler, Kabarettist, Schauspieler, Filmemacher und Autor. Er hat mehr als 50 Kinderbücher geschrieben, von denen sich mehrere mit biblischen und religiösen Themen beschäftigen. Grosche wurde für sein vielfältiges Wirken mehrfach mit Kleinkunstpreisen ausgezeichnet.

Dagmar Geisler (geb. 1958) arbeitet als freie Illustratorin und Autorin und hat eine große Anzahl an Bilder- und Kinderbüchern illustriert. Sie wurde mehrfach als Illustratorin, aber auch als Autorin ausgezeichnet.

Zum Inhalt

Der kleine Herr Wunder besucht einen Jungen, der den Buchinhalt aus seiner Perspektive erzählt. Die beiden machen Ausflüge zu einem Blumenfeld, einem See und einem Spielplatz. Schließlich gehen sie wieder nach Hause und der kleine Herr Wunder bringt den Jungen ins Bett. Die Dialoge während des Spazierganges sind gleich aufgebaut und wiederholen sich: Der kleine Herr Wunder zeigt auf das Ausflugsziel und sagt, dass er das gemacht habe. Der Junge bewundert ihn dafür, doch jedes Mal korrigiert der kleine Herr Wunder den Jungen, weil er nicht die Blumen oder den See gemacht hat, sondern nur ein bestimmtes Stück (Vogelhäuschen, Boot etc.) aus dem Ausflugsziel. Bei der abschließenden Gute-Nacht-Geschichte werden die verschiedenen Stationen des Tages noch einmal erinnert und der Junge wirft dem kleinen Herrn Wunder einen Kuss zu. Mit dem Kuss, so der kleine Herr Wunder, kann man die ganze Welt schöner machen.

Didaktische und methodische Hinweise

Der Inhalt des Bilderbuches ist eine Art Lob der kleinen und großen (Schöpfungs-)Wunder. Als Einstieg kann man das Wort WUNDER wie ein Akrostichon nutzen und die Aufgabe geben, zu den einzelnen Buchstaben ein Bezugswort zu finden. Anhand des Ergebnisses kann man über die unterschiedlichen Wunderverständnisse sprechen. Denkbar ist auch, im Vorfeld der Stunde mit den Kindern Wundertüten zu basteln und diese auf dem Schulhof, im Schulgarten oder zu Hause füllen zu lassen: Was sind Wunder für mich? Der Inhalt kann dann vergleichend zu den im Bilderbuch genannten herangezogen werden.

Das Buch entfaltet ein Verständnis von Wunder. Der alltägliche Blick soll für die Wunder des Lebens geschärft werden. Beim Spaziergang zum Blumenfeld, zum See und zum Spielplatz wird dem großen Schöpfungswunder das Selbstgemachte von dem kleinen Herrn Wunder gegenübergestellt. Der sagt, die Naturphänomene kommen »woanders her«. Eine mögliche Aufgabe kann sein: *Der kleine Herr Wunder vermeidet bei seinen Antworten genau zu sagen, woher all die Dinge wie Blumen, See und Sand herkommen. Wie könnte er dem Jungen eine verständliche Auskunft geben? Erfindet eine klare Antwort, die dem Jungen weiterhilft.* Die Antworten werden vorgestellt und besprochen.

Bei den Szenen mit Blumenfeld, See und Sandspielplatz kann man einen weiteren Gedanken anschließen. Der Junge findet nicht nur die Schöpfungswunder, sondern auch das Selbstgemachte von dem kleinen Herrn Wunder wundervoll. Die Kinder sollen sich eine Szene aussuchen und dann die Aufgabe lösen: *Stell dir vor, du bist mit dem kleinen Herrn Wunder und dem Jungen auf dem Spaziergang und trägst eine Lupe bei dir. Würdest du auch Entdeckungen machen, die du als Wunder bezeichnen würdest? Was würdest du den beiden zeigen? Suche dir eine Bildszene aus und sammle so viele Wunder, wie du in Gedanken entdeckst.* Ein weiterer Impuls wäre, die Frage zu klären: Sind die von den Kindern gefundenen kleinen Wunder weniger wunderbar als die großen Wunder?

Auch Menschen sind Schöpfungswunder vermittelt das Buch, insbesondere die eigene Familie (und wohl auch Freunde). Es könnte ein schöner Impuls sein darüber nachzudenken, was an der eigenen Familie so wundervoll ist. Die Kinder erhalten dafür ausgeschnittene Umrisse von Mann, Frau und Kinder(n) und sollen sie mit wundervollen Gedanken füllen: *Schreibe in die Umrisse von Mutter, Vater und Geschwistern, was du an ihnen wundervoll und ganz besonders findest!* Dass die Antworten nicht zwingend für das Plenum gedacht sind, versteht sich.

Beim Sonnenuntergang gibt es wieder ein Missverständnis zwischen dem Jungen und dem kleinen Herrn Wunder. Dies bietet eine Möglichkeit, mit den Kindern darüber nachzudenken, wo sie in der Natur erleben, dass es sich um ein Wunder handelt: *Male ein Bild von dem, was du in der Natur als ein ganz besonderes Wunder erlebst und was dich sehr berührt.* Auch hier ist bei der Präsentation auf eine wertschätzende Atmosphäre zu achten.

Der Junge wirft dem kleinen Herrn Wunder einen Kuss zu. Das lenkt die Gedanken darauf, wie und wo die Kinder selbst zu Wundern werden. Wie machen sie als kleine Geschöpfe die Welt schöner und wundervoller? *Das Buch sagt, auch Kinder sind Boten von Wundern. Verstehst du den Gedanken? Schreibe auf, wie du schon mal ein Bote für ein kleines oder großes Wunder warst. Und fällt dir ein, wo du demnächst wieder Bote sein könntest?* Freiwillige lesen vor. Weitere Themen können dabei sein: Wie fühlt man sich als Bote von Wundern? Ist das leicht, Bote zu sein? Ist es wichtig?

Abschließend kann noch einmal mit dem Akrostichon gearbeitet werden. Die Kinder und die Teams erhalten noch einmal die Aufgabe: Hat sich das Wunderverständnis verändert?

Theologische Begleittexte

- Ps 8 (Die Herrlichkeit des Schöpfers)
- Ps 19 (Lob der Schöpfung)
- Joh 1,3 (Alle Dinge sind durch dasselbe gemacht …)

Weiterführende Fragen

- Was ist ein Wunder (für mich)?
- Macht Gott alle Wunder?
- Was macht das Leben zwischen Menschen wundervoll?
- Wie erkennt man Alltagswunder?

Literatur

Mirjam Zimmermann/Hartmut Lenhard (Hg.), Wunder – gibt's die wirklich?, in: Religion 5–10 12 (2013).

Dies., »Wunder dauern etwas länger!« Theologisieren mit Kindern zum Thema »Wunder«, in: Religion 5–10 12 (2013), 23–25 (zusätzlich Materialheft 25–30).

Dies., Wer kann sich noch wundern? Wundertüten füllen und leeren im Religionsunterricht, in: Religion 5–10 12 (2013), 8–11 (zusätzlich Materialheft 1–4).

2.9 Schöpfung und Evolution

Chris Wormell, *Ein kluger Fisch* (2011)

Zum Autor

Der Brite Chris Wormell (geb. 1955) arbeitete in unterschiedlichen Berufen, bevor er sich autodidaktisch das Malen beibrachte. Er hat seit 1982 mehrere Kinderbücher herausgebracht. Für sein erstes Buch, ein ABC-Buch, wurde er mit dem Premio Grafico der Bologna Children's Book Fair ausgezeichnet.

Zum Inhalt

Das Bilderbuch beginnt über mehrere, farbenprächtige Seiten damit, die unterschiedlichen, bunten, vielgestaltigen Fische darzustellen und die Vielfalt der Fische zu thematisieren. Ein Fisch, der allerdings grau und unscheinbar ist, wird herausgestellt. Er ist der klügste und begabteste Fisch des Ozeans. Er besitzt viele Talente. Doch sein größtes Ziel, am Land laufen zu können, das erreicht er nicht. Indes erfindet der Fisch Füße, die er über seine Flossen ziehen kann. Dadurch kann er an Land gehen und das Land betreten. Da dort keine anderen Lebewesen sind, findet er es langweilig und geht wieder zurück ins Meer. Viele, viele Jahre später versuchen erneut Fische, an Land zu gehen, die aber nicht auf die Idee kommen, sich Füße zu bauen. Sie kriechen auf Flossen, die sich allmählich zu Füßen entwickeln. Es sind die ersten Reptilien. Aus ihnen erwächst sämtliches Leben an Land, wie ein doppelseitiges Bild zeigt. Und das, wie die letzte Seite sagt, wegen eines klugen Fisches.

Didaktische und methodische Hinweise

Das Bilderbuch ist ein interessanter Versuch, die naturwissenschaftliche Sicht der Evolution in sehr einfachen Bildern und kindgerechter Sprache darzustellen. Wie das Leben aus dem Wasser das Land erobert, wird mithilfe des klugen Fisches nachvollzogen.

Die doppelseitige Darstellung der bunten Fischwelt kann den Ausgangspunkt dafür legen, der Frage nachzugehen, warum es so viele verschiedene Fische gibt. Um sich dem zu nähern, können Kinder die Fische beschreiben und die Unterschiedlichkeit schildern. Das können sie auch auf andere Bereiche der Tierwelt und den Menschen übertragen. Eine denkbare Vertiefung wäre, eine Doppelseite mit unterschiedlichen Menschen zu gestalten oder zu malen. Fragen können sein: Warum gibt es so viel Unterschiedlichkeit? Ist das eine Bereicherung? Wäre weniger mehr?

Der kluge Fisch wird vorgestellt. Er kann so viel und hat die Idee, mit den Füßen das Land zu erobern. Ist das realistisch? Die Kinder erhalten einen »Forschungsauftrag«: *Was müssen Fische können, um am Land leben zu können?*

Auf den letzten beiden Seiten werden die Evolution in nuce dargestellt und der Bogen bis zur Menschwerdung geschlagen. Es kann hier nicht um einen biologischen Intensivkurs gehen, aber natürlich kann man mit den Kindern darüber nachdenken, ob sie sich das vorstellen können. Beispiele, die sie aus der Natur kennen – wie die Entwicklung der Kaulquappen zu Fröschen –, können helfen, dass die Kinder die Gedanken nachvollziehen. Die Kinder erhalten den Auftrag: *Auf den Seiten ist kurz dargestellt, wie das Leben aus dem Wasser entstanden ist und langsam das Land bevölkert hat. Versuche, einzelne Stationen zu malen. Woraus hat sich welches Lebewesen entwickelt? Wo siehst du Ähnlichkeiten? Was ist sich fremd?*

Interessant wird es, wenn Kinder diese Evolutionsgeschichte mit dem biblischen Schöpfungsbericht vergleichen. Das macht erst Sinn, wenn der biblische Schöpfungsbericht bekannt ist. Dann kann man die einzelnen Schöpfungstage aufreihen und Ähnlichkeiten herausstellen. An welcher Stelle kommt das Wasser? Wann das Land? Welche Tiere sind zuerst da? Wann kommt der Mensch? Ein Impuls kann sein: *Schreibe den biblischen Text in eine Evolutionsgeschichte um. Wie entsteht das Leben nach der Bibel?* Unvermeidlich ist die Frage nach Gott in der Evolution. Was denken die Kinder? Kann man die beiden Versionen von der Erschaffung der Erde vereinbaren?

Theologische Begleittexte

- Gen 1 (Schöpfung)
- Gen 2 (Paradies)

Weiterführende Fragen

- Kommt alles Leben aus dem Wasser?
- Wer »steuert« die Entwicklung des Lebens?
- Gibt es Zufall?
- Hängt alles Leben zusammen?
- Gott und die Evolution – wie passt das zusammen?

2.10 Bewahrung der Schöpfung/Erde

Marcus Pfister, *Mats und die Wundersteine* (1997/5. Aufl. 2009)

Zum Autor

Marcus Pfister, geb. 1960 in Bern, ist ein Schweizer Bilderbuchautor und Illustrator. Ein weltweiter Erfolg gelang ihm 1992 mit dem Bilderbuch *Der Regenbogenfisch,* zu dem er verschiedene Folgebände gestaltete. Diese Bücher wurden in über 80 Sprachen übersetzt und über 15 Millionen Mal verkauft. Pfister arbeitet hauptsächlich mit Aquarellfarben.

Zum Inhalt

Mats, die Maus, lebt mit seinen Artgenossen in einem Felsen auf einer Insel. An kalten Tagen frieren sie in ihren Löchern und träumen von Licht und Wärme. Eines Tages findet Mats einen goldglänzenden Stein, der Licht und Wärme ausstrahlt. Alle Mäuse haben natürlich nun auch Interesse, einen solchen wärmenden und strahlenden Stein zu besitzen, aber ein alter Mäuserich mahnt, für etwas, das man genommen hat, auch etwas zurückzugeben. Pfister bietet nun zwei verschiedene Enden an: Ein glückliches und ein trauriges. In einer ersten Version nehmen Mats und seine Freunde nur so viele Steine, wie sie dringend brauchen und geben dem Inselberg von ihnen selbst verzierte schöne Steine zurück. In der zweiten Version gehen die Mäuse verantwortungslos mit dem Berg um, sodass er eines Tages einbricht und nur Mats und der alte Mäuserich überleben.

Die Bilder sind wie bei Pfister üblich in Aquarelltechnik gestaltet, die Wundersteine wirken durch die Goldprägung besonders attraktiv für kleine Kinder.

Didaktische und methodische Hinweise

In diesem kleinen Gleichnis geht es um einen verantwortungsvollen Umgang mit der Natur/Erde/Schöpfung. Hieraus wird in doppelter Perspektive deutlich, dass jeder mit seinem Verhalten die Zukunft der Erde beeinflusst. Denkbar ist auch, das Gleichnis mit Holzklötzen nachzuspielen. Ein Turm wird aufgebaut, einzelne Klötze sind mit Rohstoffen wie Kohle, Öl, Holz, Wasser etc. beschriftet und golden angemalt. Nun kann man sich am Turm bedienen, dieser darf aber nicht einstürzen. Die Aussage des Gleichnisses wird so handlungsorientiert erfahrbar, denn wenn Lücken gefüllt werden, bleibt der Turm relativ stabil.

Denkbar ist auch, die Geschichte bis zu der Stelle vorzulesen, an der die zwei Enden eingeleitet werden. Diese werden nun von den Kindern geschrieben. Im Anschluss kann nach der Lektüre überlegt werden, in welchen Bereichen unserer Erde das glückliche und wo das traurige Ende eingetreten sind.

Als weitere Bilderbücher, die für einen verantwortlichen Umgang mit der Natur sensibilisieren, können hilfreich sein:

Lynne Cherry, Der große Kapokbaum. München 1991.

Jörg Müller/Jörg Steiner, Der Bär, der ein Bär bleiben wollte. Nach einer Idee von Frank Tashlin. Ostfildern 10. Aufl. 1995 (eine Parabel zum Thema Freiheit und die Aufforderung, im Einklang mit der Natur und seiner Bestimmung zu leben).

Wolf Harranth/Winfried Opgenoorth, Da ist eine wunderschöne Wiese. München 2000/10. Aufl. 2013.

Monika Schönbacher-Frischenschlager, Als die Fische tanzen lernten – Ein Umweltschutzbuch für Kinder. Graz 2014.

Claire A Nivola, Bäume für Kenia: Die Geschichte der Wangari Maathai. Stuttgart 2. Aufl. 2015
Torben Kuhlmann, Maulwurfstadt. München 2015.

Theologische Begleittexte

- Gen 1,28 (Schöpfungsauftrag: Bebauen und bewahren)

Weiterführende Fragen

- Was bedeutet ein verantwortlicher Umgang mit der Schöpfung?
- Was bedeutet, der Natur etwas zurückzugeben?
- Was kann jede/r Einzelne dafür tun?

2.11 Kritik an der Schöpfungslehre

Michael Schmidt-Salomon/Helge Nyncke, *Susi Neunmalklug erklärt die Evolution. Ein Buch für kleine und große Besserwisser*

Siehe im ersten Teil unter 9.6.2.

3. Feste: Weihnachten

Gerade in der Advents- und Weihnachtszeit sind Lehrerinnen und Lehrer häufig auf der Suche nach Einzelstunden, die thematisch die Jahreszeit sowie die Botschaft des Festes behandeln, inhaltliche Anregungen geben und methodisch interessante Ideen z. B. mit dem Medium Bilderbuch bieten. Einige geeignete Bilderbücher sollen hier zum »Hauptfest der Kinder«, Weihnachten, vorgestellt werden.

3.1 Geschenke

Gerda Marie Scheidl/Marcus Pfister, *Mirjams Geschenk. Eine Weihnachtsgeschichte* (1989)

Zur Autorin/zum Illustrator

Gerda Marie Scheidl (1913–2005) war eine deutsche Kinderbuchautorin, die vor allem Bilderbücher und Werke für Kindertheater geschrieben hat.

Marcus Pfister (geb. 1960) ist ein Schweizer Bilderbuchautor und Illustrator. Ein weltweiter Erfolg gelang ihm 1992 mit dem Bilderbuch *Der Regenbogenfisch,* zu dem er verschiedene Folgebände gestaltete. Diese Bücher wurden in über 80 Sprachen übersetzt und haben sich über 15 Millionen Mal verkauft. Pfister arbeitet hauptsächlich mit Aquarellfarben. Im gleichen Team ist auch das Bilderbuch *Die vier Lichter des Hirten Simon* entstanden.

Zum Inhalt

Mirjams Eltern und ihre beiden großen Brüder, Hirten aus Palästina, wollen nach Bethlehem gehen, um das Jesuskind zu besuchen. Mirjam soll mit der Großmutter zu Hause bleiben, weil sie noch zu klein und der Weg für sie zu anstrengend sei. Da sie aber so gerne mitkommen möchte, um dem Jesuskind ihre Puppe zu schenken, bittet sie ihren Vater inständig darum. Dieser jedoch weist ihre Bitte mit der Begründung von sich, dass der Wind sie fortwehen würde. Das kleine Mädchen wagt nicht zu widersprechen und sucht Rat bei ihrer Großmutter. Diese schlägt ihr vor, den Wind zu bitten, dass er doch aufhören solle, so stark zu blasen. Daraufhin sammelt Mirjam allen Mut zusammen und bringt dem Wind ihre Bitte vor, welche dieser ihr gerne erfüllt. Mirjam bedankt sich. Voller Erwartung läuft sie nun zu ihrem Vater und fragt ihn nochmals, ob sie denn mitkommen dürfe, da der Wind jetzt nicht mehr wehen würde. Der Vater jedoch findet neue Gründe, warum seine Tochter zu Hause bleiben soll: Es sei zu kalt. Mirjam bittet den Frost, in seiner Höhle zu bleiben, und danach den großen Bären um Frieden in dieser Nacht, da es nach Angaben des Vaters wegen der wilden Tiere zu gefährlich sei. Die Naturgewalten geben ihrer Bitte jeweils statt und das Kind bedankt sich. Als sie schließlich alle Hindernisse überwunden hat, kommt sie nach Hause und muss sehen, dass die anderen sich bereits auf den Weg begeben haben – keiner möchte hören, was sie erlebt hat. Traurig wendet sie sich wieder an ihre Großmutter. Diese tröstet und ermutigt sie, sich allein auf den Weg nach Bethlehem zu machen, indem sie dem hellen Stern am Himmel folgt. So zieht sie mit ihrer Puppe im Arm los zum Jesuskind. Ein Wolf, der plötzlich auf dem Weg steht, bietet sich an, Mirjam ein Stück des Weges auf seinem Rücken zu tragen. Am Stall angekommen, trifft sie ihre Eltern wieder, die aber nicht mit ihr schimpfen. Voller Freude kann sie nun dem Jesuskind ihre Puppe schenken.

Didaktische und methodische Hinweise

In dem Bilderbuch geht es um ein kleines Mädchen, das aus Freude über die Geburt Jesu diesem seine Puppe schenken möchte. Neben dem Motiv des Schenkens geht es implizit um Verbote, das Erwachsen- und Selbstständigwerden und die Rolle von Großeltern. Die Bilder in Aquarellfarben zeichnen in eindrucksvoller Weise die Wüstenlandschaft und das Leben der damaligen Hirten mit all seinen Gefahren.

Das kleine Mädchen kann an diesem besonderen Tag mit den Naturkräften sprechen und sie dazu bewegen, den Weg zu Jesus nicht durch Kälte, Wind oder gefährliche Tiere zu erschweren. Die Großmutter spielt als Trösterin, als Ermutigerin und als jemand, der den Fähigkeiten des Kindes viel zutraut, die zentrale Rolle im Kinderbuch.

Sie selbst bleibt zurück, weiß aber um wichtige Ratschläge und ist überzeugt, dass Mirjam den Weg alleine schaffen kann. Oft sind es heute die Großeltern, die Kindern vom Glauben erzählen. Sie weisen auf den Stern als Leitsymbol, sie wissen darum, wie man in Kontakt zur Natur kommt und was hilft, wenn man Widrigkeiten aufhalten und Hindernisse überwinden muss. Ausgehend von der Erzählung und der Darstellung können folgende Themen Gegenstand des Unterrichts werden:

- Den eigenen Weg finden – mit Schwierigkeiten umgehen
- Großmutter/Großeltern als Lebens- und Glaubensbegleiter
- Leben in Palästina, die Rolle von Kindern, Alten und Erwachsenen (Die Großmutter bleibt zu Hause, Mirjam traut sich nicht zu widersprechen u. a.)
- Danke sagen – jeweils bedankt sich Mirjam beim Wind, beim Frost, beim Wolf
- Schenken – als Thema von Weihnachten

Methodisch können die Kinder problemlos die angefangene Geschichte nach der Begegnung mit dem Wind zu Frost und Bär im gleichen Schema weiterschreiben. Kreativ werden müssten sie dann, wenn Mirjam sich allein auf den Weg macht. Kommt sie an der Krippe an, wer hilft ihr? Schimpfen die Eltern? Was erlebt sie dort? Auch eine Begründung, warum sie ihre Puppe dem kleinen Jesuskind schenken möchte, führt auf die Bedeutung des Schenkens an Weihnachten hin.

Theologische Begleittexte

- Mt 1,18–2,12 (Weihnachtsgeschichte)
- Lk 2,1–20 (Weihnachtsgeschichte)

Weiterführende Fragen

- Muss man seinen Eltern immer gehorchen?
- Du bist zu klein! – Wann stimmt dieser Satz, wann nicht?
- Was ist so besonders am Jesuskind?
- Warum beschenken wir uns an Weihnachten?
- Was kann ich Jesus schenken?

Literatur

Silja Bembé, Weihnachten in der 3. und 4. Klasse. Ismaning 2004.

Max Lucado, *Eine Krippe für das Kind* (2012)

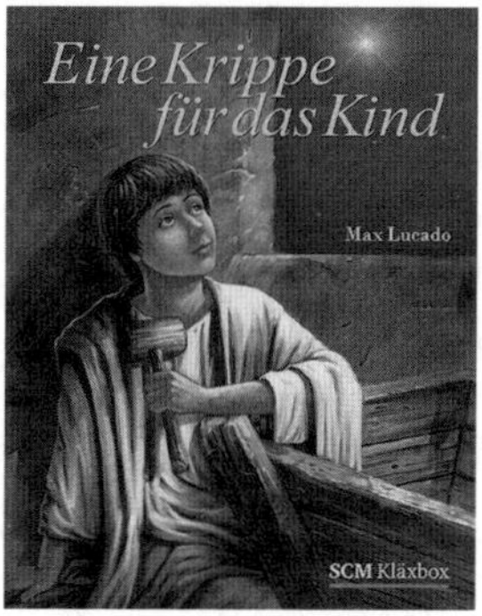

Zum Autor

Max Lucado (geb. 1955) ist ein vor allem in den USA bekannter Pastor der Oak Hills Church in San Antonio. Seine bisher 50 Bücher sind teilweise auch auf der Bestsellerliste der New York Times zu finden, darunter sind auch einige Bilderbücher, von denen mehrere in diesem Buch behandelt werden.

Zum Inhalt

Die Geschichte handelt von einem jüdischen Jungen namens Jakob, der in der Schreinerwerkstatt von Rabbi Simeon in die Arbeit mit Holz eingeführt wird. An einem Tag erhalten alle Schüler der Werkstatt einen besonderen Auftrag. Sie sollen ein Lehrstück anfertigen, welches dann später von einem Zimmermannmeister begutachtet werden soll. Der besondere Ansporn ist: Wer das beste Lehrstück abliefert, der darf dann gemeinsam mit dem Rabbi die neue Synagoge bauen. Fest entschlossen macht sich Jakob an die Arbeit, eine Krippe zu bauen. Da er seinen Eltern in der Herberge aushelfen muss, steht er morgens früher auf, um an seiner Krippe zu arbeiten. Am Abend vor der Ankunft des Zimmermannmeisters sitzt Jakob immer noch an seiner Arbeit und schläft dabei vor lauter Erschöpfung ein. Doch kurz darauf wird er von einem hellen Schein geweckt. Er folgt dem Stern und entdeckt hinter der Herberge seines Vaters im Stall ein junges Paar und sein Baby, welches auf dem Boden liegt. Er überlegt nicht lange, läuft zurück zu seiner Werkstatt und kommt kurz darauf mit seinem Lehrstück, der Krippe, wieder. Am nächsten Tag ist Jakob gerade dabei, das Fehlen seines Lehrstückes zu erklären, als der Zimmermannmeister Josef, der Vater des neugeborenen Säuglings, in die Werkstatt kommt. Er ergreift für Jakob Partei und führt Rabbi Simeon zu dem Stall und der Krippe, welche Jakob gebaut hat. Der Rabbi ist erstaunt über die Entscheidung des Jungen. Jakob jedoch berichtet, dass er sich an die Worte des Rabbis erinnert habe, dass ein Geschenk für eines von Gottes Kindern wie ein Geschenk für Gott sei.

Didaktische und methodische Hinweise

In diesem Bilderbuch geht es um die Entscheidung, ob wir unsere Gaben für uns verwenden wollen oder ob wir sie Gott widmen möchten. Diese Frage ist erzählerisch in die Weihnachtsgeschichte integriert, wobei der Junge Jakob sich entscheiden muss, ob er seine Krippe dem Kind im Stall schenkt oder sie am nächsten Tag als Lehrstück abliefert und damit eine Perspektive für eine erfolgreiche Zukunft eröffnet (Bau der Synagoge). Diese entscheidende Frage, mit der Jakob sich beschäftigt, liefert ein interessantes Dilemma für eine Unterrichtsstunde. Es ist zum Beispiel möglich, die Geschichte bis zu der Stelle zu lesen, an der Jakob vor die Entscheidung gestellt wird, und dann überlegen zu lassen, wie er sich aus welchen Gründen entscheiden soll.

Man kann auch das Bild von dem nachdenklichen Jakob (S. 16) als Folie auflegen und die Kinder überlegen lassen, welche Gedanken Jakob haben könnte. Die Schülerinnen und Schüler können alternativ einen Eintrag in das Tagebuch Jakobs schreiben, in dem sie seine möglichen Gedanken aufschreiben und zu einer Entscheidung kommen sollen. Nachgedacht werden soll darüber, dass damit vielleicht auch Nachteile verbunden sein können.

Theologische Begleittexte

- Mt 1,18–2,12 (Weihnachtsgeschichte)
- Lk 2,1–20 (Weihnachtsgeschichte)
- Mt 25,37–40 (Weltgericht: Was ihr einem meiner geringsten Brüder getan habt …)

Weiterführende Fragen

- Wann verzichte ich auf meinen Vorteil? Warum?
- Wie kann ich Jesus etwas schenken?

3.2 Weihnachtslieder, Weihnachten in aller Welt

Paul Gerhard/Jacky Gleich, *Ich steh an deiner Krippen hier* (2007)

Zum Autor/zur Illustratorin

Paul Gerhard (1607–1676) ist ein berühmter Liederdichter, der als Pfarrer u.a. in Berlin tätig war. Sein Leben war voll von Schicksalsschlägen – so verlor er, selbst als Vollwaise aufgewachsen, vier seiner fünf Kinder und auch seine Frau in frühem Alter.

Jacky Gleich (geb. 1964) studierte Kunst in Potsdam und Dresden. Sie arbeitet als Illustratorin, wurde dafür z.B. mit dem Deutschen Jugendliteraturpreis und dem Gustav-Heinemann Friedenspreis ausgezeichnet und produziert Zeichentrick- und Animationsfilme. Neben diesem Lied hat sie auch das bekannte Abendlied *Der Mond ist aufgegangen* illustriert.

Zum Inhalt

Jacky Gleich hat das bekannte Weihnachtslied von Paul Gerhard *Ich steh an deiner Krippen hier* zum Ausgangspunkt genommen, um bildlich über mögliche Krippen, an deren Seite unterschiedlichste Menschen stehen, nachzudenken. Dieses Motiv der Reise wird auf der zweiten Bilddoppelseite ohne Text mit der Abbildung eines Schiffes, eines Flugzeuges und eines Zuges auf einer Eisenbahnbrücke angelegt. Von der ersten Seite an ist auf allen Folgeseiten ein kleiner Junge mit einer goldenen Königskrone und einer Box mit goldenen Sternen zu sehen, die er an den unterschiedlichen Stationen verteilt. Zuerst suggeriert die Szene einen Ort mit südländisch aussehenden Menschen, an dem eine traurige Mutter gerade Krippenfiguren aus einer Kiste nimmt. Vom typischen Inventar abweichend findet sich darunter eine Hexe. Diese verweist auf Italien, denn dort ist eine wichtige Krippenfigur die schwarz gekleidete, aber eigentlich gute Hexe Befana. Sie kam, so heißt es, zu spät zur Krippe und bringt deshalb auf der Suche nach dem Christkind am 6. Januar Geschenke. Die erste Strophe steht auf dem Karton: »Ich steh an deiner Krippen hier, o Jesu, du mein Leben …«

Die zweite Strophe zeigt eher eine nordische Schneelandschaft, die aber Frankreich darstellen soll. Den Stern erhalten diesmal nicht das mit den Figuren spielende Kind, sondern die Engel, die am Rand der Krippe stehen.

Zur dritten Strophe wird der Einzug der Krippenfiguren in einer kleinen Prozession in einem Dorf in Mittelamerika/Mexiko gezeigt. Der kleine König führt mit verbundenen Augen den Zug an. Das verweist auf den Brauch, dass die Kinder, ohne zu sehen, ein mit Früchten und Naschereien gefülltes Tongefäß finden müssen. Der Stern findet sich auf dem in Windeln fest gewickelten Jesuskind.

Die nächste Strophe, inhaltlich nur durch das Meer-Motiv assoziativ verbunden (»und meine Seel ein weites Meer«), zeigt eine Hirtenszene am Strand in Asien/Sri Lanka, bei der die Menschen selbst die Figuren stellen. Der kleine König sitzt auf einem Elefanten, der statt Ochs und Esel die Kulisse bestimmt. Seinen Kopf ziert der Stern.

Folgend sieht man Krippenszenen aus dem rumänischen (Sterne mit Krippenszenen werden durch die Straßen getragen), polnischen (Teilen der Weihnachtsoblaten mit biblischen Szenen) und deutschen Kontext.

Didaktische Überlegungen und methodische Anregungen

Paul Gerhards Weihnachtslied gehört zu den Weihnachtsliedern, die Kreuz und Auferstehung zusammendenken und die Passion schon an Weihnachten nicht aussparen. Wir finden eine liebevolle, persönliche Beschreibung der Weihnachtskrippe, bei der das Jesuskind im Zentrum steht. Es wird vom lyrischen Ich angesprochen. Die Bedeutsamkeit der Aussage des Mystikers Johannes Scheffler/Angelus Silesius (1624–1677), auf die auch das Nachwort verweist: »Und wär Christus tausendmal in Bethlehem geboren, doch nicht in dir, du wärest ewiglich verloren«, wird von Gerhard ausgeführt und ist für Kinder durchaus anspruchsvoll, aber vielleicht auch anregend, denn hier wird der Kern von Weihnachten deutlich. Gerade solche Herausforderungen in Text und Inhalt bieten eine Basis für das Theologisieren mit Kindern (siehe im ersten Teil, Kap. 7).

Jacky Gleich fordert den Betrachter mit ihrer Umsetzung nicht weniger: Weihnachten in aller Welt wird dargestellt, aber welcher Kontext, welches Land ist in den unterschiedlichen Abbildungen gemeint? Welche Besonderheiten (z. B. schwarze Hexe) finden sich und wie können sie im Kontext und in den Traditionen gedeutet werden? Hier ließen sich durchaus noch andere Traditionen finden und diese Idee der Abbildung von Krippen in unterschiedlichen religiösen Traditionen fortsetzen.

Wer aber ist der kleine König, der Sterne verteilt, und was bedeutet er? Schon auf der Titelseite sieht man, wie er durch sein großes rotes Purpurtuch behindert ist und somit der Sternenkiste und den Hirten kaum folgen kann. Im ersten Bild rückt er in der Größe eines Kindes wiederum mit seiner Krone, eingeschlungen in das riesige rote Tuch, ins Zentrum zwischen vorbeihetzenden und von ihm keine Notiz nehmenden Erwachsenen. Diese sind in tristen Brauntönen gehalten, das Rot und das Gold, Farben der königlichen Insignien, verweisen auf die Zentralität der Figur, die im Widerspruch des Desinteresses der abgebildeten Vorbeieilenden steht. Auch darüber lohnt es sich, mit den Kindern/Jugendlichen nachzudenken.

Theologische Begleittexte

- Mt 1,18–2,12 (Weihnachtsgeschichte)
- Lk 2,1–20 (Weihnachtsgeschichte)

Weiterführende Fragen

- Warum singen wir (Weihnachts-)Lieder?
- Warum wird Weihnachten nicht überall gleich gefeiert?
- Wo sind die Unterschiede? Was gefällt euch, was nicht? Warum ist das Eigene meist das Beste?
- Was heißt »Jesus ist in mir geboren«?
- Welche Verbindungen gibt es zwischen Ostern und Weihnachten?

Literatur

Jürgen Lenssen, Und sie fanden das Kind. Krippendarstellungen aus aller Welt. Würzburg 1988.

Rena Sack/Sabine Waldmann-Brun, Weihnachten in aller Welt. Mit 24 Geschichten durch den Advent. Lahr 2008.

3.3 Weihnachten als Lichterlebnis

Max Bolliger/Ivan Gantschev, *Das Licht des kleinen Hirten* (1990/3. Aufl. 1992)

Zum Autor/zum Illustrator

Max Bolliger (1929–2013) war ein bekannter Schweizer Schriftsteller und Kinderbuchautor. Er legte besonderen Wert auf die Nacherzählung biblischer Texte, aber er verarbeitete auch kurze Erzählungen in Bilderbüchern. Während seiner Lebenszeit veröffentlichte er über 50 Bücher, die in 20 Sprachen übersetzt wurden. Er gewann viele Literaturpreise, unter anderem den Großer Preis der Deutschen Akademie für Kinder- und Jugendliteratur e. V. Volkach (2005) für sein Gesamtwerk.

Ivan Gantschev (1925–2014) studierte an der Kunstakademie in Sofia und lebte seit 1967 in Deutschland. Im Jahre 1985 wurde er mit einer Goldplakette anlässlich der Biennale für Illustration in Bratislava (BIB) ausgezeichnet.

Zum Inhalt

Nachdem die Hirten die Frohe Botschaft von den Engeln gehört haben, machen sie sich auf den Weg zu dem Kind, welches sogar noch ärmer sein soll als sie selbst. Um vor dem Kind nicht mit leeren Händen zu erscheinen, nimmt jeder von ihnen Geschenke mit. Der Jüngste von den Hirten aber findet nichts, was er dem Kind bringen kann außer seiner Lampe, die er sich selbst als kleiner Junge immer gewünscht hatte und die ihm sehr viel wert ist. Als die Hirten am Stall ankommen, muss der kleine Hirte mit Schrecken feststellen, dass das kleine Kind schon von einem hellen Licht umgeben ist. Er schämt sich wegen seines Geschenkes, welches das kleine Kind scheinbar nicht benötigt. Doch als er näher zu dem Kind tritt und sieht, dass das Kind sich nach seinem kleinen Licht ausstreckt, geschieht ein Wunder: Das helle Licht, welches sie umgeben hatte, erlischt für einen Augenblick, sodass nur die kleine Lampe des Hirten zu sehen ist.

Didaktische und methodische Hinweise

Das Bilderbuch bietet mehrere Themen an, die man im Religionsunterricht behandeln kann: das Hirtenmotiv, die Lichtsymbolik und das Motiv des Schenkens. Bevor man sich mit dem Bilderbuch beschäftigt, wäre es möglich, eine Unterrichtssequenz zu dem Thema »Hirte sein« vorzuschalten. Durch Auflegen von Hirtenbildern auf Folien kann man gemeinsam den Tätigkeitsbereich eines Hirten herausarbeiten. »Hirte (sein)« galt als ein verachteter Beruf, doch gerade diese Menschen sind die Ersten, die die freudige Nachricht erfahren und das Jesuskind zuerst sehen dürfen – das hat theologisch eine Bedeutung, der man nachgehen kann. Die Zuwendung zu den Außenseitern und den Armen ist besonders ein theologisches Motiv des Lukasevangeliums.

Der kleine Hirte hat sich als kleines Kind eine Lampe gewünscht. Die Schwierigkeit, sich im Dunkeln zurechtzufinden, ist den Kindern heute gar nicht mehr bewusst, weil sie in einem immer erleuchteten bzw. erleuchtbaren Umfeld leben. Einmal die Lichter zu zählen, die den Kindern in ihrem Zimmer/ihrer Wohnung/ihrem Haus zur Verfügung stehen, kann erhellend sein. Die Bedeutung einer Lampe im Kontext eines Hirten sollte dann erschlossen werden. Trotz des Überangebotes an Licht sind auch wir dankbar für Kerzen und besondere Lichtquellen gerade in der dunklen, kalten Jahreszeit. Lichter sind mehr als Beleuchtung, sie berühren uns auch innerlich. Diese symbolische Bedeutung kommt am Ende des Bilderbuches zum Tragen: Um Jesus herum ist es hell, er löscht aber das Licht, damit das Geschenk des kleinen Hirten zu seiner Bedeutung kommt: Im Bilderbuch wird den Anwesenden »warm ums Herz« und sie halten sich an den Händen – Licht rührt an und stiftet Gemeinschaft.

Zur Bedeutung des Schenkens können die Schülerinnen und Schüler an diesem Bilderbuch erkennen, dass es nicht wichtig ist, was wir Jesus schenken, sondern, dass er unsere Geschenke annimmt, wenn sie von Herzen kommen. Der kleine Hirte hat hier das, was ihm in seinem Kontext am wichtigsten war, als Geschenk ausgesucht.

Theologische Begleittexte

- Mt 1,18–2,12 (Weihnachtsgeschichte)
- Lk 2,1–20 (Weihnachtsgeschichte)
- Joh 8,12 (Ich bin das Licht der Welt)

Weiterführende Fragen

- Warum sehen Außenseiter wie die Hirten Jesus zuerst?
- Wann wird es uns »warm ums Herz«, wenn wir an Weihnachten denken?
- Jesus sagt: Ich bin das Licht der Welt. Was bedeutet das in diesem Zusammenhang?
- Ist es wichtig, Gott etwas zu schenken? Was nützt mir das?
- Was kann ich Gott schenken?

Literatur

Gisela Beschorner, Frohe Weihnachten mit Geschichten von Max Bolliger. Eine Arbeitshilfe für den Religionsunterricht in der Grundschule. München 2003.

Albert Biesinger/Gerhard Braun, Gott in Licht und Dunkel sehen. Werkbuch für Kindergarten, Schule und Gemeinde. München 2004.

3.4 Geschenkte Weisheit

Max Bolliger/Gianni De Conno, *Der Weihnachtsnarr* (1990/2. Aufl. 2008)

Zum Autor/zum Illustrator

Max Bolliger (1929–2013) war ein bekannter Schweizer Schriftsteller und Kinderbuchautor. Er legte besonderen Wert auf die Nacherzählung biblischer Texte, aber er verarbeitete auch kurze Erzählungen in Bilderbüchern. Während seiner Lebenszeit veröffentlichte er über 50 Bücher, die in 20 Sprachen übersetzt wurden. Er gewann viele Literaturpreise, unter anderem den Großen Preis der Deutschen Akademie für Kinder- und Jugendliteratur e. V. Volkach (2005) für sein Gesamtwerk.

Gianni De Conno (geb. 1957 in Mailand) spezialisierte sich nach seinem Kunststudium auf Trickfilm und Bühnenbild. 1987 begann er zu zeichnen und hat bis heute über dreißig italienische, englische und französische Bücher illustriert. Er gilt als einer der wichtigsten Kinderbuchillustratoren Italiens und wurde für seine Werke mehrfach ausgezeichnet.

Zum Inhalt

Dieses Bilderbuch handelt von einem Narren, der sich nach Weisheit sehnt. Gerne schaut er sich den Himmel an, als ob er die Weisheit von dort erwarten könnte. Eines Nachts entdeckt er zur gleichen Zeit wie die Könige Kaspar, Melchior und Balthasar einen neuen Stern. Nach einigen Überlegungen stellt er fest, dass dieser Stern die Geburt eines neuen Königs verkündigen müsse. Er beschließt, dem neuen König seine Dienste als Narr anzubieten, und macht sich mit seinen wenigen Habseligkeiten, seiner Narrenkappe, seinem Glockenspiel und seiner Blume auf den Weg. Unterwegs jedoch trifft er bemitleidenswerte Gestalten, denen er seine Sachen schenkt: Einem gelähmten Kind seine Narrenkappe, einem blinden Kind sein Glockenspiel, einem tauben Kind die Blume. Mit Schrecken stellt er kurz vor seiner Ankunft im Stall fest, dass er nun nichts hat, was er dem neuen König schenken könnte. Trotzdem setzt er seinen Weg fort und kommt zum Stall, wo er den neuen König findet, der arm und ohne Besitz in einer Krippe liegt. Maria ist gerade dabei, eine frische Windel über das Stroh zu breiten und legt das Kind kurzerhand in die Hände des Narren, da die anderen Besucher alle Hände voll haben. In diesem Moment wird dem Narren klar, dass er seinen König, dem er dienen wollte, gefunden hat und dass er seine Habseligkeiten für eben dieses Kind fortgegeben hatte. Zur Belohnung erhält er durch dessen Lächeln die langersehnte Weisheit.

Didaktische und methodische Hinweise

Der Narr ist eine Figur, die die Kinder und Jugendlichen wahrscheinlich nicht kennen, die aber theologisch und bei der Suche nach Weisheit durchaus eine Rolle spielt. In mittelalterlichen Abbildungen zu Psalm 53 findet man eine Narrengestalt, die ein meist farbiges Kleid trug, das mit Schellen behängt war. Seine Keule hatte sich später zum Spiegel weiterentwickelt, ein Zeichen der Selbstverliebtheit. So heißt es in Ps 53,1: »Es spricht der Narr in seinem Herzen: Es gibt keinen Gott.« Der Narr war also keineswegs eine Figur, die nur Späße machte, sondern auch eine negative Gestalt. In vielen Bildern wird der Narr im Mittelalter häufig jenseits der Ständeordnung oder an allerletzter Stelle dargestellt. Im späten Mittelalter änderte sich das Bild, denn für die an den Höfen tätigen Hofnarren galt die Narrenfreiheit, die es möglich machte, ungestraft Kritik an den bestehenden Verhältnissen zu üben, weise zu sein, indem sie z. B. die Adeligen parodierten und ihnen somit ihre Fehler übersteigert vor Augen führten. Der Narr im Bilderbuch wird nun durchgängig positiv dargestellt, er ist auf der Suche nach Weisheit, die er im Jesuskind findet.

Im Rahmen des inklusiven Ansatzes bietet das Bilderbuch viele Möglichkeiten: Der Narr schenkt den kranken (dem gelähmten, taub-stummen und blinden) Kindern seine Habseligkeiten. Dabei wäre beispielsweise eine Frage, was einem gelähmten Kind eine Narrenkappe nützt?

Zum Ende der Geschichte kann gefragt werden, ob der Narr denn nun letztendlich in seinem Verhalten nur ein Narr war. Um das Thema des Schenkens zu vertiefen, könnte man gemeinsam mit der Klasse überlegen, wie man Bedürftigen für sie sinnvolle Geschenke zukommen lassen kann.

Theologische Begleittexte

- Mt 1,18–2,12 (Weihnachtsgeschichte)
- Lk 2,1–20 (Weihnachtsgeschichte)
- 1. Kor 3,18 (Die christliche Weisheit als Narretei vor der Welt)
- Kol 2,3 (In Christus liegen verborgen alle Schätze der Weisheit und der Erkenntnis)

Weiterführende Fragen

- Was/wer ist ein Narr?
- Was bedeutet es, dass dem Narr das Kind »mit seinem Lächeln die Weisheit schenkte, nach der er sich sehnte«?
- Was machen die kranken Kinder mit ihren Geschenken? Sind die gut ausgewählt? Gäbe es andere Vorschläge?
- Der Narr hat alles weggeben und hat nun die Hände frei für Jesus. Was füllt und belastet unsere Hände heute?

Literatur

Gisela Beschorner, Frohe Weihnachten mit Geschichten von Max Bolliger. Eine Arbeitshilfe für den Religionsunterricht in der Grundschule. München 2003.

3.5 Weihnachtswunder

Anja Schäfer/Nina Dulleck, *Der Engel, der nicht singen wollte* (2011)

Zur Autorin/zur Illustratorin

Anja Schäfer (geb. 1973) ist Pastorin, arbeitet als Autorin, Lektorin und Übersetzerin und lebt mit ihrer Familie in Hamburg.

Nina Dulleck (geb. 1975) hat viele Kinderbücher für verschiedene Verlage, sowohl im In- als auch im Ausland illustriert. Das von ihr illustrierte Buch *Brilli, das Küken* wurde 2010 mit dem Internationalen Dyslexia Quality Award ausgezeichnet. Ihre stilistische Bandbreite erstreckt sich von der Bleistiftzeichnung über Ölpastell, Buntstift bis hin zu Acryl- und Mischtechniken, sowie digitaler Illustration.

Zum Inhalt

Der kleine Hirtenjunge ist traurig, denn er muss sein Lieblingslamm abgeben, weil es jetzt groß genug ist, um selbst Schäfchen zu bekommen. Während der kleine Hirtenjunge traurig auf einem Felsen sitzt, geschieht etwas Unerwartetes. Ein Engel sitzt plötzlich neben ihm und schimpft aufgeregt vor sich hin. Der Engel möchte nicht im Engelschor mitsingen, den man in weiter Ferne hört, weil er der Meinung ist, dass er keine schöne Stimme habe und er das Singen ziemlich langweilig findet. Der kleine Hirtenjunge ist erstaunt, dass die Engel auf der Erde singen. Daraufhin erklärt ihm der Engel, dass Gott auf die Welt gekommen sei und die Engel diese Botschaft nun den Menschen singend verkündigen. Aufgeregt und gespannt machen sich die beiden gemeinsam auf den Weg, um das Kind zu sehen. Der Engel möchte dem kleinen Hirtenjungen Gott zeigen, weil der es sich nicht vorstellen kann, dass Gott auf diese Erde passt. Als sie dann endlich den Stall erreichen, in dem das kleine Jesuskind liegt, schauen die beiden durch einen kleinen Spalt in den Stall hinein. Der kleine Hirtenjunge ist zunächst enttäuscht, dass Gott ein kleines Kind ist, doch plötzlich beginnt der Engel mit einer klaren

Stimme ein wunderschönes Lied zu singen. Durch diese wunderbare Botschaft aus dem Mund des Engels wird dem Hirtenjungen klar, dass Gott durch dieses kleine Kind auf die Erde gekommen ist. Schließlich traut sich der kleine Hirtenjunge auch in den Stall hineinzugehen und findet dort den alten Hirten mit seinem Lieblingslamm. Voller Freude schenkt der Hirtenjunge dem kleinen Kind sein Lieblingslamm, damit dieses das Kind wärmen kann. Auf dem Heimweg begegnet der kleine Hirtenjunge wieder dem Engel, der zuerst nicht singen wollte. Gemeinsam stellen die beiden fest, dass sie Gott gesehen haben.

Didaktische und methodische Hinweise

Das Bilderbuch bietet zwei Schwerpunkte, die man im Unterricht setzen kann.

Auf S. 12 sagt der kleine Hirte: »Der große, heilige Gott passt doch nie und nimmer auf die Erde.« Man könnte hier das entsprechende Bild zeigen und die Kinder nach Antworten suchen lassen.

Der Engel tritt dem Leser anfangs trotzig entgegen, wie auch der kleine Hirte, der sein Schaf nicht abgeben möchte. Diese Situation verändert sich für beide durch die Begegnung mit dem neugeborenen Jesuskind: Der Hirtenjunge schenkt ihm sein Schaf und der kleine Engel ist bereit, wieder im Engelschor mitzusingen. Diese Verwandlung kann mithilfe einer ausgeschnittenen Hirten- oder Engelsfigur (Vorder- und Rückseite) visualisiert und thematisiert werden. Der Auslöser der Veränderung ist die Begegnung mit Jesus/Gott. Hier kann gemeinsam überlegt werden, warum das so ist und ob es auch für Christen heute noch eine solche Veränderung gibt, an der man wachsen und erwachsen werden kann.

Im Bewusstsein dieser Veränderung kann der kleine Hirte dann sein Schaf verschenken. An dieser Stelle kann auf das Motiv des Schenkens Bezug genommen werden.

Theologische Begleittexte

- Mt 1,18–2,12 (Weihnachtsgeschichte)
- Lk 2,1–20 (Weihnachtsgeschichte)

Weiterführende Fragen

- Manchmal ist man zu groß für Dinge geworden, das ist traurig. Kennt ihr solche Erfahrungen?
- Singen als Lobpreis Gottes? Warum singen wir?
- Wie wurden der kleine Hirte und der kleine Engel durch die Begegnung mit Jesus verändert? Beide sagen, sie haben Gott gesehen, was bedeutet das?

3.6 Weihnachten und Passion

Masahiro Kasuya, *Rotkehlchens feuerrote Federn. Eine Weihnachtslegende* (1984/4. Auflage 2015)

Zum Autor/zum Illustrator

Der Japaner Masahiro Kasuya (geb. 1937) lebt in der Nähe von Tokio. Nach seiner Tätigkeit als Theatermaler arbeitet er als Buchillustrator. Er hat mehrere religiöse Kinderbücher veröffentlicht und wurde mehrfach international ausgezeichnet.

Zum Inhalt

Das Buch erzählt von einem kleinen namenlosen Vogel, der unglücklich ist, weil er sich einsam und verlassen in der weiten Welt fühlt. In einer kalten Nacht sieht der Vogel einen hellen Stern an sich vorüberziehen, der ihn auffordert, ihm zu folgen. Bereitwillig folgt er ihm und kommt zu einem Stall, in dem er ein Elternpaar mit seinem kleinen Kind findet. Es ist angenehm warm im Stall, bis das Feuer fast erlischt. Der kleine Vogel ergreift die Initiative und versucht das Feuer in Gang zu halten, indem er mit seinen Flügeln schlägt, bis es wieder lodert. Nach dieser guten Tat ist der Vogel erschöpft und ausgelaugt. Außerdem ist seine Brust verbrannt und tut schrecklich weh. Als Erinnerung an seine gute Tat behält der kleine Vogel seine rote Brust, weshalb die Menschen ihm den Namen »Rotkehlchen« geben.

Didaktische und methodische Hinweise

Das Bilderbuch reiht sich ein in die Liste der vielen Bücher, bei denen ein Tier die Weihnachtsgeschichte aus seiner Perspektive erzählt (ein Ochs, ein Schaf, ein Esel u. a.). Der zentrale Unterschied ist, dass hier auf subtile Art und Weise die Gefahr der christlichen Botschaft angedeutet wird: Weihnachten und die Passion werden zusammengedacht. Aus der Freude über das Kind im Stall wird am Beispiel des Rotkehlchens die Bedeutung von Nachfolge offensichtlich: Das Rotkehlchen ist durch seine Aufgabe erschöpft, ja es verbrennt sich dabei sein Gefieder und davon bleibt bis in die heutige Zeit ein Zeichen (die rote Brust) zurück. Gerade dieser ungewöhnlichen Ernsthaftigkeit im Zusammenhang mit einer Weihnachtsgeschichte ist die Aufnahme des Buches in diese Zusammenstellung geschuldet. Den Aspekt, dass es immer zwei Perspektiven, zwei Seiten einer Medaille, gibt, kann man durch das Bemalen von Vorder- und Rückseite einer hergestellten »Medaille« veranschaulichen und damit auf verschiedene Lebensbereiche übertragen.

Denkbar ist gerade mit älteren Schülerinnen und Schüler über diese Verbindung von Ostern und Weihnachten zu diskutieren. Durch das Erstellen einer Rezension, in der das Bilderbuch bewertet wird, können Deutungen versucht und Kategorien der Bewertung erprobt werden.

Leider findet man aktuell viele weltpolitisch relevante Beispiele, in denen Gläubige für ihren Glauben leiden müssen. Oft scheinen sie deshalb leiden zu müssen, da sie gemäß ihres Bekenntnisses handeln. Hier könnten verschiedene Beispiele gesucht und in Gruppen vorgestellt werden.

Theologische Begleittexte

- Lk 2,1–20 (Weihnachtsgeschichte)
- Röm 8,17 (mitleiden, mitverherrlicht werden)
- Phil 1,29 (Geschenk des Glaubens und des Leidens)
- 1. Petrus 3,14 (Leiden für die Gerechtigkeit)

Weiterführende Fragen

- Warum muss das Rotkehlchen leiden, obwohl es dem Jesuskind doch helfen wollte?

- Welche Gefahren gibt es für Christen in der Welt?
- Ist Glaube gefährlich?

Literatur

Ist Glaube gefährlich? Themenheft Religion 5–10 19 (2015).

3.7 Engelsbotschaft/Weihnachtslegende

Selma Lagerlöf/Ilon Wikland, *Die Heilige Nacht* (1905/2015)

Zur Autorin/zur Illustratorin

Selma Ottilia Lovisa Lagerlöf (1858–1940) ist eine der bekanntesten schwedischen Schriftstellerinnen, deren Werke zur Weltliteratur zählen. Populär durch *Die wunderbare Reise des kleinen Nils Holgersson mit den Wildgänsen* erhielt sie im Jahre 1909 als erste Frau den Nobelpreis für Literatur.

Ilon Wikland (geb. 1930) ist eine schwedisch-estnische Kinderbuch-Illustratorin. Sie studierte Kunst in Stockholm und London. Bekannt wurde sie vor allem durch ihre Illustrationen der Bücher von Astrid Lindgren. Sie erhielt für ihr Gesamtwerk den Elsa-Beskow-Preis.

Zum Inhalt

In der Einleitung, die als Erzählrahmen fungiert, berichtet eine mittlerweile erwachsene Frau von den Erinnerungen an ihre Großmutter. Wir erfahren von dem Kummer des damals fünfjährigen Mädchens, als ihre Großmutter gestorben war. Besonders in Erinnerung geblieben sind die vielen Geschichten, die die alte Dame erzählt hat, während die Kinder still um sie herumsaßen und gebannt zuhörten. Das Buch wiederholt nun eine von diesen alten Geschichten, nämlich die Weihnachtsgeschichte in ihrer ganz eigenen Fassung: Ein Mann macht sich in einer dunklen Nacht auf die Suche nach Feuer. An jedem Haus klopft er an, um nach Feuer zu fragen, weil er seine Frau und sein neugeborenes Kind wärmen möchte. Doch weil alle schlafen, antwortet ihm niemand. Schließlich sieht er in weiter Ferne einen Feuerschein und macht sich auf den Weg dorthin. Als er dort ankommt, erkennt er, dass das Feuer einem Hirten mit seinen Schafen gehört. Er will gerade hinübergehen und nach Feuer fragen, da sieht er drei große böse Hunde, die ihm etwas antun wollen, und doch kommt kein Laut aus ihrem Mund. Der Mann will nun näher zum Feuer gehen, da tut sich für ihn ein neues Problem auf, denn die Schafe liegen so dicht beieinander, dass er nicht vorwärtsgehen kann. Kurz entschlossen steigt der Mann auf die Rücken der Schafe und geht über sie hinweg, ohne dabei irgendein Tier zu wecken. Als der Mann beim Feuer angelangt ist, entdeckt ihn der Hirte und wirft seinen Stab auf den Mann. Doch anstatt den Mann zu treffen, fliegt der Stab an ihm vorbei. Schließlich lässt sich der alte Hirte erweichen und erlaubt dem Mann, etwas Feuer mitzunehmen. Er ist von der Erfolglosigkeit der Anfrage überzeugt, denn er sieht, dass das Feuer fast erloschen ist und der Mann auch kein Gefäß dabei hat, um es zu transportieren. Insgeheim freut sich der alte unwirsche Hirte, doch dann muss er mitansehen, dass der Mann die heiße Glut des Feuers mit bloßen Händen aus der Asche holt und in seinem Mantel verstaut. Dies erstaunt den alten Hirten und er folgt dem seltsamen Mann zu einer Berggrotte, worin der Mann verschwindet, um dort für seine Familie ein Feuer zu entzünden. Der alte Hirte erbarmt sich schließlich und schenkt dem kleinen Kind ein Schafsfell, damit es nicht erfriert. Im selben Augenblick werden ihm die Augen geöffnet und er sieht die vielen Engel, die das Kind umgeben und ein wunderschönes Lied erklingen lassen. Endlich begreift der alte Hirte, warum die vielen Dinge dem Mann kein Leid antun konnten.

Didaktische und methodische Hinweise

Selma Lagerlöf berichtet in ihrem Kinderbuch sowohl vom Abschied eines geliebten Menschen und der Erinnerung an ihn in seinen erzählten Geschichten als auch von einem Neubeginn des Lebens, der Geburt Jesu. Dieser gespannte Bogen hat in Bezug auf den feuersuchenden Josef eine leichte Nuance von Schwermut und schafft einen ganz eigenen Anreiz, sich mit der Weihnachtsgeschichte auseinanderzusetzen. Ilon Wikland liefert eigenwillige Bilder zu der Erzählung, für die sie zwei unterschiedliche Darstellungen verwendet, um verschiedene Handlungsebenen auch visuell zu trennen. Die Bilder von der erinnerten Jesus-Erzählung sind mit kühleren Farben, unschärfer und mit schnellerem Strich gezeichnet, die der direkt erlebten Welt sind farbiger, deutlicher und wärmer in ihrer Wirkung.

Die Einleitung des Bilderbuches eignet sich dazu, mit den Kindern über den Lebenskreislauf zu sprechen. Auf den ersten Seiten werden der Tod der Großmutter und die damit verbundene Leere bei den Zurückgebliebenen dargestellt. Die gestorbene Großmutter bleibt aber durch ihre Geschichten in der Erinnerung. Hier bieten sich Anknüpfungspunkte, um über Erinnerungen und vielleicht sogar Geschichten, die als Erinnerungen erzählt werden, ins Gespräch zu kommen. *An was erinnert ihr euch, wenn ihr an verstorbene Menschen denkt?*

Die Enkelin unterbricht die Großmutter mit einer Frage, wer die feuersuchende Figur sein könnte. Mit dieser spannenden Frage der Enkelin werden auch die Schülerinnen und Schüler dazu angeregt, sich Gedanken zu der geheimnisvollen Person zu machen – Ideen mit ihren Begründungen werden ausgetauscht.

Selma Lagerlöf beschreibt in ihrer Weihnachtsgeschichte nicht das Weihnachtsereignis an sich, sondern elementarisiert die Botschaft: Der Wandel des Hirten vom abgewandten, harten Menschen hin zum hilfsbereiten Mann macht deutlich, dass es nur Güte, Zugewandtheit und Offenheit ermöglichen, zu sehen, was sonst verborgen bleiben würde. Selma Lagerlöf verbindet diese Botschaft mit leiser Kritik, wenn die Großmutter zur Enkelin sagt: »Nicht auf Lichter und Lampen kommt es an, und es liegt nicht an Mond und Sonne, sondern was Not tut, ist, dass wir Augen haben, die Gottes Herrlichkeit sehen können.« Interessant ist somit in dieser Geschichte auch das Motiv des Sehens: Erst wenn mir die Gnade zuteil wird, wenn ich es zulasse, wenn mein Verstand für eine Sache geschärft ist, sehe ich etwas – so wie der Hirte auch erst dann die Engel usw. sehen kann. Wunder sind also auch Sehereignisse.

Als Ausgangspunkt für die Bedeutung des Kindes könnte man mit einem Arbeitsblatt arbeiten, auf dem wie im Buch das Jesuskind in der Krippe liegend mit einer Gedankenblase abgebildet ist. »Ich bin auf die Erde gekommen, weil …/Ich bringe … für die Welt.« Um das Kind herum sind leere Gedankenblasen, in die die Schülerinnen und Schüler ihre Gedanken über die Bedeutung der Geburt Jesu für uns Menschen eintragen können.

Theologische Begleittexte

- Mt 1,18–2,12 (Weihnachtsgeschichte)
- Lk 2,1–20 (Weihnachtsgeschichte)

Weiterführende Fragen

- Was bedeutet der Satz »Erinnerungen sind kleine Sterne, die tröstend in das Dunkel unserer Trauer leuchten«?
- Hat das Thema Tod etwas mit der Weihnachtsgeschichte zu tun?
- Was ist die Botschaft von Weihnachten und warum feiern wir Weihnachten?
- Wie kann man die Veränderungen des Hirten beschreiben, wie wird sie ausgelöst?

3.8 Licht

Gerda Marie Scheidl/Marcus Pfister, *Die vier Lichter des Hirten Simon* (1986/18. Aufl. 2011)

Zur Autorin/zum Illustrator

Gerda Marie Scheidl (1913–2005) war eine deutsche Kinderbuchautorin, die vor allem Bilderbücher und Werke für Kindertheater geschrieben hat.

Marcus Pfister (geb. 1960) ist ein Schweizer Bilderbuchautor und Illustrator. Ein weltweiter Erfolg gelang ihm 1992 mit dem Bilderbuch *Der Regenbogenfisch,* zu dem er verschiedene Folgebände gestaltete. Pfister arbeitet hauptsächlich mit Aquarellfarben.

Zum Inhalt

Der kleine Hirte Simon begleitet seinen Vater beim Hüten der Schafe. Während er schläft, läuft ein kleines Lamm weg und er macht sich auf die Suche nach ihm. Mit sich nimmt er eine Lampe mit vier Lichtern, die er von seinem Vater als Geschenk bekommen hat. Diese Lampe leuchtet »dem im Dunkeln […], der in Not ist«. Auf seinem

Weg begegnet Simon einem Dieb, einem verletzten Wolf und einem Bettler. In allen Situationen verschenkt Simon Lichter seiner Lampe und bringt so Licht in die Dunkelheit und Hoffnung in das Leben der anderen. Schließlich findet er in einem Stall sein Lamm und ein Baby, das in einer Krippe liegt. Dem gibt er sein letztes Licht und wird mit dem Christus-Licht beschenkt.

Didaktische und methodische Hinweise

Simon findet trotz aller Zweifel, Bedrohungen und seiner Angst den Weg zu seinem Lamm. Er hält zuversichtlich an seiner Hoffnung fest, ans Ziel zu kommen, und sein Grundvertrauen wird belohnt, indem er letztlich in Jesus an der Krippe Gott begegnet. Die Herausforderung der Suche nach seinem verlorengegangenen Tier hat ihm den Weg zur Krippe gewiesen. Sein Vater hat ihn zu dieser Aufgabe gerufen und ihn mit allem, was er braucht, ausgestattet. Dadurch kann er die eigene Verantwortung erfolgreich wahrnehmen. Das Licht nimmt dabei nur scheinbar ab, denn letztendlich kommt er am Ursprung des Lichtes an.

Rike Haack und Birte Hagestedt schlagen für die Förderschule geistige Entwicklung vor, ein sogenanntes Klettbuch vor Beginn der Unterrichtseinheit anzufertigen, welches dann »flexible Einsatzmöglichkeiten bietet. Es setzt den Inhalt der Originalerzählung in fünf Kapiteln um und bietet die Kulisse für die einzelnen Situationen der Erzählung, in die sich der Hirte Simon hineingestellt sieht. Die Figuren können während des Erzählens auf der Buchseite befestigt und wieder herausgelöst, in ein Legebild integriert oder losgelöst vom Buch verwendet werden. […] Die Anfertigung eines eigenen kleinen Heftes, bestehend aus Malvorlagen der einzelnen Kapitel, vertieft deren Inhalte zusätzlich auf der ikonisch gestalterischen Ebene. Die Schülerinnen und Schüler malen die Vorlage aus und ergänzen diese um die bereits zugeschnittene Laterne mit der entsprechenden Anzahl an Lichtern. Auf diese Weise festigen sie den zuvor gehörten und im darstellenden Spiel nacherlebten Inhalt der Erzählung. Auf dem Deckblatt des Heftes befinden sich das Lamm und der Hirte Simon mit Klett befestigt. Diese können von den Schülerinnen und Schülern zum eigenen Nachspielen genutzt werden.«[68]

---

68 Haack/Hagestedt 2013, 71.

Die Vorstellung vom Lamm wird durch das Ertasten von Schaffell und das Hören von Schafgeräuschen anschaulicher.

Das unterschiedliche Vorhandensein von Licht/Angst kann z. B. durch eine dimmbare Lampe veranschaulicht werden, die die jeweiligen (gespielten) Szenen entsprechend beleuchtet. Die Intensität der Strahler kann Anlass zum begründenden Gespräch sein.

Begleitend können Lieder die Lichtthematik zum Eingang und/oder Ausgang der Stunde(n) aufnehmen, z. B. mit *Tragt in die Welt nun ein Licht* oder *Mir ist ein Licht aufgegangen* oder *Du bist das Licht der Welt.*

Theologische Begleittexte

- Mt 6,25–34 (Sorgt euch nicht)
- Mt 7,7–11 (Bittet, dann wird euch gegeben)
- Lk 2,1–20 (Weihnachtsgeschichte)

Weiterführende Fragen

- Welche Menschen brauchen Licht in ihrem Leben?
- Wem können wir heute Licht bringen?
- Wie können wir Licht bringen?
- Was bedeutet die Lichtsymbolik in dieser Geschichte?

Literatur

Rike Haack/ Birte Hagestedt, Simon auf der Suche. Literatur im Religionsunterricht der Förderschule Schwerpunkt Geistige Entwicklung, in: Loccumer Pelikan (2013) 2, 69–73.

3.9 Alleinsein/Gemeinschaft an Weihnachten

Sabine Lipan/Dorota Wünsch, *Die Weihnachtsmütze* (2005)

Zur Autorin/zur Illustratorin

Sabine Lipan (geb. 1958) hat Theologie und Germanistik studiert und arbeitete kurze Zeit als Lehrerin, danach als Journalistin, Redenschreiberin u. a. Heute ist sie Leiterin im Institut Lebensrad in Bielefeld.

Dorota Wünsch (geb. 1962) studierte an der Kunstakademie in Lodz und bis 1992 an der Mainzer Universität. Sie lebt und arbeitet als freie Künstlerin und Mutter von drei Kindern in Saarbrücken.

Zum Inhalt

Eine vom Wind verwehte Mütze bringt unterschiedliche Menschen zum Fest der Liebe, dem Weihnachtsfest, zusammen. Zu Beginn sieht man den melancholischen Herrn Melcher in seinem Wohnzimmer, der beklommen an das in vier Tagen vor ihm liegende Weihnachtsfest denkt und nicht weiß, was er da machen soll. Er erinnert sich an seine Einsamkeit im letzten Jahr und den Christbaum, den niemand außer ihm gesehen hat. Um die Gedanken aus seinem Kopf zu vertreiben, geht er spazieren. Dabei reißt ihm eine Windböe die Mütze vom Kopf. Diese wird von einem jungen Mann gefangen. Ein Gespräch entspinnt sich, bei dem Herr Melcher den jungen Mann für den nächsten Tag einlädt. Wieder lässt der Wind Melchers Mütze fliegen, direkt vor die Füße einer alten Frau, die sich selbst keine solche warme Mütze leisten kann und sie deshalb von Herrn Melcher geschenkt bekommt. Aber der Wind weht die Mütze weiter, die mittlerweile nun von der alten Frau, dem jungen Mann und Herrn Melcher verfolgt wird. Gefangen wird sie von einem Hund, dann von einem kleinen Jungen. Dieser erzählt, von wem er welche Geschenke beim letzten Weihnachtsfest bekommen hat, und fragt danach die Anwesenden nach ihren Geschenken. Alle sagen, dass sie nichts bekommen hätten, weil sie allein, alt oder arm sind. Deshalb lädt der Junge die vier für Heiligabend zu sich nach Hause ein, dort gäbe es reichlich Geschenke. Als Pointe empfängt ihn die Mutter am Eingang und fragt: »Wie viele sind es denn diesmal?« »Nur drei«, sagt der Junge, »drei und ein Hund. Sie sind sehr nett. Und eine kann sogar kochen.« Auf dem letzten Bild ohne Text ist ein ausgelassenes fröhliches Weihnachtsfest zu sehen, auf dem die vier Besucher gut integriert sind.

Didaktische und methodische Hinweise

So soll es sein, das Fest der Liebe und der Gemeinschaft, bei dem die Einsamen, die Armen und die Alten eingeladen werden und gemeinsam mit den Familien ausgelassen feiern, hineingenommen durch die Unbefangenheit der Kinder. Durch den szenischen Aufbau kann die Geschichte gut von den Kindern fortgesetzt werden: *Wer fängt die Mütze noch? Wen trifft Herr Melcher dadurch? Welche Konsequenzen für das Weihnachtsfest könnte das haben?*

Der Junge erzählt von seinen Weihnachtsgeschenken, die durchaus ungewöhnlich sind: So hat ihm z. B. eine Tante einen Gutschein für dreimal Zimmer aufräumen geschenkt und seine Schwester hat ihm einen großen Stern ans Fenster gemalt. Welche ungewöhnlichen, persönlichen Geschenke haben die Kinder bekommen? Welche ungewöhnlichen, persönlichen Geschenke haben sie gemacht?

Beim letzten Bild, auf dem der Heilige Abend abgebildet ist, ist kein Text mehr zu sehen. Entweder kann dieser ergänzt oder aber das letzte Bild überhaupt von den Kindern selbst gemalt werden.

Theologische Begleittexte

- Lk 14,16–24 (Gastmahlgleichnis)

Weiterführende Fragen

- »Weihnachten mit anderen zusammen zu sein, das wäre schön!« (S. 19) Wer könnte so etwas sagen?
- Wie kann man Menschen unterstützen, die Weihnachten allein feiern müssen?
- Was sind originelle, persönlich wertvolle Geschenke, warum?
- Wie kann man Menschen etwas schenken, die sonst nichts bekommen (z. B. Aktion: Weihnachten im Schuhkarton)?

3.10 Weihnachtsbräuche

Astrid Lindgren/Ilon Wikland, *Weihnachten in Bullerbü*

Siehe im ersten Teil unter 9.2.1.

3.11 Weihnachten in Südamerika

Willi Fährmann/Gabriele Hafermaas, *Paco baut eine Krippe*

Siehe im ersten Teil unter 9.2.2.

4. Weitere kirchliche Feiertage im Bilderbuch

Weihnachten als Thema in Bilderbüchern nimmt einen großen Stellenwert ein, andere kirchliche Feste und Feiertage sind weit weniger präsent. Doch finden sich auch Bilderbücher zu einer ganzen Reihe verschiedener christlicher Feiertage. Dabei geben sie nicht nur den Festinhalt wieder, sondern deuten und interpretieren diesen. Insgesamt fällt auf: Wenn die Bilderbuchautoren kirchliche Feste zum Thema machen, beschäftigen sie sich vor allem mit Feiertagen, die eine Legende o. ä. als Grundlage beinhalten.

4.1 Heilige Drei Könige

Kurt Baumann/Ivan Gantschev, *Drei Könige. Eine Weihnachtslegende* (1990)

Zum Autor/zum Illustrator

Kurt Baumann lebte von 1935–1988 und verfasste zahlreiche Kinder- und Jugendbücher.

Ivan Gantschev (1925–2014) war ein bulgarisch-deutscher Kinderbuchautor und Illustrator, der ein umfangreiches und mehrfach ausgezeichnetes Werk hinterlassen hat. Er ist in diesem Buch mehrfach vertreten.

Zum Inhalt

In einem harten Winter schlägt sich der zum fahrenden Volk gehörende Junge Finju, den man auch wegen seines gekonnten Spiels den König unter den Lautenspielern nennt, mühselig durchs Leben. An einem Abend trifft er den blinden Arne, einen Bettler- und Geschichtenkönig. Beide sind auf dem Weg zum König, der ein Fest zur Wintersonnenwende veranstaltet. Sie erhalten am Hof Einlass, doch die Stimmung ist nicht festlich. Der König ist wegen des seltenen Sternes, der sich am Himmel zeigt, beunruhigt. Das Spiel Finjus vor dem König misslingt, sodass beide, Finju und Arne, den Hof verlassen und dem Stern folgen. Nach einer Zeit folgt der König ihnen. Er will sie von den Soldaten gefangen nehmen lassen, aber er besinnt sich anders und folgt mit ihnen dem Stern. An einer armseligen Hütte klopfen sie an. Dort ist ein Neugeborenes, das mehr leuchtet als der Stern. Finju schenkt ihm sein schönstes Spiel, der König eine goldene Kette und Arne hat nun seine beste Geschichte zum Erzählen.

Didaktische und methodische Hinweise

Das Bilderbuch erwartet, dass man die biblische Grundlage kennt, und erweitert diese um interessante Perspektiven. Es kann zur Vertiefung dienen und ermöglicht den Kindern, den eher märchenhaften Kontext mit dem eigenen Leben zu verbinden.

Finju, der erste Protagonist, eröffnet den Kindern einen Zugang zu der Geschichte, indem sie sich mit ihm identifizieren können. Die Lebensumstände des Jungen sind ihnen fremd, das Motiv, dass er sich von anderen Menschen durch seine besondere Begabung auszeichnet, ist den Kindern jedoch vertraut. Daher können die Kinder anhand von Finju darüber nachdenken, was sie besonders gut können. Worin sind sie König/Königin? Weil diese Aufgabe Nachdenken und Ruhe braucht, ist ein selbstgemaltes Bild geeignet, über die eigenen Begabungen zu sinnieren: *Finju ist ein armer Junge vom fahrenden Volk und doch zugleich ein König. Überlege dir, worin du begabt bist und was du gut kannst. Male dazu ein Bild – male dich als König/Königin mit dem, was du besonders gut kannst.* Die Bilder werden präsentiert. Andere Kinder können die Bilder wertschätzend diskutieren und weitere Eigenschaften nennen, die das Kind, das sein Bild vorstellt, ebenfalls gut kann. So kann jedes Kind eine sogenannte »warme Dusche« erhalten.

Arne ist ebenfalls ein König, auch wenn der erste Blick es nicht offenbart. Dies kann den durch die »warme Dusche« inspirierten Blick erweitern, andere Menschen nicht defizitorientiert anzuschauen, sondern mit einer wohlmeinenden Sichtweise. Ein Vorschlag dazu ist, Fotos (aus Zeitungen/Internet) von Menschen, die im gesellschaftlichen Blick am Rande stehen (Obdachlose, Behinderte, Alte, adipöse Menschen u. a.) zu präsentieren. Die Kinder sollen ein Bild wählen. Die Aufgabe lautet: *Du hast dir ein Bild von einem Menschen gewählt, der auf den ersten Blick nicht aussieht, als ob er von vielen Menschen freundlich angesprochen wird. Das ist deine Aufgabe, schreibe ihm einen freundlichen und aufmunternden Brief. Mache ihm Mut und überlege, was kann er vielleicht besonders gut!?*

Der (Berufs-)König hat Macht und Besitz, all das, was Finju und Arne nicht haben. Aber er hat Angst, das zu verlieren. Die Kinder haben mit den vorherigen Aufgaben neue Blickwinkel kennengelernt. Können sie dem König etwas raten? In einem Rollenspiel sollen sie ein »Beratungsgespräch mit dem König« vornehmen und ihm helfen zu verstehen, was wichtig ist im Leben: *Bildet Teams zu dritt oder zu viert. Eine oder einer ist der König, der Angst hat, alles zu verlieren. Die anderen sind seine Berater, die dem König deutlich machen sollen, dass das nicht schlimm ist, wenn man Geld, Besitz und Macht verliert. Sie sollen ihm helfen zu verstehen, worauf es im Leben ankommt und was ihm bleibt.* Die Rollenspiele werden präsentiert und die Ergebnisse diskutiert. Gibt es tragfähige Hilfe?

Die besonderen Könige folgen dem Stern und kommen zum Neugeborenen. Die Kinder werden das Kind, ohne dass es im Buch so geschrieben steht, mit Jesus identifizieren. Alle Könige schenken dem Kind ihre Begabungen. An dieser Stelle kann man nun mit den Kindern darüber nachdenken, was sie Jesus schenken können: *Gemeinsam haben wir über die Begabungen von Menschen nachgedacht. Die Könige sind im Stall angekommen. Die Frage lautet: Welche Begabung würdet ihr dem Kind im Stall schenken – und warum? Malt dazu ein Plakat.* Auf diesen Nachsatz kommt es an, auf die Begründung. Die Kinder werden durch die Frage auf die soziale Dimension ihrer Begabung gestoßen und zum Nachdenken darüber angehalten. Hat ihre Begabung auch einen Sinn für ihre Mitmenschen? Die Plakate werden ausgestellt und gemeinsam gewürdigt. Evtl. wird darüber gemeinsam reflektiert, wie man heute Menschen damit helfen kann.

Theologische Begleittexte

- Jes Sir 11,24–25 (Glück lässt Unglück vergessen)
- Mt 5,13–16 (Salz und Licht der Welt)
- Mt 25,14–30 (Gleichnis von den anvertrauten Talenten)
- Joh 7,38 (Ströme lebendigen Wassers)

Weiterführende Fragen

- Hat jeder Mensch Talente und Begabungen?
- Wer gibt den Menschen Begabungen?
- Sind alle Talente und Begabungen gleich (wichtig)?
- Darf man Begabungen für sich behalten und anderen Menschen nicht zugutekommen lassen?

4.2 Passion und Ostern

Hermann-Josef Frisch/Ivan Gantschev, *Der Chamäleonvogel* (2004/6. Aufl. 2015)

Zum Autor/zum Illustrator

Hermann-Josef Frisch (geb. 1947) ist katholischer Pfarrer im Erzbistum Köln. Er hat unterschiedliche Publikationen im Bereich theologische Erwachsenenbildung, Religionsunterricht, Gemeindekatechese und religiöse Kinderbücher veröffentlicht.

Ivan Gantschev (1925–2014) war ein bulgarisch-deutscher Kinderbuchautor und Illustrator, der ein umfangreiches und mehrfach ausgezeichnetes Werk hinterlassen hat. Er ist in diesem Buch mehrfach vertreten.

Zum Inhalt

Der Chamäleonvogel eröffnet das Buch mit einer Selbstvorstellung. Er erklärt, dass seine Federfarbe sich je nach Gefühl verändert. Daraufhin erzählt er mit buntem Gefieder rückblickend die Geschichte von Jesus. Er beschreibt Jesu Botschaft, der von einem

Gott der Liebe und des Friedens predigt, der Menschen in die Jüngerschaft ruft, Kranke heilt und Hungrige sättigt. Jesus versammelt um sich eine harmonische Gemeinschaft. Die Passion mit Gefangennahme und Verspottung erzählt der Vogel mit dunklem Gefieder, das sich noch mehr verdunkelt, als der Kreuzweg beschrieben wird. Auf dem Bild der Kreuzigung ist das Umfeld schwarz. Den Weg der drei Frauen zum Grab Jesu, die Begegnung mit den Engeln und die Botschaft der Auferstehung erzählt der Chamäleonvogel mit einem bunten Federkleid, das von Seite zu Seite mehr leuchtet und strahlt.

Didaktische und methodische Hinweise

Das vorliegende Bilderbuch ist eines der wenigen Kinderbücher, das sowohl die Passionsgeschichte als auch die Osterereignisse zum Inhalt hat. Die Passionsgeschichte mit Kindern zu thematisieren wird häufig umgangen, da sie als schwierig, nicht altersgemäß und blutrünstig beurteilt wird. Insofern wird sie nur selten in Bilderbüchern dargestellt. *Der Chamäleonvogel* beschreitet hier einen hilfreichen Weg, der Kindern entgegenkommt. Als Identifikationsfigur erleben die Kinder alle biblischen Ereignisse mit den Augen des Vogels. Das gibt ihnen die Möglichkeit, sich von den Ereignissen zu distanzieren. Zudem hilft die Farbsymbolik, die Ereignisse besser zu verstehen. Der Vogel verbindet offensichtlich die biblische Erzählungen und führt die Kinder zu einem guten Ausgang der Geschichte. Auch das ist wichtig. Ein Bilderbuch, das sich nur auf die Darstellung der Passionsgeschichte beschränkt und es bei einem hoffnungslosen Ende belässt, wäre für Kinder (und wohl nicht nur für die) schwer auszuhalten. Aus all dem ergibt sich, dass das Buch klug angelegt ist und die gelungenen Bilder (dabei sei die dezente und gleichzeitig eindrückliche Kreuzesdarstellung hervorgehoben) das Anliegen unterstützen, Kindern den Zusammenhang von Kreuz und Auferstehung aufzuzeigen.

Das Buch legt nahe, die Verwendung von Farben mit in die Bearbeitung einzubeziehen. Den Beginn bildet die Selbstvorstellung des Chamäleonvogels. Im Anschluss daran bekommen die Kinder farbige Papierkarten, um aufzuschreiben, was sie im Moment fröhlich macht oder belastet. Jüngere Kinder könnten auch ohne Schreiben auskommen, indem man einen Korb mit bunten Federn in die Mitte stellt und sie eine Farbe wählen, je nachdem, wie es ihnen geht. Im nächsten Schritt wird gemeinsam überlegt, welche Farbe ihnen einfällt, wenn sie an Jesus denken: *Nimm eine Karte/Feder etc. mit der Farbe, die dir zu Jesus einfällt. (Bei Karten: Schreibe einen Satz dazu auf. Begründe deine Wahl.)* Die Gedanken werden den anderen mitgeteilt. Dabei werden schon einige Geschichten und Szenen aus dem Leben genannt, die man durch die ersten beiden Seiten ergänzen kann. Fragen können sein: *Passen die Farben zu den erzählten Geschichten? Was muss außerdem genannt werden? Fallen dir noch weitere Erzählungen ein?* Hilfreich ist es, eine Überleitung zum Passionsabschnitt einzufügen. Beispielsweise kann man ausdrücklich noch einmal die eigenen dunklen Gefühle benennen lassen. Oder: Jesus ging es im Leben auch nicht immer gut. Es kam eine Zeit, da erlebte er sehr Dunkles und Schweres. Es folgt die Darstellung bis zum Tod. Um das Gehörte zu vertiefen, dürfen die Kinder noch einmal Karten/Federn wählen und benennen, was sie an der Erzählung besonders traurig fanden.

Der Kontrast zu der folgenden Auferstehung ist stark. Es kann gut sein, auch hier eine Vorbereitung zwischenzuschalten: *Vielleicht kennt ihr das: Ihr glaubt, es ist alles zu Ende. Und dann passiert ein Wunder. Aus dem dunkelsten Dunkel wird es auf einmal plötzlich hell.* Die Kinder können erzählen oder man setzt die Erzählung fort. Auch hier können am Ende Karten/Farben gewählt und das Schönste benannt werden.

Mit den Farben wird der emotionale Bereich angesprochen: Was hat die Kinder in der Erzählung freudig bzw. traurig berührt? Damit die Kinder sich zum Schluss mit der gesamten Passions- und Ostergeschichte auseinandersetzen, können sie (evtl. mit kleinen bunten Papierschnipseln/Federn) noch einmal das Bild oder die Szene gestalten, die ihnen am wichtigsten geworden ist. Die Präsentation der fertigen Bilder gibt Anlass, gemeinsam auf das biblische Geschehen zu schauen.

Theologische Begleittexte

- Mt 5–7 (Bergpredigt)
- Mk 1,29–34 (Krankenheilung)
- Mk 14,43–50 (Jesu Gefangennahme)

- Mk 15,16–20 (Verspottung und Misshandlung)
- Mk 15,33–39 (Kreuzigung)
- Mk 16,1–8 (Auferstehung)

Weiterführende Fragen

- Ist durch den Tod Jesu sein Leben unwichtig geworden?
- Folgt auf das Dunkle immer das Helle?
- Was sagen uns der Tod und das Auferstehen Jesu für unser Leben?
- Gibt es Boten des Hellen in unserem Leben?

4.3 Die Herkunft des Ostereis

Willi Fährmann/Paul König, *Wie aus dem Ei das Osterei wurde* (1990)

Zum Autor/zum Illustrator

Willi Fährmann (geb. 1929) ist ein deutscher Autor von zahlreichen Kinder- und Jugendbüchern. Im Hauptberuf arbeitete er, von der katholischen Jugendbewegung inspiriert, als Lehrer und Schulrat, veröffentlichte zugleich ein breites Œuvre, das auch religionspädagogische und schulpädagogische Arbeiten enthält.

Paul König (geb. 1932) hat über 800 Bucheinbände, Illustrationen, Cover etc. gestaltet und war Professor an der Fachhochschule Hildesheim im Bereich Kommunikationsgestaltung.

Zum Inhalt

Die Königstochter Katharina lebt in Alexandria/Ägypten und ist überzeugte Christin. Als sich der römische Kaiser Maxentius zu Besuch ankündigt, fürchten sich viele Christinnen und Christen, denn Maxentius will selbst als Gott verehrt werden und bedroht und verfolgt sie deswegen. Als Maxentius und sein Gefolge nach Alexandria kommen und Hof halten, will Maxentius mit Katharina reden. Er fragt sie nach Jesus, Gott und ihrem Glauben und hört ihren Antworten interessiert zu. Nur als es um die Auferstehung geht, lacht er sie aus und verlangt dafür einen Beweis. Sie soll aus einem Stein Leben erwecken. Katharina weiß sich keinen Rat und bespricht sich in ihrer Gemeinde. Das Mädchen Ruth gibt ihr einen Tipp und führt sie zu einem Entennest mit einem Gelege. Da nimmt Katharina ein Ei aus dem Nest, in dem sie ein Küken kurz vor dem Schlüpfen spürt, und trägt es zu dem Kaiser. Vor den Augen von Maxentius schlüpft das Küken und er versteht: Aus dem scheinbar toten Ei entspringt neues Leben. Seitdem ist das Ei Symbol von Ostern.

Didaktische und methodische Hinweise

Das Bilderbuch erklärt den Brauch des Ostereis mit einer historisch eingebetteten Erzählung zur Zeit des Kaisers Maxentius (278–312). Mag das einerseits die Geschichte verkomplizieren, werden durch die geschilderte Ablehnung und Skepsis des Kaisers andererseits mögliche Zweifel oder Kritik der Kinder aufgenommen und kommen zur Sprache.

Die idealisierte Schilderung von Katharina und der Gemeinde kontrastieren die Abneigung und das Missfallen von Maxentius deutlich. Mit den Kindern geht es nicht um den exakten Nachvollzug der historischen Situation. Spannend aber könnte sein herauszuarbeiten, ob die Kinder Gründe finden, die die Ablehnung des Maxentius nachvollziehen lassen oder ihr widersprechen. Die Aufgabe könnte lauten: *Erstellt eine Tabelle, in der ihr alle Gründe auflistet, die Maxentius Recht geben, warum man Christinnen und Christen ablehnen sollte. Tragt in die andere Spalte ein, warum man Christinnen und Christen an Maxentius Stelle nicht ablehnen sollte.* Die Kinder nehmen die Perspektive des Maxentius ein. Das gibt ihnen einen gewissen Schutz für das eigene Fühlen und Denken, gleichzeitig können sie auf diesem Weg Gedanken entwickeln und ausprobieren. Strukturiert werden kann die Präsentation der Argumente, indem je ein Ja- und Nein-Stuhl in der Klasse steht, auf den man sich passend zum Argument setzt und es vorbringt.

Maxentius hört sich die Gedanken an und lacht über die Aussage der Auferstehung. Ist es nicht zuvor geschehen, so muss spätestens hier der biblische Bezug hergestellt werden. Dieser kann durch einen Impuls intensiviert werden. Dazu muss man die Geschichte an der

Stelle unterbrechen, an der Maxentius laut auflacht, die Anweisung lautet: *Katharina und Maxentius gehen auseinander. Beide denken noch über das Gespräch nach. Sie überlegen, hat mich der bzw. die andere richtig verstanden? Sie schreiben sich gegenseitig Briefe. Der Brief von Maxentius beginnt mit: Katharina, ich habe gelacht, weil … Und Katharinas Brief beginnt mit: Maxentius, ich habe mich über dein Lachen geärgert, weil … Suche dir einen Adressat aus und schreibe ihm.* Wieder wird dabei eine Perspektive eingenommen, die das eigene Denken verstärkt. Will man einen Perspektivwechsel fördern, so kann man natürlich auch den Auftrag so formulieren, dass man demjenigen schreiben soll, dessen Meinung man nicht teilt.

Das Ei überzeugt Maxentius. Er versteht, was gemeint ist, allerdings ist das im Buch nicht formuliert. Um dies besser zu benennen, könnte die Aufgabe lauten: *Maxentius schreibt an seine Kinder in Rom, was er erlebt hat, und versucht ihnen zu erklären, was sich bei ihm verändert hat. Schreibe den Brief.* Die Briefe fassen den Lernweg zusammen.

Theologische Begleittexte

- Mt 28 (Jesu Auferstehung)
- Joh 11,25 (Ich bin die Auferstehung und das Leben)
- Joh 20,24–31 (Der ungläubige Thomas)
- Joh 20,29 (Selig sind, die nicht sehen und doch glauben)

Weiterführende Fragen

- Wie passen Glaube und Zweifel zusammen?
- Kann man nur glauben, was man sieht?
- Muss man alles glauben, was in der Bibel steht?
- Welches Symbol passt heute zur Auferstehung?
- Was meint: Auferstehung mitten im Leben?

4.4 Theologisieren über Ostern

Lisa T. Bergren/Laura J. Bryant, *Ostern ist ein Geschenk des Himmels* (2014)

Zur Autorin/zur Illustratorin

Die US-Amerikanerin Lisa Tawn Bergren lebt in Colorado/USA, arbeitete im Verlagswesen und mittlerweile als freiberufliche Lektorin. Sie hat vierzig christlich orientierte Kinder-, Jugend- und Erwachsenenbücher geschrieben. Dieses Buch gehört zu einer Reihe christlicher Kinderbücher.

Die US-Amerikanerin Laura J. Bryant arbeitet vornehmlich als Kinderbuchillustratorin.

Zum Inhalt

Der kleine Eisbär und der Eisbärpapa unterhalten sich darüber, warum der Papa Ostern noch schöner als Weihnachten findet. Der Papa erklärt: Weil Ostern ein Geschenk des Himmels ist. Die Botschaft von Ostern, dass Jesus ins Grab gelegt wurde, der Tod ihm nichts anhaben konnte, er auferstanden und wieder lebendig ist, kann man als Gottes Osterplan an vielen Stellen in der Natur beobachten. Papa Eisbär zeigt das seinem Sohn am Beispiel eines umgestürzten Baumes, dem neue Bäumchen nachwachsen, und dem Fluss, der ins Meer mündet, so wie das Leben einst aufgrund von Ostern im Himmel münden wird. Als der kleine Eisbär nachfragt, erklärt der Papa, dass die Sintflut und Jesus wegen des menschlichen Fehlverhaltens von Gott gesendet wurden und dass alle Schuld vergeben wird. Als der kleine Eisbär fragt, ob sein Papa mit Gott redet, erklärt der, dass man Gottes Stimme mit dem Herzen hören muss. Das probiert der kleine Eisbär aus und hört Gottes Stimme, die zu ihm sagt: Ich habe dich lieb. Der Papa bestätigt ihm, dass es an Ostern darum geht.

Didaktische und methodische Hinweise

Das Bilderbuch enthält weniger einen Erzählfaden oder Spannungsbogen, sondern wird durch den Dialog zwischen Sohn Eisbär und Papa Eisbär strukturiert. Das bedeutet, dass es keinen spannenden Handlungsfaden gibt, sondern eine lockere Folge von Gedanken, die religiöse Inhalte aufnehmen. Es geht um:

- Ostern als Geschenk des Himmels
- Jesu Auferstehung
- Die Auferstehung aller Menschen
- Naturvergleich: umgestürzter Baum/neue Bäume
- Naturvergleich: Fluss/Meer
- Heilsgeschichte: Sintflut/Regenbogen und Sendung Jesu als Sündenvergebung
- Gebet als Hören mit dem Herzen
- Ostern heißt: Gott hat dich lieb

Muss man in manchen Büchern einen Zusammenhang zum Festinhalt, Kirche und Glauben suchen (auch in denen zu kirchlichen Festen), so ist dieser in diesem Buch offensichtlich vorhanden. Diese Gedanken stehen im Vordergrund, ohne in eine spannende Handlung eingebettet zu sein, und verlangen den Kindern einiges ab. Es kann sinnvoll sein, das Buch nicht ganz, sondern in Abschnitten zu präsentieren, eventuell auch über einen längeren Zeitraum verteilt.

Die Anfangsfrage nach dem schönsten Fest kann auch mit den Kindern thematisiert werden. Die Kinder sollen sich vier Orten im Zimmer (Weihnachten, Ostern, Pfingsten und Erntedankfest) zuordnen. Welches Fest finden sie am schönsten? Nach dem Gespräch, das man sinnvollerweise mit der Lektüre der passenden Texte der Bibel ergänzt, erfolgt dies noch einmal. Hat sich etwas verändert?

Der Eisbärpapa erklärt, was er mit »Geschenk des Himmels« meint. Nach dem Hinweis auf das aus dem Ei schlüpfende Küken sagt er, dass das an Jesu Auferstehung und der zu erwartenden Auferstehung der Menschen liegt. Da auf den weiteren Seiten erst die Naturvergleiche folgen, kann eine Aufgabe sein: Nach einem Gespräch, von dem aus dem Ei schlüpfenden Küken inspiriert, gehen die Kinder selbst auf die Suche nach einem Naturvergleich: *Welche*

Phänomene gibt es in der Natur, die daran erinnern, dass aus dem Tod neues Leben entsteht? Die Ideen der Kinder werden z. B. als Fotoausstellung präsentiert und im Anschluss mit dem Buch verglichen. Der zweite Gedanke, die zu erwartende allgemeine Auferstehung, wird in Büchern für Kinder selten thematisiert. Wenn der Tod bereits Gegenstand des Unterrichts war, kann man hieran anknüpfen. Auch hier könnte man nach Phänomenen der Natur fragen und ähnlich wie oben dargestellt vorgehen. Allerdings kann man den Satz: »Gott hat uns so lieb, dass er uns einmal für immer bei sich haben will« auch kritisch zur Disposition stellen. Stimmt die Aussage? Gibt sie Hoffnung? Nach einem Gespräch kann folgende Aufgabe die Gedanken der Kinder strukturieren: *Nachdem der kleine Eisbär die Erklärungen des Papas gehört hat, sagt er: »Ich mag den Tod aber trotzdem nicht.« Schreibe ihm einen Trostbrief. Nimm dabei die Aussage des Papas, »Gott hat uns so lieb, dass er uns einmal bei sich haben will«, auf. Das kannst du positiv, aber auch kritisch oder negativ machen.*

Heilsgeschichtliche Gedanken und christologische Aspekte folgen in den Gedanken zur Sintflut und zu Jesus, der die menschlichen Fehler auf sich nahm. Interessanterweise werden die Kreuzigung und der Tod Jesu in diesem Zusammenhang nicht erwähnt. Der Aspekt der Annahme im Kontext von Ostern ist interessant. Hier könnten Kinder produktiv weiterdenken, wenn sie daran anknüpfen, dass neues Leben sich auch mitten im eigenen Leben ereignen kann. Vergebung von Schuld und Annahme können österlichen Neuanfang hier und heute bewirken. Was kann das für mein Leben bedeuten? Eine Aufgabe könnte lauten: *Schreibe eine Geschichte, in der ein Mensch erfährt, dass ihm eine schwere Schuld verziehen wird. Was passiert in seinem Leben?*

Der Abschnitt über das Gebet kann eventuell auch in einem anderen Unterrichtszusammenhang Verwendung finden. Es bietet sich an, dass die Kinder für den kleinen Eisbären ein Abendgebet formulieren. In ihm können die verschiedenen Aspekte des Buches Aufnahme finden. *Schreibe für den kleinen Eisbären ein Abendgebet. Bedenke dabei, was er in dem Buch alles erlebt und erfahren hat! Vielleicht ist dir ein Gedanke dabei besonders wichtig. Nimm ihn in das Gebet auf.* Alternativ kann man die Aufgabe auch nennen: *Formuliere für den kleinen Eisbär ein Ostergebet.*

Theologische Begleittexte
- Gen 7–9 (Sintflut)
- Mt 7,7–8 (Bittet, so wird euch gegeben)
- Mt 13,31–32 (Vom Senfkorn)
- Mt 28,20 (ich bin bei euch alle Tage)

Weiterführende Fragen
- Welches ist das wichtigste Fest der Christenheit?
- Welche Hinweise auf/Vergleiche für Ostern gibt es im menschlichen Leben?
- Gibt es einen sinnlosen Tod?
- Ostern mitten im Leben?
- Gebet – wie geht das?

4.5 Ostern als moderne Übertragung

Mia Labusch/Ivan Gantschev, *Die große rote Ostersonne* (2014)

Zur Autorin/zum Illustrator

Mia Labusch (geb. 1990) ist Kommunikationswissenschaftlerin und veröffentlichte mit diesem Titel ihr erstes Buch.

Ivan Gantschev (1925–2014) war ein bulgarisch-deutscher Kinderbuchautor und Illustrator, der ein umfangreiches und mehrfach ausgezeichnetes Werk hinterlassen hat. Er ist in diesem Buch mehrfach vertreten.

Zum Inhalt

»An Ostern besiegt das Leben den Tod«, sagt die Mutter zum Kind und erzählt folgende Geschichte: Eine Familie, bestehend aus Großmutter, Eltern, zwei Kindern, Hund und Katze, lebt zufrieden unter einem Dach. Nach einigen Jahren findet die Großmutter das Zusammenleben schwierig, sodass der Vater ihr ein eigenes Zimmer in einer dunklen Abstellkammer einrichtet. Die Kinder erhalten ebenfalls ein eigenes Nebenhaus, inklusive dunklem Zimmer. Dieses Leben gefällt keinem. Daraufhin besuchen die Kinder die Großmutter und verbreiten Licht und Wärme. Sie erzählen den Eltern vom Besuch. Diese fragen, warum sie eigentlich ein dunkles Zimmer in ihrem Nebenhaus haben wollten. Die Kinder antworten, dass das für die Eltern sei, wenn sie alt würden. Die Eltern erkennen durch die Antwort die ganze Situation. Sie machen die Veränderungen rückgängig, woraufhin die rote Ostersonne das Haus erleuchtet und alle wieder fröhlich und zufrieden sind.

Didaktische und methodische Hinweise

Der einleitende Dialog gibt dem Bilderbuch die österliche Rahmung. Er stellt den Zusammenhang her, allerdings ohne den geringsten biblischen Bezug oder auch nur eine Anspielung. Das bedeutet Mangel und Chance zugleich.

Ausgangspunkt für das Nachdenken der Kinder kann der Dialog sein. Was würden sie dem Kind antworten, das nach dem Grund von Ostern fragt? Wie beurteilen sie die Antwort der Mutter? Ist sie hilfreich? Verstehen sie sie oder muss man sie erst (gemeinsam) interpretieren? Will man das Wissen der Kinder erheben, kann die Antwort auch schriftlich erfolgen. Im Anschluss daran ist, soweit noch nicht vorher geschehen, eine biblische Grundlegung notwendig. Was antwortet die Bibel auf die Eingangsfrage?

Richtig kindertheologisch produktiv wird das Buch erst, wenn das Mauereinreißen von dem Leuchten der großen roten Ostersonne beantwortet wird. Warum scheint die Ostersonne? Wieso leuchtet sie genau in diesem Moment? Was bedeutet es, wenn die Großmutter sagt, das Leben sei zurück? Wenn es den Kindern gelingt, hier Antworten zu finden, können sie auf einem Arbeitsblatt mit einer Sonne leere Strahlen mit eigenen Geschichten von »Ostersonnen-Erlebnissen« füllen. Für kreative und wortgewandte Klassen und Gruppen kann man den Impuls variieren und ein Osterlied selbst schreiben. Dazu kann als Basis das Lied *Gottes Liebe ist wie die Sonne, sie ist immer und überall da* (Paul Ernst Ruppel) dienen. Den Kehrvers kann man belassen und die einzelnen Strophen mit einem neuen Text versehen.

Nach Ende der Lektüre kann die Frage im Raum stehen: Ist das ein »richtiges« Osterbuch? Wo besteht eine Verbindung zu den biblischen Geschichten? Die Kinder sollen eine kleine Rezension (vielleicht für die Schülerzeitung?) schreiben. Da das Buch relativ kurz und einfach aufgebaut ist, kann es von den Kindern leicht erfasst werden. Daher kann man die Aufgabe erweitern: *Schreibe das Buch um. Stelle einen klaren biblischen Osterbezug her, indem du eine biblische Geschichte von Ostern in das Buch einbaust.* Die Erweiterungen werden präsentiert. Die anderen Kinder geben den neuen Geschichten Überschriften. Danach wird noch einmal auf das Bilderbuch geschaut: Was gefällt ihnen besser, die eigenen Werke oder das Buch?

Theologische Begleittexte

- Ps 19,5 (Gott hat der Sonne ein Zelt gemacht)
- Ps 84,12 (Gott, der Herr, ist Sonne und Schild)
- Ps 139,9 (Nähme ich Flügel der Morgenröte und bliebe am äußersten Meer ...)
- Mk 16,1–8 (Als die Sonne aufging ...)
- Joh 8,12 (Ich bin das Licht der Welt)

Weiterführende Fragen

- Verwandelt Gott (immer) Dunkles in Helles?
- Was unterscheidet Auferstehung von Glück?
- Ist Ostern als immerwährender Frühling anzusehen?
- Wie wird Ostern im eigenen Leben lebendig?

4.6 Ostern interkulturell

Rena Sack/Astrid Leson, *Ostern in aller Welt. Ein Osterkalender mit 22 Geschichten und einem Poster* (1997/2012)

Zur Autorin/zur Illustratorin

Rena Sack ist Journalistin. Sie verbrachte längere Zeit in Lateinamerika und machte Reisen nach Afrika und Asien.

Astrid Leson (geb. 1965) studierte illustrative Grafik und Buchgestaltung in Münster und arbeitet als freie Designerin und Illustratorin.

Zum Inhalt

Gleichsam wie im parallelen Weihnachtsbuch (siehe Literatur) werden hier in 15 Geschichten verschiedene Traditionen zum Osterfest in aller Welt entfaltet. Jede Geschichte wird mit einer kurzen Zusammenfassung eingeleitet und erstreckt sich meist über zwei Seiten. Das beiliegende Poster kann dabei durch ein passendes Bild, mit Abschneidrand rechts neben der Geschichte abgebildet, ergänzt werden.

Auf den Bildern, die in der Form der Darstellung teilweise etwas antiquiert wirken, sind häufig Kinder in Bezug auf das erzählte Ritual abgebildet: In der Fränkischen Schweiz werden Osterbrunnen von drei Kindern dekoriert, im Weserbergland rollen Feuerräder zu Tal, in Schweden wird das Geweih von einem Osterweiblein mit bunten Eiern geschmückt und in Großbritannien ganz traditionell Hot Cross Buns gebacken. Von Finnland, über Russland, bis hin nach Mexiko: Das Wiedererwachen der Natur spielt dabei in vielen Ländern ebenfalls eine Rolle und wird synkretistisch vermischt mit einigen christlichen Bräuchen dargestellt.

Didaktische und methodische Hinweise

Nicht alle der Geschichten sind wirklich kindgemäß und ansprechend geschrieben und vielleicht ist hier wieder die Idee des Bilderbuches inspirierender als die vorgelegte Ausführung. Anregend(er) könnte es deshalb sein, die Rituale der Osterbräuche in der Welt von den Kindern selbst recherchieren zu lassen und dann eigene Geschichten zu schreiben. Damit wird in noch intensiverer Weise als beim Vorlesen Perspektivenübernahme geschult und die Kinder werden zu kleinen Forschern in Bezug auf das Osterfest. Die Vermischung zwischen christlichen Elementen aus Tradition und Natur wird ihnen dann ganz von selbst auffallen. Dazu können eigene Bilder gemalt und auf einer großen Weltkarte aufgeklebt werden. Das visualisiert die Unterschiedlichkeit, aber auch die Verbreitung des Christentums in vielen Teilen der Welt. Für die Lehrkraft wäre damit die Bilderbuchvorlage eine Hilfe bei der Entscheidung, welche Länder und Rituale aufgenommen werden sollen, die die Kinder dann angeleitet nach einem vorgegebenen Raster erarbeiten. Denkbar wäre auch, wenn jeweils ein Kind dieses Landes über das

Ritual erzählt oder wenn Kinder, das ist sicherlich kindgemäßer, eine Geschichte dazu überlegen, die dann einen Spannungsbogen aufweist, sodass das Zuhören für die anderen in der Klasse angenehmer ist. Will man die Aufgabe mit Informationen zum Leben der Kinder in unterschiedlichen Kulturen verbinden, bietet das Buch von Anabel Kindersley und Anne Braun wunderbare Vorlagen (siehe Literatur). Hier werden einzelne Familien aus unterschiedlichen Kulturen auf der ganzen Welt in Bild und Text vorgestellt.

Theologische Begleittexte

- Mk 15 und 16 in Auswahl (Kreuzigung und Auferstehung)

Weiterführende Fragen

- Wie entstehen Bräuche zu verschiedenen Festen in verschiedenen Ländern? Haben die etwas mit der Kultur zu tun?
- Warum lassen sich nicht alle Bräuche auf christliche Traditionen zurückführen?
- Welche Bräuche könnte man sich noch ausdenken, was würden die ausdrücken wollen?

Literatur

Anabel Kindersley/Anne Braun, Kinder aus aller Welt. In Zusammenarbeit mit UNICEF. Bindlach 1995.

Rena Sack/Sabine Waldmann-Brun, Weihnachten in aller Welt. Mit 24 Geschichten durch den Advent. Lahr 2008.

4.7 Terminierung von Ostern

Géraldine Elschner/Alexandra Junge, *Das Osterküken* (2003/6. Auflage 2012)

Zur Autorin/zur Illustratorin

Die Französin Géraldine Elschner (geb. 1954) arbeitete nach dem Studium in Deutschland als Bibliothekarin mit dem Schwerpunkt Kinderliteratur. Sie übersetzt Kinderbücher nicht nur, sie schreibt auch welche, mit z.T. religiösen Inhalten. Das Buch ist auch als Film erhältlich.[69] Alexandra Junge (geb. 1976) illustrierte verschiedene Kinder- und Jugendbücher und gibt Mal-, Zeichen- und Illustrationskurse.

Zum Inhalt

Das Küken im Ei möchte von der Henne Hilda wissen, wann Ostern ist, da es am Ostersonntag auf die Welt kommen will. Hilda macht sich auf die Suche nach der Antwort bei den anderen Tieren. Nur der Steinkauz kann drei Hinweise geben: Das Küken muss auf den ersten Frühlingstag (21. März) warten und den folgenden ersten Vollmond und den darauffolgenden Sonntag, dieser ist dann der Ostersonntag. Ostersonntag kommt dann das Küken voller Freude auf die Welt.

Didaktische und methodische Hinweise

Das Bilderbuch hat die Berechnung des Ostersonntages zum Inhalt. Das bedeutet, dass dies eher ein sachkundliches Thema ist, das zudem nicht unbedingt eine ganze Einheit füllt. Die Behandlung in der Osterthematik als Stundenthema hat seine Berechtigung, die man auf das Kirchenjahr weiten kann.

69 Hasen, Küken, Lämmer und Bibelgeschichten. 5 Bilderbuchkinos rund um Ostern, Matthias-Film/evangelisches Medienhaus.

Den Einstieg kann die Frage bilden, warum ausgerechnet ein Osterküken eine Rolle bei einem Buch über den Ostertermin spielt. Damit wird die Symbolik und Bedeutung des Ostereis automatisch zum Thema und man kann den biblischen Bezug von Anfang an einspielen.

Eine Variante des Einstiegs oder eine Ergänzung: Fragen Sie die Kinder nach dem Kirchenjahr, also welche Feste sie kennen. Das kann (wett-)spielerisch geschehen. Als Kopie wird der Kirchenjahreskreis verteilt, in den die Daten der Feste einzutragen sind. Damit wird der Unterschied der unbeweglichen und der beweglichen Feste deutlich.

Das Bilderbuch nennt nacheinander die drei Faktoren für die Berechnung des Osterfestes. Diese gilt es mit den Kindern zu erörtern. Was sind die Kennzeichen des Frühjahrs, was ist typisch, z. B. in der Landwirtschaft, Wetter, Tageslicht etc. Auf diese Weise kann ein Verständnis für manche Symbole von Ostern gewonnen werden.

Der Mond ist vielen Kindern nicht unbedingt bewusst als ein die Erde beeinflussender Faktor, mögen es Gezeiten, Nachtorientierung u. a. sein. Hier kann vertieft darüber nachgedacht werden, ob und wie der Mond im Leben der Kinder eine Rolle spielt.

Der Sonntag als Festtag und erster Tag der christlichen Woche ist ein besonderes Thema. Dieser spielt bei vielen Kindern, zudem wenn Elternteile arbeiten müssen, kaum eine Rolle. Was bedeutet Sonntag? Wie kann man ihn würdigen? Und was macht das für einen Sinn? Erweitert wird das Gespräch, wenn gemeinsam darüber nachgedacht wird, was die Feier des Ostersonntages von der eines normalen Sonntages unterscheidet.

Als Gestaltungsidee kann man ein kleines Bilderbuch, aus einem DIN A4-Blatt gefaltet, anfertigen. Das wäre »Das kleine Lexikon vom Ostertermin«. Zu den einzelnen Schritten des Unterrichts zeichnen die Kinder jeweils eine Seite und schreiben dazu Fragen, Gedanken oder Informationen auf. Seiten könnten gestaltet werden zu: Titelblatt, Fragestellung, Kirchenjahr, Festsymbole, Frühjahr, Mond, Sonntag, Ostersonntag und Ostern.

Theologische Begleittexte

- Ps 136,9 (Gott hat den Mond und die Sterne gemacht, die Nacht zu regieren)
- Mk 15 und 16 in Auswahl (Kreuzigung und Auferstehung)

Weiterführende Fragen

- Welche Farben sind für das Kirchenjahr wichtig?
- Gibt es für alle Feste und Zeiten im Kirchenjahr Symbole?
- Hat jedes Fest einen (bekannten) Brauch?
- Wieso ist Ostern der Ausgangspunkt für die Berechnung anderer Feste?
- Welchen (tieferen) Sinn hat es, dass Ostern im Frühjahr gefeiert wird?

4.8 Pfingsten

Rainer Oberthür/Renate Seelig, *Die Pfingsterzählung* (2014)

Zum Autor/zur Illustratorin

Rainer Oberthür (geb. 1961) ist Dozent für katholische Religionspädagogik im Bistum Aachen. Er hat zahlreiche religionspädagogische Bücher veröffentlicht, darunter mehrere Kinderbücher zu den Festen im Kirchenjahr.

Renate Seelig (geb. 1939) ist eine Illustratorin, auch für Kinderbücher, die bereits über 100 Bücher illustriert und an diversen internationalen Ausstellungen teilgenommen hat.

Zum Inhalt

Die Frage, was an Pfingsten gefeiert wird, beschäftigt einen Vater und seinen Sohn in einem intensiven Dialog, der in der Textgestaltung fett gedruckt und zentriert kenntlich gemacht ist. Zunächst dreht sich das Gespräch um den Heiligen Geist, Gottes Lebensatem, der seit Erschaffung der Welt da ist. Der Gedanke der Schöpfung und Erschaffung des Menschen wird verfolgt, dazwischen passende Passagen aus der Bibel, normal gedruckt, eingepflegt. Jesus und der Heilige Geist sind dann Thema. Durch ihn erkennen wir den Gottesfunken in uns. Der biblische Pfingstbericht spiegelt die Begeisterung der Menschen für Gott und ist Inhalt der nächsten Seiten.

Diese Kraft Gottes ließ das Christentum entstehen, sie ist die Liebe und wird Pfingsten gefeiert.

Didaktische und methodische Hinweise

Dieses Buch ist eines der wenigen Bilderbücher, das das Pfingstfest zum Inhalt hat. Auf zwei Ebenen wird das Thema entfaltet. Im Dialog zwischen Vater und Sohn werden zumeist aus der Sicht des Sohnes Fragen gestellt oder Einsichten und Beobachtungen mitgeteilt. Der Vater gibt daraufhin Antworten oder zeigt Verbindungen und biblische Quellen auf. Damit kommt die zweite Ebene ins Spiel: Biblische Abschnitte, die als Originalstellen die Antworten belegen und Grundinformationen über die angeschnittenen Themen enthalten.

Das Buch lebt nicht von einem spannenden Handlungsverlauf oder einer originellen Erzählidee, sondern es will Kinder befähigen, eine eigene Vorstellung von Pfingsten zu entwickeln. Dabei helfen die in den Dialogen enthaltenen Fragen und Verweise sowie die Texte. Auch der strukturierte Aufbau, Pfingsten aus der Perspektive der Schöpfung, Jesu und der Pfingstereignisse zu betrachteten, erleichtert den Kindern den Zugang. Gleichwohl bleiben Thematik wie Inhalt des Buches anspruchsvoll.

Die Ausgangsfrage des Buches kann auch als thematischer Einstieg dienen. Was antworten die Kinder auf die Frage nach Pfingsten? Die Aussagen und Vermutungen werden gesammelt und diskutiert. Die ersten eineinhalb Seiten (bis zur Taube) bieten eine konzentrierte Zusammenfassung der Hauptfeste. Für einen ersten Überblick erhalten die Kinder die Aufgabe: *Gestalte eine Skizze/Zeichnung, aus der deutlich wird, was an den Festen passiert (Symbol) und wie sie im Zusammenhang stehen.* Diese einfachen Grafiken können beispielsweise exemplarisch an die Tafel gemalt und diskutiert werden. Auf diese Weise wird allen der Kontext deutlich.

Der nächste Abschnitt handelt vom Heiligen Geist. Der Einwand des Sohnes »Gott ist doch kein Gespenst« bildet den Einstieg zur Klärung. Was ist Gott dann? Was ist mit »Heiliger Geist« gemeint? Die Seiten über den Heiligen Geist, die Schöpfung und Erschaffung des Menschen werden vorgestellt, das eindrucksvolle Bild dazu kann evtl. an die Wand projiziert werden. Die Aufgabe an die Kinder könnte sein: *Was bedeutet eine Schöpfung ohne Gottes Geist? Wie sähe die Welt dann aus? Malt ein Kontrastbild, in dem ihr das darstellt. Teilt dazu euer Bild. Malt auf die linke Seite eine Welt ohne Gottes Geist, auf die rechte Seite eine Welt mit Gottes Geist.* Die Präsentation der Bilder kann dazu genutzt werden, noch einmal den Gedanken zu vertiefen, was dies insbesondere für uns Menschen bedeutet. In dem folgenden Abschnitt über Jesus und den Heiligen Geist wird das verstärkt. Durch Jesus glauben wir, dass der Heilige Geist der Gottesfunke in uns ist. Die Kinder erhalten dazu die Aufgabe: *Entwickelt ein Rollenspiel, in dem deutlich wird, was der Unterschied zwischen geistlosem und geistvollem Leben ist. Was verändert sich durch Gottes Geist im (Zusammen-)Leben?* Die Rollenspiele (Gruppengröße à 4–5 Kinder) werden präsentiert. Die zuschauenden Kinder geben Rückmeldung, finden einen Titel für das vorgeführte Spiel und hören, ob ihre Eindrücke mit den spielenden Kindern übereinstimmen.

Als Vorbereitung für den nachstehenden Abschnitt sollen die Kinder überlegen, was passiert, wenn Gottes Geist zu den Menschen kommt, so wie am Pfingstfest. Was passiert mit ihnen? Die Aufgabe könnte lauten: *Schreibe die Geschichte zum Pfingstfest. Der Heilige Geist kommt über die ersten Christinnen und Christen. Was passiert mit ihnen daraufhin? Wie verhalten sie sich untereinander? Wie treten sie auf? Gib deiner Geschichte einen Titel.* Erst nach der Schreibphase, der Präsentation und einem Nachgespräch wird das Buch bis zur vorletzten Seite weitergelesen. Wo stimmte die eigene Geschichte überein? Wo gab es Differenzen? Was überrascht? Was klingt unlogisch und passt nicht ins Bild?

Auf der letzten Textseite findet eine abschließende Interpretation statt: der Heilige Geist als Gottes wirkmächtige Kraft der Liebe. Als Aufgabe, die ein gemeinsames Fazit bilden könnte, soll folgende Idee dienen: *Immer wieder haben Künstlerinnen und Künstler versucht, den Heiligen Geist zu malen und darzustellen. Das hast du in dem Buch gesehen. Das ist nicht leicht. Deswegen versuch du es. Male den Heiligen Geist in einem Bild. Die Szene dazu kannst du dir frei ausdenken.* Kunstpostkarten können diese Aufgabe unterstützen, indem man sie verteilt oder vorher gemeinsam bespricht.

Theologische Begleittexte

- Gen 1–2 (Schöpfung)
- Gen 11 (Der Turmbau zu Babel)
- Jer 18,1–6 (Töpfergleichnis)
- Lk 24,50–53 (Himmelfahrt)
- Apg 1–2 (Pfingstbericht)

Weiterführende Fragen

- Ist das Pfingstfest immer noch aktuell?
- Ist das Pfingstfest weniger wichtig als Ostern oder Weihnachten?
- Welches Symbol passt zu Pfingsten?
- Wie wirkt der Heilige Geist heute?
- Wie oder was ist heilig am Heiligen Geist?

4.9 St. Martin als moderne Übertragung

Doris Dörrie/Jacky Gleich, *Martin* (2009)

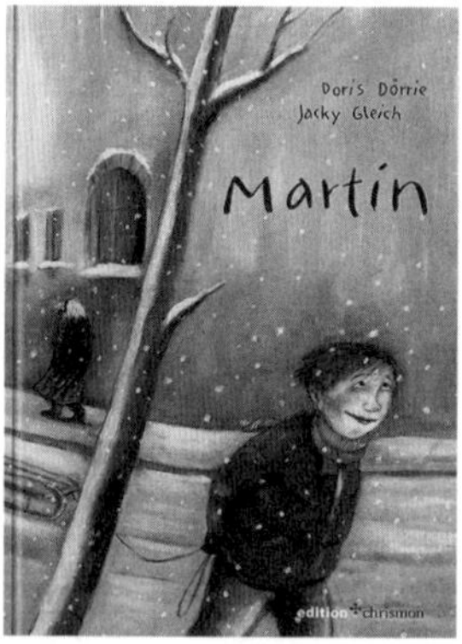

Zur Autorin/zur Illustratorin

Doris Dörrie (geb. 1955) ist eine erfolgreiche Regisseurin, Filmproduzentin und Schriftstellerin. Neben einer Reihe von Erwachsenenbüchern hat sie auch zahlreiche Kinderbücher veröffentlicht. Sowohl für ihre filmische Arbeit als auch für ihre Bücher ist sie vielfach ausgezeichnet worden.

Jacky Gleich (geb. 1964) ist eine Trickfilmregisseurin, Malerin und Buchillustratorin, die weit über 80 Bücher bebildert hat und u. a. mit dem Deutschen Jugendliteraturpreis ausgezeichnet wurde.

Zum Inhalt

Da es gerade geschneit hat, möchte Martin schnell in den Park zum Rodeln. Als die Mutter dafür gesorgt hat, dass Martin warm angezogen ist, darf er mit seinem Schlitten raus. Im Park trifft er eine ältere

Frau, die zu dünn angezogen ist und raucht. Er spricht kurz mit ihr. Seine Freunde Emin und Julian beachten die Frau nicht weiter. Die soll sich als Pennerin um sich selbst kümmern. Sie gehen nach einiger Rodelzeit wieder nach Hause. Martin lässt der Anblick der Frau nicht los. Er schneidet seine Jacke in zwei Teile und gibt der Frau, Hilde mit Namen, eine Hälfte. Die ist erstaunt und beide kommen ins Gespräch, bis sich Martin verabschiedet und nach Hause geht.

Didaktische und methodische Hinweise

Ausdrucksstarke Bilder und knappe Sprache kennzeichnen das Buch. Beides gibt weiten Raum zum Interpretieren und Fantasieren. Die zugrunde liegende Legende von St. Martin ist unschwer durch Namen und geteilte Jacke zu identifizieren, wird aber konsequent kindgerecht in die Gegenwart übertragen.

Bevor das Buch gelesen wird oder eventuell im Zusammenhang mit der Szene, in der Martin von der Frau zum ersten Mal angesprochen wird (»bisschen schattig heute«) und nicht reagiert, ist es ratsam, mit den Kindern zu thematisieren, wie man mit fremden Menschen umgehen kann oder darf. Viele Kinder kennen die elterliche Anweisung, fremde Menschen zu meiden, sodass ein Misstrauen ihnen gegenüber herrscht. Das muss vor der weiteren Lektüre geklärt sein. Ausgangspunkt könnte sein: *Warum reagiert Martin nicht, wenn die Frau mit ihm spricht, ist das nicht unhöflich?*

Unklar ist, wer die alte Frau ist und wie sie auf die betrachtenden Kinder wirkt. Das Bild der Frau in der ersten Begegnung mit Martin sollen die Kinder genau betrachten und sich überlegen, wer die Frau ist. Die Aufgabe lautet: *Schreibe auf, was die Frau erlebt und gemacht hat, bevor sie Martin im Park trifft. Schau dir das Bild genau an und lass deiner Fantasie freien Lauf.* Nach der Präsentation der kleinen Biografien können Fragen geklärt werden, wie: Wie kommt es, dass Menschen sympathisch/unsympathisch sind? Wonach werden Menschen beurteilt? Was ist für eine Einschätzung wichtig? Wie verändern sich Bewertungen?

Die Freunde Martins, Emin und Julian, schenken der älteren Frau keine Beachtung, klassifizieren sie als Pennerin und gehen lieber Kakao trinken. Handeln sie richtig? Diese Frage kann die Kinder zuerst beschäftigen. Martin stimmt ihnen zu, Kakao zu trinken, schaut aber auf dem nächsten Bild noch lange zu der Frau. Er möchte etwas anderes tun. Er sagt den Freunden nicht, was er wirklich denkt. Das sollen die Kinder in einem Rollenspiel nachspielen: *Martin schaut lange zu der Frau und möchte gar nicht mit den Freunden mitgehen, sondern der Frau helfen. Das sagt er seinen Freunden nicht. Überlegt in Gruppen zu dritt oder zu viert, was Martin ihnen vielleicht sagen möchte, wie sie reagieren und was dann passiert.*

Martin teilt seine Jacke und gibt sie der Frau. Wie beurteilen die Kinder die Aktion? Zwei Gruppen werden gebildet, die jeweils Pro bzw. Contra-Argumente sammeln. Eine Diskussion wird geführt: Ist das sinnvoll von Martin gewesen? Eventuell kann gemeinsam darüber nachgedacht werden, was es für Alternativideen gegeben hätte.

Am Ende unterhalten sich Martin und Hilde. Es entsteht eine Beziehung und Hilde lächelt zum ersten Mal. Was ist für sie wichtiger, die Jacke oder dass Martin sich zu ihr gesetzt hat und mit ihr spricht? Die Kinder sollen das aus Hildes Sicht beurteilen. Sie bekommen die Aufgabe: *Nach ein paar Monaten erhält Martin einen Brief. Er ist von Hilde. Sie schreibt ihm einen Dankesbrief und beschreibt, wie es ihr geht und warum die Begegnung im Park so wichtig für sie war. Schreib diesen Brief von Hilde an Martin.* Die Briefe werden vorgelesen und können Basis für ein Gespräch werden, was wirklich nötig ist für Menschen in Not.

Theologische Begleittexte

- Lev 19,18 (Du sollst deinen Nächsten lieben wie dich selbst)
- Mt 6,1–4 (Vom Almosengeben)
- Mt 25,40 (Was ihr getan habt für einen von diesen meinen geringsten Brüdern …)
- 1. Joh 4,19 (Lasst uns lieben, denn Gott hat uns zuerst geliebt)

Weiterführende Fragen

- Warum ist es gut/falsch, anderen Menschen zu helfen?
- Ist Nächstenliebe immer möglich?
- Was befähigt mich, anderen Menschen zu helfen?
- Müssen die Menschen, denen geholfen wird, dankbar sein?

4.10 St. Martin als interreligiöse Begegnung

Manfred Eichhorn/Hans-Günther Döring, *Martin und Cemile. Eine St. Martin Geschichte* (1996)

Zum Autor/zum Illustrator

Manfred Eichhorn (geb. 1951) ist selbständiger Buchhändler und Schriftsteller in Ulm mit einem breiten Werk an Erwachsenen- und Kinderliteratur auch in schwäbischer Mundart.

Hans-Günther Döring (geb. 1962) ist Autor und freier Illustrator von Kinder- und Jugendbüchern mit einem umfangreichen Werk.

Zum Inhalt

Martin und Cemile treffen sich auf der Straße und begleiten sich ein Stück des Weges nach Hause. Sie stellen sich gegenseitig ihre Wohnungen, eine in einem alten Haus und eine im 13. Stock, vor. Während ihrer Unterhaltung kommen unterschiedliche Bräuche zur Sprache. Cemile isst kein Schweinefleisch, feiert nicht Weihnachten, aber das Zuckerfest und mag Baklava. Da es der 11. November ist, lädt Martin Cemile zum Laternenumzug ein. Während des Umzuges wird die Legende von St. Martin nachgespielt und Martin erzählt Cemile den Inhalt. Nach dem Laternenumzug gehen beide nach Hause. Cemile ist kalt, Martin leiht ihr seinen Anorak und begleitet sie zu ihrem Haus. Sie verabschieden sich liebevoll voneinander.

Didaktische und methodische Hinweise

Als Variante zur üblichen Darstellung des St. Martin-Themas beinhaltet das Bilderbuch als Rahmen die interreligiöse Begegnung der beiden Kinder Martin und Cemile. Damit spricht das Buch zwei Themen an. Das klassische St. Martin-Thema mit Brauchtum: Laternen, Lieder, Umzug, Legende und das Leihen des Anoraks als deren Aktualisierung. Zudem die Begegnung zweier Religionen: Feste, Brauchtum, Besuch und vorurteilsfreie Verständigung. Die Doppelung der Ebenen, in denen es im weiteren Sinne um die Begegnung mit dem Fremden geht, kann eine wichtige Brückenfunktion in heterogenen Gruppen und Klassen bilden, in denen unterschiedliche Religionen vorhanden sind.

Zu Beginn besuchen die beiden Kinder sich gegenseitig und nehmen ihre Wohnungen wahr. Das ist eine Kennenlern- und Begegnungssituation, die die Kinder oftmals selbst erlebt haben. Sie besitzen Maßstäbe, mit denen sie Personen, Dinge, Sachverhalte u. a. in »fremd« oder »vertraut« einordnen. Das eigene Zuhause einmal mit »fremden« Augen zu betrachten, könnte ein Anstoß sein, gemeinsam ins Gespräch zu kommen. Eine Aufgabe könnte lauten: *Stell dir vor, du bist Martin oder Cemile und einer von beiden käme zu dir nach Hause. Was, würdest du denken, ist ihnen in deinem Zuhause vertraut? Und gibt es auch Dinge, von denen du denkst, dass sie ihnen fremd wären? Erstelle dazu eine Tabelle mit zwei Spalten: vertraut/fremd.* Inhalte daraus werden (freiwillig) in ein gemeinsames Gespräch eingebracht.

Martin und Cemile entdecken genau das, Gemeinsamkeit und Fremdheit. Essen sowie Feste und Rituale werden thematisiert. Die Kinder sollen sich einmal in die Rolle begeben, das nachzuspielen. Ist es leicht, anderen das eigene Fest zu erklären? Oder etwas Fremdes? Diese Aufgabe sollen sie lösen: *Findet euch zu einem Tandem zusammen. Suche dir möglichst eine Partnerin oder einen Partner, den du nicht so gut kennst. Jeder soll dem anderen ein Fest erklären, das bei ihm zu Hause gefeiert wird. Und als zweite Aufgabe ein Fest, Ritual, das er/sie bereits selbst einmal erlebt, gesehen oder von dem er/sie auch nur gehört hat und das woanders gefeiert wird. Also etwas Fremdes. Nach der Übung tauscht ihr euch aus. Was ist leichter zu erklären und was konnte die Partnerin bzw. der Partner besser verstehen?*

Natürlich könnte man nun auch noch klären, was Fasten, Ramadan, Zuckerfest sind. Allerdings sprengt das den Rahmen und ist eine Überfrachtung der Thematik. Die Fokussierung auf die Begegnung mit dem Fremden ermöglicht, den Bogen zu St. Martin zu spannen.

Zu St. Martin gehören Laternen. Um das Thema der Begegnungen spielerisch zu vertiefen, könnten die Kinder ein Laternenmotiv »entwerfen«. Welches Laternenmotiv könnte dazu passen, dass alle Menschen beim St. Martinsumzug willkommen sind? *Male und erfinde ein Bild für eine Laterne, die zeigt, dass alle Menschen beim Martinsumzug willkommen sind und alle dabei sein können.*

St. Martin hilft der Legende nach einem fremden Bettler am Wegesrand. Daran anschließend könnte eine Aufgabe sein: *Erfinde eine neue Seite des Bilderbuches. Martin und Cemile gehen gemeinsam mit ihrer Laterne nach Hause. Da entdecken sie plötzlich … Schreibe weiter, wen oder was sie entdecken und welche Not vorhanden ist.* An die Präsentation anschließend oder alternativ statt des Schreibens der Geschichte könnte ein Thema für eine gemeinsame Diskussion lauten: *Wem muss man mehr oder eher helfen, einem bekannten/vertrauten oder einem fremden Menschen?*

Martin hilft ganz einfach, indem er seinen Anorak ausleiht. Im Anschluss an das Bilderbuch könnten alle zusammen überlegen: Wie oder womit kann die Gruppe oder Klasse helfen, indem sie etwas ausleiht oder abgibt? Der Schwerpunkt liegt dabei darauf, dass die Klasse ein *gemeinsames Projekt* oder eine *gemeinsame Aktion* durchführt.

Theologische Begleittexte

- Ex 23,9 (Die Fremdlinge sollt ihr nicht unterdrücken)
- Dtn 10,19 (Darum sollt ich auch die Fremdlinge lieben)
- Joh 14,2 (In meines Vaters Haus sind viele Wohnungen)
- Joh 15,12 (Menschen sollen sich untereinander lieben wie Gott sie liebt)

Weiterführende Fragen

- Was ist Fremdheit?
- Machen Fremde/macht Fremdes Angst?
- Ist der Glaube an Gott eine Hilfe, Fremdheit zu überwinden?
- Muss man auch Fremden helfen?

4.11 Märchenhafte Übertragung von St. Martin

Brigitte Weninger/Julie Wintz-Litty, *Lumina* (1997/5. Aufl. 2008)

Zur Autorin/zur Illustratorin

Die Österreicherin Brigitte Weninger (geb. 1960) hat lange als Kindergartenpädagogin gearbeitet, bevor sie sich für die Schriftstellerei entschied. Sie widmet sich vor allem Kinderbüchern, u. a. verfasst sie die Kinderbuchserie *Pauli.* Ihr Werk ist mehrfach ausgezeichnet.

Die Französin Julie Wintz-Litty (geb. 1971) lebt als freie Illustratorin in Frankreich.

Zum Inhalt

Die heimat- und elternlose Lumina bringt sich als Bettlerin durchs Leben. Sie hat nichts als die von ihrer Mutter geschenkte Laterne, die ihr Licht in der Winterkälte schenkt. Ihre Bettelei stößt auf viel Ablehnung, sodass sie sich nachts in den Wald zurückzieht. Dort erlischt ihre Laterne und Lumina hat große Angst. Wölfe kommen und umkreisen sie, jedoch führt eine Eule sie aus dem Wald heraus. Ein vorbeifahrender Pferdeschlitten ignoriert sie, doch ein vorbeigehender Junge teilt sein Licht mit ihr. Er lädt sie auf den elterlichen Hof ein, dort findet sie ein neues Zuhause.

Didaktische und methodische Hinweise

Das Bilderbuch ist eine Variation der St. Martinslegende, indem durch die Protagonistin Lumina ein Perspektivwechsel der Erzählung zugrunde liegt. Der Schwerpunkt der Schilderung liegt nicht auf der rettenden Tat, dem Teilen des Lichts oder dem strahlenden Retter, sondern dem Leben als Bettlerin mit all seinen Widerfahrnissen. Insofern lohnt sich der Einsatz des Buches ganz besonders am Ende einer St. Martin-Einheit oder als Vertiefung im darauffolgenden Jahr, indem die Frage gestellt wird, ob dies wirklich eine St. Martin-Erzählung ist.

Die Geschichte beginnt unmittelbar mit einigen Informationen über Lumina, die sicherlich nicht für alle Kinder leicht vorstellbar und nachvollziehbar sind. Um sich hier einzufühlen, könnte eine Aufgabe am Ende der ersten Seite lauten: *Lumina hat außer der Laterne in ihren Lumpen noch ein kleines und sehr abgenutztes Heft, in das sie ihre Gedanken schreibt. Es ist ihr Tagebuch, an manchen Tagen ist das ihr einziger Gesprächspartner. Schreibe auf, was Lumina notiert. Was fühlt sie? Wovon träumt sie und worauf hofft sie? Was hat sie erlebt? Welches Ziel verfolgt sie?* Alternativ kann man bei Kindern, die noch nicht ausführlich schreiben können, auch die Aufgabe geben: *Male ein Bild mit dem Titel »Luminas Traum«.* Die Ergebnisse werden präsentiert und mit dem Buch verglichen.

Die Ablehnung und Vertreibung von Lumina sind Reaktionen, die die Kinder emotional beschäftigen. Ein Rollenspiel kann helfen, die Gefühle und Gedanken beider Seiten zu verdeutlichen. Die Anweisung könnte lauten: *Denkt euch ein Rollenspiel (in Gruppen zu dritt oder zu viert) aus, in dem es zu einem Gespräch zwischen Lumina und den Menschen kommt, die sie vertreiben. Was sagen die Leute und was antwortet Lumina? Verändert sich etwas?* Die Rollenspiele werden vorgestellt und besprochen.

Luminas Laternenlicht erlischt. Märchenhafte Züge klingen an, dabei können die Kinder gut nachvollziehen, dass Dunkelheit Angst macht. Warum es für Lumina besonders schlimm ist, dass die Laterne, die sie von der Mutter erhalten hatte, erlischt, kann in einem Gespräch geklärt werden. Religionspädagogisch kann die Stelle positiv genutzt werden, den Gedanken des Gebets in dem Moment einzutragen, als das Licht erlischt: *Lumina ist verzweifelt, aber sie hat von ihrer Mutter gelernt, in Situationen, in denen sie keine Hilfe erwarten kann, zu beten. Wie kann ein Gebet von Lumina lauten? Schreibe es auf.* Nach der Vorstellung der Gebete kann noch einmal diskutiert werden, ob und wie Gott hilft. Der weitere Verlauf des Buches kann dabei aufgenommen werden: Bedient Gott sich der Tiere des Waldes? Der Gedanke, wie Gott hilft, kann bei der Begegnung mit dem Jungen wieder aufgenommen werden. Ist er ein Bote Gottes?

Der Junge teilt nach einigem Zögern das Licht. Sein eigenes Licht scheint dadurch heller und sogar schöner zu leuchten. Die

Frage an die Kinder lautet, ob sie auch schon einmal erlebt haben, dass ihnen durch das Teilen oder Abgeben das Eigene oder Verbliebene umso schöner erschienen ist. Zur Vertiefung kann eine Beispielgeschichte geschrieben oder wieder ein Rollenspiel ausgedacht werden.

Zum Abschluss sollen die Kinder eine kleine Rezension, beispielsweise für die Schülerzeitung oder den Gemeindebrief schreiben: *Lumina ist ein Buch, das die Martinslegende in die Gegenwart auf eine besondere Weise übertragen will. Ist das gelungen und warum? Schreibe eine Beurteilung.*

Theologische Begleittexte

- Jes 58,7 (Nackte kleiden)
- Spr 31,8 (Für Stumme und Verlassene sprechen)
- Mt 7,7 (Bittet, so wird euch gegeben …)
- Gal 5,14 (Liebe deinen Nächsten wie dich selbst)

Weiterführende Fragen

- Wer ist meine Nächste/mein Nächster?
- Hilft Gott in der Not?
- Verändert Teilen nur den anderen oder auch mich?
- Kann ein Gebet etwas verändern?

4.12 Nikolaus – Nacherzählung der Legende

Otfried Preußler/Herbert Holzing, *Brot für Myra* (1990/2004)

Zum Autor/zum Illustrator

Otfried Preußler (1923–2013) war ein bekannter und überaus erfolgreicher Kinderbuchautor, der zunächst als Volksschullehrer, später dann als freier Schriftsteller arbeitete. Seine Bücher (u. a. *Der kleine Wassermann, Die kleine Hexe, Räuber Hotzenplotz, Krabat*) wurden vielfach ausgezeichnet und verfilmt.

Herbert Holzing (1931–2000) war ein Illustrator, der vor allem durch die Bebilderung des Werkes von Otfried Preußler bekannt wurde, aber darüber hinaus 85 Bücher illustrierte und dafür auch mehrfach ausgezeichnet wurde.

Zum Inhalt

In Myra, der Hauptstadt Lykiens, herrscht eine große Hungersnot. Die Hungernden wenden sich in ihrer Not an den Bischof, doch weiß dieser bis auf den Hinweis auf das Gebet keinen Rat. In der Bedrängnis trifft Nikolaus auf einem Spaziergang Kinder, die ihm in ihrem »Bischofsspiel« einen Ausweg aus der Hungersnot zeigen. Nikolaus sieht darin einen Fingerzeig Gottes, macht sich voller Gottvertrauen mit Schiffen auf den Weg und kauft in einem fremden Land, wo die Ernte besonders gut ausgefallen ist, Mehl und Getreide. Schiffe voller Ladung kehren nach Myra zurück und die Not hat ein Ende. Als Dank für ihre Idee füllt Nikolaus den Kindern in der Nacht die Schuhe mit Leckereien, die er aus dem fernen Land eigens mitgebracht hat.

Didaktische und methodische Hinweise

Beim Bilderbuch von Otfried Preußler handelt es sich um eine fantasievolle Wiedergabe der Nikolauslegende. Wie oft bei diesem Thema spielen Hunger und Not eine Rolle und den Kindern kommt eine Schlüsselfunktion zu.

Preußlers Sprache ist für Kinder nicht immer einfach nachzuvollziehen und die Gebetsrufe wirken fremd. Zugleich sind diese aber eine Chance, Kindern die noch heute im Gottesdienst gebräuchlichen Liturgieteile nahezubringen. Zugleich haben in dem Buch das Gottvertrauen des Nikolaus und sein Glaube eine herausragende Funktion, sodass es die Mühe wert ist, die anspruchsvolle Lektüre zu wagen. Die eindrucksvollen Bilder unterstützen dabei.

Damit sich die Kinder in die ferne Zeit und Situation hineindenken, bietet die erste Szene eine gute Möglichkeit. Die Not wird beschrieben, das Gespräch zwischen Notleidenden und dem Bischof erscheint erfolglos. Die Frage an die Kinder lautet: *Was haben die Menschen erhofft, was der Bischof tun sollte? Was hätte der Bischof tun können?* Bei den Antworten und dem Gespräch werden die Unterschiede der Möglichkeiten deutlich. Auf einer kindertheologischen Ebene ist das Gespräch spannend. Die Antwort der Leute: »Aber was hilft (das Gebet) uns?« kann gut an die Kinder weitergereicht werden. Hilft beten? Wie könnte Hilfe kommen? *Stell dir vor, Nikolaus ist wegen der Reaktion der Menschen traurig. So schnell hatte er keine Antwort. Da bereitet er seine Predigt für den Sonntag vor. Mit ihr möchte er antworten. Schreibe auf, worüber Nikolaus am Sonntag predigen möchte. Vielleicht kannst du sogar einen Teil ausformulieren.* Die Ergebnisse werden vorgetragen und besprochen. Im Anschluss folgt die Szene, als Nikolaus auf seinem Spaziergang die Kinder beim Spielen trifft und sie als Fingerzeig Gottes erkennt. Genau das kann man kindertheologisch diskutieren. *Sind die Kinder ein Zeichen von Gott? Handelt Gott durch Kinder/Menschen? Woran kann man erkennen, dass Gott im Spiel ist?* Der Bischof, kein Seemann, tritt die Expedition mit Gottvertrauen an. Auch hier kann man einhaken: *Kann man sein Leben Gott so überlassen?* Das läuft auf die Frage hinaus: *Muss man im Leben selbst handeln oder kann man untätig bleiben, Gott wird es sowieso schon machen?* Die Frage kann man im Rahmen einer Talkshow diskutieren. Nikolaus und Gefolgsleute argumentieren mit Seeleuten und Daheimgebliebenen. Bezug auf die Diskussion kann man an der Stelle nehmen, an der Nikolaus nach erfolgreicher Rückkehr die Menschen auffordert, Gott zu danken, und diese darin einstimmen. Den Abschluss bilden die von Nikolaus gefüllten Kinderschuhe. Als eine Art Zusammenfassung könnte die Aufgabe dienen: *Schreibe einen Begleitbrief von Nikolaus, den er mit in die Schuhe steckt. Wofür bedankt er sich – und was möchte er den Kindern noch unbedingt schreiben?*

Theologische Begleittexte

- Spr 3,5 (Sich auf Gott, nicht den Verstand verlassen)
- Spr 16,9 (Gott lenkt den Weg, den das Herz erdenkt)
- Ps 37,5 (Auf seinem Weg auf Gott hoffen)
- Ps 55,23 (Wirf dein Anliegen auf den Herrn; der wird dich versorgen)
- Jes 58,7 (Brich dem Hungrigen dein Brot)
- Mk 10,13–16 (Segnung der Kinder)

Weiterführende Fragen

- Gibt Gott Zeichen?
- Spricht/wirkt Gott durch Menschen?
- Wenn Gott handelt – wie soll sich dann der Mensch verhalten?
- Kann man an Gott nur glauben, wenn es einem gut geht?

- Ist Nikolaus ein Fest für alle Menschen oder nur für Christinnen und Christen?
- Ist der gefüllte Schuh ein veralteter Brauch?

4.13 Nikolaus als interreligiöse Begegnung

Wolfgang Bittner/Ursula Kirchberg, *Felix, Kemal und der Nikolaus* (1996)

Zum Autor/zur Illustratorin

Wolfgang Bittner (geb. 1941) ist promovierter Jurist, der nach einigen Berufsstationen als freier Schriftsteller arbeitet. Sein Werk umfasst Bücher der Kinder-, Jugend- bis zur Erwachsenenliteratur. Zudem verfasst er Beiträge für Theater, Zeitungen, Hörfunk und Fernsehen. Bittner erhielt diverse Preise und Auszeichnungen und arbeitet zudem als bildender Künstler.

Ursula Kirchberg (geb. 1938) ist Illustratorin mit dem Schwerpunkt Kinderbuch. Sie hat ein umfangreiches Werk geschaffen und stand mit ihren Büchern mehrfach auf der Auswahlliste des Deutschen Jugendliteraturpreises.

Zum Inhalt

Die Kindergartenkinder Felix und Kemal wohnen in einem Haus. Felix freut sich auf den Nikolaustag und erzählt Kemal davon. Kemal kennt das Fest nicht und seine Eltern sagen ihm, dass sie stattdessen im Frühjahr das vergleichbare Zuckerfest feiern. Kemal stellt am Abend heimlich seine geputzten Schuhe erwartungsvoll vor die Wohnungstür. Felix dagegen hat Angst, dass die Haustür abgeschlossen ist und Nikolaus nicht zu seiner Wohnung kommen kann. Er will die Tür aufschließen und stiehlt sich aus der Wohnung. Dabei sieht er seinen gefüllten Schuh. Weil er denkt, dass Nikolaus noch im Haus ist, schleicht er durch das Treppenhaus und entdeckt dabei Kemals leere Schuhe. In diese füllt er seine Sachen, damit Kemal nicht traurig ist.

Didaktische und methodische Hinweise

Das Bilderbuch verbindet zwei Themen. Es behandelt einerseits den Brauch am Nikolausvorabend, andererseits nimmt es kindgerecht die interkulturelle und interreligiöse Differenz der beiden Freunde auf und überwindet sie altersangemessen.

Zunächst steht der Brauch ohne weitere Erklärungen im Vordergrund des Buches. Da der Anfang so offen gestaltet ist, kann man daran gut anknüpfen. Die Kinder können von ihren eigenen Erfahrungen mit dem Nikolaustag erzählen. Weiterführend kann den Kindern Material zum Nikolausbrauch (knappe informierende Texte) zur Verfügung gestellt werden, auf dessen Basis sie kleine Porträts erstellen. Über die historisch-biografischen Fragen hinaus geht es darum, den Sinn des Brauches zu verstehen. Impuls dafür könnte sein: *Wenn Nikolaus heute lebte, was würde er tun? Oder: Erfinde einen neuen Brauch. Wie oder womit könnte man sich heute auch an Nikolaus erinnern?*

Das abendliche Gespräch Kemals mit den Eltern eröffnet das zweite Thema: kulturelle und religiöse Differenzen. Im Gespräch ist zu klären, welche ähnlichen Erfahrungen Kinder gemacht haben: *Wann ergeht es dir wie Kemal: Welche Feste sind dir fremd? Welche feierst du? Welche würdest du gerne feiern?* Auf einer Gesprächsebene werden Informationen ausgetauscht, zugleich gehört aber zu einem Verstehen auch die emotionale Seite. Was bedeutet es, wenn in einem Land Feste gefeiert werden und man nicht daran teilnimmt? Wie fühlt sich Kemal? Eine Aufgabe könnte lauten: *Kemal erzählt dir von dem abendlichen Gespräch mit seinen Eltern. Er traut sich nicht, seinen Eltern zu sagen, dass er auch Nikolaus feiern möchte. Schreibe seinen Eltern einen Brief.* Die Briefe werden vorgelesen.

Man kann die Geschichte im Anschluss nur bis zu dem Moment weitererzählen, in dem Felix die leeren Schuhe Kemals entdeckt. Der Auftrag lautet: *Was macht Felix? Schreibe das Buch zu Ende.* Eine weitere Frage ist, ob Felix im Sinne von Nikolaus gehandelt hat. Ist er ein moderner Nikolaus? Hier kann vertieft werden, dass Felix die kulturellen und religiösen Grenzen mit seiner Tat überwunden hat. Um mit den Kindern den Gedanken zu aktualisieren, kann eine weitere Aufgabe lauten: *Stell dir vor, Kemal findet am Morgen seine gefüllten Schuhe. Er freut sich sehr und erzählt Felix auf dem Weg in den Kindergarten davon. Da beschließen die beiden, mit ihren Süßigkeiten und Geschenken jemandem gemeinsam eine Freude zu machen. Zu wem gehen sie und wie überraschen sie ihn? Erfinde eine Geschichte.*

Theologische Begleittexte

- Mt 6,1–3 (Vom Almosengeben)
- Mt 22,34–40 (Die Frage nach dem höchsten Gebot)
- Mt 25,40 (Was ihr getan habt einem von diesen meinen geringsten Brüdern …)
- Lk 10,25–37 (Barmherziger Samariter)

Weiterführende Fragen

- Ist Nikolaus ein Heiliger?
- Ist Nikolaus ein Christ? Woran erkennt man das?
- Kann man Nikolaus heute noch feiern, da es viele Menschen gibt, die nicht an ihn glauben?
- Gibt es ähnliche Menschen wie Nikolaus, an die man heute noch erinnert?
- Ist Nikolaus nur ein Kinderfest und -brauch?

5. Gebet/Psalmen

In Bilderbüchern, die Gebete oder auch Psalmen zum Gegenstand haben, stehen unterschiedliche Perspektiven im Vordergrund. Es finden sich Bücher, die Gebete oder Psalmen eher interpretierend darstellen. Es gibt Anleitungen und Vorschläge zum Gebet und auch den Sinn und Inhalt von Gebeten thematisierende Bücher. Es fällt insgesamt auf, dass in vielen Publikationen zu diesem Themenbereich der Textanteil sehr hoch ist und den Bildanteil dominiert. Nur recht wenigen Büchern gelingt es, die für Bilderbücher charakteristische Balance zwischen Text- und Bildanteil herzustellen.

5.1 Vaterunser

Rainer Oberthür/Barbara Nascimbeni, *Das Vaterunser* (2013)

Zum Autor/zur Illustratorin

Rainer Oberthür (geb. 1961) ist Dozent für katholische Religionspädagogik im Bistum Aachen. Er hat zahlreiche religionspädagogische Bücher veröffentlicht, darunter mehrere Kinderbücher zu den Festen im Kirchenjahr.

Die Italienerin Barbara Nascimbeni (geb. 1969) ist freie Illustratorin und arbeitet für viele Verlage in ganz Europa.

Zum Inhalt

Das Buch beginnt damit die Fragen, die die Lesenden beschäftigen, aufzuzählen. Auf den folgenden Seiten gibt es Hinweise zur Beantwortung der Fragen: Wo ist Gott? Warum aber kann ich Gott nicht sehen? Wie kann ich mit Gott sprechen? Was kann ich zu Gott sagen, wenn mir die Worte fehlen? Auf die letzte Frage folgen einleitende

Informationen zum Vaterunser sowie ein Abdruck des Textes. Der Text des Vaterunsers wird danach interpretierend meditiert. Dabei wendet sich der Text an Gott und redet ihn an. Untergliedert ist der Text anfangs in »Vater«, »Vater unser« und »Vater unser im Himmel«, darauf folgen die Bitten, die zumeist in ihren beiden Hälften bedacht werden. Am Ende der Meditation gibt der Text noch Hinweise auf den jesuanischen Ursprung des Gebets und die Kraft, die von ihm ausgeht. Zuletzt ist das Vaterunser noch einmal in leichter Sprache abgedruckt.

Insgesamt ist das Buch klar gegliedert und die Texte kurz gehalten. Die Bilder nehmen Inhalte und Aspekte der Texte ansprechend auf und lassen Raum zur Interpretation und Deutung. Mit 64 Seiten ist es umfangreicher als gewöhnliche Bilderbücher.

Didaktische und methodische Hinweise

Das Buch legt zwei Möglichkeiten des Einstiegs nahe. Die Wahl des Zuganges hängt zudem davon ab, inwieweit die Kinder bereits Vorwissen über das Vaterunser mitbringen.

Sollte eine gewisse Kenntnis vorhanden sein, kann man das Titelbild zum Ausgangspunkt des Nachdenkens machen. Fragen können sein: Warum hat die Illustratorin dieses Motiv gewählt? Was symbolisiert der Baum, der Himmel und Erde verbindet? Hat die Sitzposition des Mädchens etwas zu sagen? Ein Arbeitsauftrag könnte sein, selbst ein Titelbild für das Vaterunser zu entwerfen oder frei und kreativ das vorhandene Titelbild nach den eigenen Vorstellungen zu verändern.

Bei wenig Vorwissen bieten die Fragen der ersten Seiten einen guten Einstieg. Zunächst könnten die Kinder selbständig sogenannte »große Fragen« formulieren. Ihre Ergebnisse können sie mit den formulierten Fragen vergleichen. Dabei kann als Abschluss über die Aussage der ersten Seite diskutiert werden: Stimmt es, dass mit all den Fragen auch nach Gott gefragt wird? Warum ist das so? Oder warum ist das nicht so? Stehen die Fragen der Kinder auch mit Gott in Zusammenhang?

Der folgende Text »Du fragst: Wie kann ich mit Gott sprechen?« thematisiert ganz allgemein das Thema Gebet. Das Bild (S. 15) legt die Aufgabe nahe: *Schau dir das Bild genau an. Woran denkt der*

Junge? Wohin gehen seine Gedanken? Und welche Rolle spielen die Wolken dabei? Schreibe eine Geschichte zu dem Bild und überlege, ob darin auch ein Gebet vorkommt.

Das sich anschließende »Du fragst: Was kann ich zu Gott sagen, wenn mir die Worte fehlen?« bildet die Überleitung zum Vaterunser. Informationen und Einleitung stehen im Text. Die Ausgangsfrage wird aber dadurch nicht vollständig beantwortet. Gibt es noch andere Möglichkeiten? Und: Versteht Gott nicht auch das, was der Betende nicht zu formulieren weiß? Gemeinsam versuchen die Kinder die Fragen zu beantworten.

Auf den Abdruck des Vaterunsers folgen drei Abschnitte über »Vater/unser/im Himmel«. Die Kinder können diskutieren, welcher Aspekt ihnen besonders wichtig ist. Ist Gott mehr Schöpfer, Begleiter oder Beschützer? Und welche Blickwinkel fehlen?

Die Bitten werden in Teilversen vorgestellt und bedacht. Die ansprechenden Bilder illustrieren einige Gesichtspunkte. Diese werden in Auswahl behandelt oder man verteilt alle Abschnitte an die Kinder und sie werden zu Experten für ihre jeweilige Bitte. Sie arbeiten diese durch und stellen sie dann kurz vor (evtl. mit gezeichneten Plakaten). Damit der Zusammenhang nicht verloren geht, könnte ein Abschluss der Vorstellung sein, den Text des Gebetes in Textpuzzleteilen zu verteilen und die Kinder aufzufordern, diese in die richtige Reihenfolge zu bringen. Ist nur eine Abfolge möglich? Wie könnte man den Text auch noch ordnen?

Die abschließenden Seiten des Buches können unter der Aufgabenstellung bedacht werden, ob das Kennenlernen des Vaterunsers bei den Kindern etwas verändert hat. Sie könnten für die Betenden (S. 55) oder das kleine Mädchen (S. 57) wiederum eine Geschichte erfinden oder auch überlegen, ob ihnen in dem Vaterunser wichtige Gedanken fehlen und diese ergänzen.

Theologische Begleittexte

- Mt 6,5–15 (Vom Beten, Vaterunser)
- Mt 7,7–11 (Von der Gebetserhörung)
- Lk 11,1–13 (Vaterunser, Der bittende Freund)

Weiterführende Fragen

- Helfen traditionelle/vorformulierte Gebete beim Beten?
- Kann und darf man für alles beten?
- Wie redet man Gott im Gebet an?
- Weiß Gott auch ohne Gebet, was man ihm sagen möchte?

Martina Steinkühler/Anne Fröhlke, *Die Geschichte vom guten König. Das Vaterunser* (2015)

Zur Autorin/zur Illustratorin

Dr. Martina Steinkühler (geb. 1961) ist Professorin für Religionspädagogik an der Evangelischen Hochschule Berlin. Sie hat zahlreiche Bücher für Erwachsene, Jugendliche und Kinder publiziert.

Die Leipzigerin Anne Fröhlke ist Grafikerin, Illustratorin und Kunstpädagogin.

Zum Inhalt

Fast wie Überschriften wirkt der Text des Vaterunsers, der jeweils in anderer, größerer Schriftart den Seiten voransteht. Gegenübergestellt kann man eine Parallelerzählung von einem König lesen, der für alle ein wunderbarer Papa ist und ausnahmslos jeden lieb hat. Der Vater spielt mit seinen Kindern (wie im Himmel so auf Erden) und alle leben friedlich miteinander. Der König sorgt für seine Kinder und serviert Milch und Honig, Weide, Körner, Samen, Kräuter und Gräser (unser tägliches Brot gib uns heute). Manchmal gibt es auch Gedrängel und Verletzungen untereinander (und vergib uns unsere Schuld). Das Versuchungsmotiv und die Bitte um Erlösung werden etwas lapidar mit einem Albtraum verglichen, nach dem der Papa tröstet.

Was wie ein Märchen klingt, ist der Versuch der Übersetzung des Vaterunsers in eine Geschichte. Das Grundgebet der Christen wird so als Verheißung des Reiches Gottes narrativ kontrastiert. So kann es möglich sein, (wieder) einen Zugang zu diesem elementaren Gebet der Christenheit zu finden. Dabei helfen den Leserinnen und Lesern auch die detailreichen, witzigen, liebevollen und manchmal schrägen Zeichnungen, die die Betrachter mit in das beschriebene eschatologisch verheißene, neue Land des guten Papas nehmen.

Didaktische und methodische Hinweise

Zum Einstieg kann gemeinsam anhand des Covers überlegt werden, wie *Die Geschichte vom guten König* mit dem Vaterunser zusammengebracht werden. *Was könnte das eine mit dem anderen zu tun haben? Wie passt die abgebildete Gans mit ihren Kindern dazu?*

Wenn man den Kindern jeweils ein Bilderbuch austeilt oder alternativ die Seiten geschickt kopiert, dass sie diese anmalen können, wäre denkbar, die Verse des Vaterunsers ganz zu streichen und die Kinder diese dann individuell eintragen zu lassen. Zusammenhänge werden begründet und so die Bezüge noch deutlicher herausgearbeitet.

Abschließend wird überlegt, ob die Geschichte tatsächlich eine »Übersetzung« des Gebets ist, wie das Cover ankündigt, wo die narrative Veranschaulichung gelungen ist und wo vielleicht bessere Beispiele gefunden werden könnten.

Theologische Begleittexte

- Mt 6,9–13 (Vaterunser)
- Ex 33,3 (Land, wo Milch und Honig fließt)
- Jes 65,21–23 (Paradies auf Erden)

Weiterführende Fragen

- Welche Gebete kennst du?
- Wann betest du diese?
- Warum betest du?
- Warum ist das Vaterunser so bekannt?
- (Wie) Kann man Gebete als Geschichten erzählen?

5.2 Kleine Gebetsschule

Julia Scholz/Guido Erbrich, *Beten ist einfach! Beten ist kompliziert; nur für Kinder* (2011)

Zum Autor/zur Illustratorin

Julia Scholz (geb. 1980) studierte Kunsttherapie und Kunstpädagogik.

Guido Erbrich (geb. 1964) ist katholischer Theologe, Bildungsreferent und Leiter des Roncalli-Hauses in Magdeburg. Er ist Autor zahlreicher Bücher zu Kirchen- und Glaubensthemen, insbesondere für Kinder und Jugendliche sowie kirchlich Engagierte.

Zum Inhalt

Das kleinformatige Büchlein trennt nicht zwischen Text und Bild, sondern integriert den kurzen, oft die Bilder kommentierenden Text in die Zeichnungen. Daraus ergibt sich eine Reihenfolge von bewusst heiter gehaltenen Gedanken und Informationen zum Gebet. Das Buch beginnt damit, dass es ein Geheimnis ankündigt. Es wird nicht verraten, worum es geht, sondern anschaulich und fröhlich beschrieben, dass man »es« überall machen kann. Dann erst wird aufgelöst, dass es sich um das Beten, das Sprechen mit Gott, handelt. Nachdem noch einmal deutlich gemacht wird, dass man in allen Haltungen beten kann, wird sich dem Inhalt des Gebetes, der vom Dank bis zur Bitte reicht, zugewendet. Abschließend wird thematisiert, dass man Gott alles sagen kann, aber auch schweigend allein oder in Gemeinschaft beten kann.

Didaktische und methodische Hinweise

Das Büchlein macht Mut und weckt die Neugier auf das Gebet, indem es unkonventionell über das Beten informiert, bei dem es keine Vorschriften und Normen gibt – eine wichtige Botschaft für Kinder, die kaum oder keine Erfahrung mit dem Gebet haben.

Indem das Buch damit beginnt, dass es ein Geheimnis beinhaltet, kann man als Anfangsfrage mit den Kindern darüber sprechen, welche Erfahrung sie mit dem Reden über das Beten haben. Ist es ein Geheimnis, ein persönliches und intimes Thema? Warum ist das so? Die Kinder können eine Umfrage starten, indem sie Menschen auf der Straße befragen: *Beten Sie (regelmäßig)? Mögen Sie darüber sprechen? Wissen Ihre Familie und Freunde davon? Ist das Ihr Geheimnis?* Die Antworten werden gemeinsam ausgewertet.

Beten kann man immer und überall in allen Positionen, ist die Hauptaussage der ersten Seiten. Dass Positionen einen Unterschied machen, können die Kinder leicht nachempfinden, indem sie die Hände falten und danach lösen und die Handflächen um einen Finger verschieben und erneut falten. Was ist angenehmer? Und warum ist das so? Die Kinder können an die Erfahrung anknüpfen, indem sie nicht nur über Positionen nachdenken, sondern auch über Situationen, in denen man betet. Als Ergebnis daraus kann sich ein Gespräch ergeben, ob für einige Situationen Gebetspositionen angemessener sind als für andere. Wann möchte man niederknien und sich klein machen, wann sich aufrichten und die Arme weiten? Gibt es Ergänzungen für das Buch, die man als Bild gestaltet?

Als Gebetsinhalte werden Dank und Bitte auf mehreren Seiten vorgestellt. Gemeinsam denken die Kinder darüber nach, ob es noch weitere Inhalte gibt, die ein Gebet beinhalten könnte. Danach kann man den Kindern einige Fotos von Menschen in unterschiedlichen Situationen zeigen, zu denen die Kinder sich Gebete im Tandem ausdenken sollen. Dabei bilden Kinder, die Gebete kennen, und solche, die keine kennen, zusammen ein Team.

Zu Gott kann man sprechen, aber auch schweigen, singen oder gemeinschaftlich beten. Wieder geht es darum darüber nachzudenken, ob bestimmte Situationen eine gewisse Form fordern. Wann will man sprechen? Wann will oder muss man schweigen? Wann ist Singen der angemessene Weg? Und wann ist Gemeinschaft hilfreich?

Auch wenn es etwas konträr zum Buchinhalt steht, der eine große Freiheit und Offenheit für Gebete empfiehlt, könnten die Kinder Gebetstipps verfassen oder für Kinder eine kleine Anleitung zum Gebet schreiben, in die sie die Ideen aus dem Buch und den Gesprächen integrieren.

Theologische Begleittexte

- Dan 6,11–28 (Daniel in der Löwengrube)
- Jon 2 (Jonas Gebet)

- Mt 4,1–11 (Jesu Versuchung)
- Mt 6,5–8 (Vom Beten)
- Apg 16,23–34 (Paulus betet und singt im Gefängnis)

Weiterführende Fragen

- Wie/wann/wo kann man beten?
- Gibt es Regeln und Vorgaben für Gebete?
- Wann betet man alleine, wann in Gemeinschaft?
- Muss man beim Beten sprechen?
- Welche innere Haltung ist für ein Gebet Voraussetzung?

5.3 Erfahrung mit dem Gebet

Bärbel Löffel-Schröder/Sven Gerhardt, *Du, was ist eigentlich Beten?* (2010)

Zur Autorin/zum Illustrator

Bärbel Löffel-Schröder (geb. 1960) ist Erzieherin und hat lange Jahre einen Kindergarten geleitet. Sie hat zahlreiche christliche Kinderbücher veröffentlicht und engagiert sich heute in der Freien Christlichen Jugendgemeinschaft (FCJG).

Sven Gerhardt (geb. 1977) arbeitet als freier Grafiker und Autor. Er hat über 50 Bücher illustriert.

Zum Inhalt

Das kleinformatige Bilderbuch erzählt die Geschichte der kleinen Lisa, der beim Malen mit Wasserfarben das Wasserglas zu Boden fällt und einen hässlichen Fleck auf dem Teppich hinterlässt. Sie versteckt den Fleck unter dem Zeitungskorb. Abends im Bett fällt ihr das Malheur wieder ein. Sie kann daraufhin nicht einschlafen und macht sich Sorgen, die durch Schatten, die wie Monster aussehen, noch verschlimmert werden. In ihrer Not fällt ihr ein, das Beten auszuprobieren. Da sie keine Übung darin hat, probiert sie es aufs Geratewohl aus. Sie findet durch ihr Beten Ruhe. Als sie das merkt, überwindet sie sich, schnell in das Wohnzimmer zu gehen und ihrer Mutter die Sache mit dem Fleck zu sagen. Diese reagiert gelassen und hat ihn bereits entfernt. Bevor Lisa einschläft, betet sie noch einmal und merkt, dass sie Gott alles sagen kann. Sie fühlt sich sehr glücklich.

Didaktische und methodische Hinweise

Die Geschichte des Bilderbüchleins ist recht einfach, bietet aber gute Anknüpfungsmöglichkeiten, um mit Kindern über das Beten ins Gespräch zu kommen.

Das abendliche schlechte Gewissen aufgrund eines alltäglichen Malheurs kennt jedes Kind. Es kann Ausgangspunkt sein, in einen Austausch zu kommen: Warum fallen einem am Abend solche misslungenen Situationen ein? Gibt es noch andere Momente, in denen man daran denkt? Was muss vorhanden sein, um in solches Nachdenken zu kommen? Fallen einem eher die schlechten oder auch die schönen Gedanken ein? Warum ist das so? Aufgabe könnte sein: *Überlege, ob Lisa auf schöne Gedanken kommen könnte. Male sie oder schreibe sie auf.*

Lisa probiert ein selbst formuliertes Gebet aus. Eine Möglichkeit ist, vor diesem Gebet eine Pause zu machen und die Kinder zu bitten, es zu formulieren. *Was und worum soll Lisa beten?* Oder/und die Pause wird nach dem Beten gemacht. *Was passiert nun? Wie hilft Gott?* Die Kinder können ihre Gedanken formulieren. Wie wirkt Gott?

Dass Lisa durch das Gebet ruhiger wird, die Angst nachlässt und sie Mut findet, der Mutter gegenüber den Fleck zuzugeben, ist für viele Kinder unerwartet und überraschend. Gott ist kein Zauberer und doch hilft er und wirkt. Ein Gesprächsgang kann sein: *Warum verändert sich Lisa so? Ist das von Gott gemacht? Wie kann Gott das tun?* Im Anschluss daran sollen die Kinder ein Gebet für ein Anliegen formulieren, für das sie sich auch eine Veränderung wünschen. Ausgangsbasis können eigene Erlebnisse der Kinder bilden oder evtl. Fotos und Kurzgeschichten.

Lisa betet ein weiteres Mal und erkennt, Gott kann man einfach alles sagen. Gemeinsam denken die Kinder darüber nach, was man Gott alles sagen kann und möchte. Um dies spielerisch nachzuahmen, erhalten die Kinder Knete und bekommen die Aufgabe: *Forme mit der Knete eine Figur/ein Symbol. Sie/es soll darstellen, wofür ein Mensch betet.* Die Präsentation kann als Bildergalerie gestaltet werden. Die Zuschauenden geben den Kunstwerken Titel und erraten dabei, wofür gebetet wird.

Theologische Begleittexte

- Ps 118,5 (Gott erhört und tröstet in der Angst)
- Mt 26,36–46 (Jesus betet in Gethsemane)
- Mk 11,24 (Wenn man glaubt, dass die Bitte des Gebets erfüllt wird, wird sie einem zuteil)
- Lk 9,10–17 (Speisung der Fünftausend)

Weiterführende Fragen

- Was unterstützt das Beten?
- Gibt es gute Gebetszeiten?
- »Nützt« beten etwas?
- Hilft Gott, wenn man zu ihm betet?
- Darf man im Gebet um alles bitten?

5.4 Psalmen (Ps 91)

Adèle Geras/Cliff Wright, *Wünsche für dein Leben* (2002)

Zur Autorin/zum Illustrator

Adèle Geras (geb. 1944) ist eine erfolgreiche und sehr produktive englische Schriftstellerin, deren Werk vor allem Kinder-, Jugend- und einige wenige Erwachsenenbücher umfasst. Dieses Buch ist das einzige mit dezidiert religiöser Thematik. Geras wurde international mehrfach ausgezeichnet, u. a. mit dem National Jewish Book Award.

Cliff Wright (geb. 1963) ist ein englischer Künstler und Buchillustrator, der u. a. zwei Harry Potter Originalcover gestaltet hat.

Zum Inhalt

Das Buch ist im weitesten Sinne nach Psalm 91,11 gestaltet, indem es Gottes Schutz anhand des Tagesablaufs eines Hasen und seiner tierischen Freunde verdeutlicht. Für jede Doppelseite wird ein Wunsch an den mit »Du« angeredeten Lesenden formuliert. Die Wünsche handeln vom lichterfüllten Morgen, einem offenen und behüteten Weg, Schutz vor Gefahren, Freude für die Seele, Mut, um Probleme aus dem Weg zu räumen, einem Lebensbegleiter und der Erfahrung von Liebe und Geborgenheit.

Die Bilder setzen die Inhalte durch die Darstellung des Hasen um, der die jeweiligen Situationen in seinem Tagesablauf erlebt und darstellt.

Didaktische und methodische Hinweise

Mutet einem zunächst die Darstellung der Segenswünsche mittels des Hasen und der Szenen seines Alltags leicht »süßlich« an, so hat diese Verfremdung auch seinen didaktischen Reiz. Der Zugang zu den Inhalten wird für die Kinder nachvollziehbar dargestellt. Die Übertragungsmöglichkeiten in das eigene Leben liegen nahe.

Ausgangsfrage an die Kinder kann sein: Was stellen diese sich unter Gottes Schutz vor? Sie sammeln dazu Assoziationen, die ihnen spontan einfallen. Was passiert nicht? Was darf geschehen? Können die Kinder in diesem Zusammenhang etwas mit dem Wort Segen anfangen?

Diese Gedanken bilden den Hintergrund, sich der Psalmauslegung zu nähern. Die Bearbeitung des Textes kann so geschehen, dass man entweder Schritt für Schritt die einzelnen Wünsche durchgeht und Übertragungsmöglichkeiten sucht. Alternativ können die Kinder sich einzelne Bilder anschauen und überlegen, was ein solcher Wunsch im Leben eines Menschen bedeuten könnte. Der Morgen, der Weg, der Schutz, die Freude, der Mut, der Begleiter, die Liebe und Geborgenheit. Was kann der Wunsch konkret im Leben bedeuten? Die Bilder aus dem Hasenleben bieten dafür eine gute Inspiration. Nach Neigung können die Ideen als Text oder Bild verfasst werden. Die Ergebnisse werden vorgestellt.

Eine Zuspitzung erfährt das gemeinsame Nachdenken, wenn es an die letzte Seite des Bilderbuches zurückgebunden wird, in der auf Psalm 91,11 verwiesen wird. Stimmt dieser Vers? Was spricht für die Aussage, dass »Gott dich vor Gefahren bewahrt?«, und was spricht dagegen? Im Tandem kann eine Tabelle mit den Argumenten angelegt werden. Eine Diskussion im Plenum erörtert die Begründungen.

Als weiterer Schritt kann der gesamte Originaltext von Psalm 91 gelesen werden. Finden sich in dem alten Gebet Hinweise, wie der Betende zu der Aussage von Vers 11 kommt? Können die Kinder den Vers besser nachempfinden, wenn sie den Zusammenhang kennen?

Zum Abschluss kann der Arbeitsauftrag lauten: *Wie könnte man einen solchen Psalm in unserer Zeit formulieren, damit er die Erfahrungen und Hoffnungen heutzutage ausdrückt? Versuche, dafür neue Worte zu finden.*

Theologische Begleittexte

- Ps 91 (Unter dem Schutz des Höchsten)
- Ps 23 (Der gute Hirte)
- Ps 30 (Dank für die Rettung aus Todesnot)
- Ps 33 (Loblied auf den mächtigen und gütigen Gott)
- Ps 107 (Ein Danklied)

Weiterführende Fragen

- Was bedeutet, dass Gott mein Leben schützt?
- Wie umfassend schützt Gott menschliches Leben?
- Erfährt jeder Mensch Gottes Schutz, auch die Bösen?
- Wie kann man um Gottes Schutz bitten?
- Sind die Erfahrungen der Psalmbeter heute noch von Bedeutung?
- Pest/Engel/Drache, was könnten die Begriffe heute sagen/meinen?

6. Anthropologische Grundfragen

Es gibt kaum Themen des menschlichen Seins (Wer bin ich?) und der Ethik (Was soll ich tun?), die nicht in Bilderbüchern umgesetzt werden. Weil diese Themen immer aktuell bleiben, lesen auch Erwachsene mit Freude Bilderbücher (vor), deren Tiefsinnigkeit von ihnen natürlich anders erfasst wird als von den Kindern. Eine Auswahl aus der Fülle an Möglichkeiten sei hier vorgestellt.

6.1 Eitelkeit, Geiz, Freunde finden

Marcus Pfister, *Der Regenbogenfisch* (1992/Sonderausgabe 2015)

Zum Autor

Marcus Pfister, geboren 1960 in Bern, ist ein Schweizer Bilderbuchautor und Illustrator. Ein weltweiter Erfolg gelang ihm 1992 mit diesem Bilderbuch, zu dem er verschiedene Folgebände gestaltete. Diese Bücher wurden in über 80 Sprachen übersetzt und haben sich über 15 Millionen Mal verkauft. Pfister arbeitet hauptsächlich mit Aquarellfarben, bei denen die Farbe Blau dominiert.

Zum Inhalt

Der Regenbogenfisch ist der schönste Fisch im ganzen Ozean, weil er ein Schuppenkleid mit schillernden Glitzerschuppen hat. Dafür wird er von den anderen Fischen bewundert, ist aber so eingebildet, dass er nicht mit ihnen spielen möchte und auch nicht bereit ist, ihnen eine seiner Glitzerschuppen abzugeben. So wird er immer einsamer. Eines Tages klagt er dem Seestern sein Leid, dieser schickt ihn für eine Antwort zum weisen Tintenfisch, der ihn schon erwartet und ihm folgenden Rat erteilt: »Schenke jedem Fisch eine deiner Glitzerschuppen. Dann bist du zwar nicht mehr der schönste Fisch im Ozean, aber du wirst wieder fröhlich sein.« (S. 13) Obwohl er erst widersprechen möchte, folgt er dem Rat und stellt fest, wie fröhlich die Fische sind, denen er eine der besonderen Schuppen abgibt: »Je mehr es um ihn herum im Wasser glitzerte, desto wohler fühlte er sich unter den Fischen.« (S. 22) Am Ende hat er selbst nur noch eine einzige Glitzerschuppe, aber er hat viele Freunde, ist nicht mehr allein und »glücklich wie nie zuvor!«

Didaktische und methodische Hinweise

Der erste Band vom Regenbogenfisch thematisiert ein Grundproblem des Menschen: Geizig halten wir Dinge zurück, wollen nicht teilen und werden dadurch unbeliebt und einsam. Folgende Themen können anhand des Buches angesprochen werden:

»Ich bin doch schön, warum mag mich niemand?«, fragt der Regenbogenfisch. Er weiß nicht, dass sein Verhalten Konsequenzen hat, er hat nicht gemerkt, dass er damit andere verletzt. Im Gespräch kann vertieft werden: Wie verhalten sich Menschen, die geizig sind? Welche Konsequenzen hat das? Warum sind davon oft Personen betroffen, die Besonderheiten haben und irgendetwas außergewöhnlich gut können?

Immerhin sucht sich der Regenbogenfisch Rat. Das ist ein wichtiger Schritt. Aber der Seestern leitet ihn weiter, er scheint ihm nicht helfen zu können. Als Aufgabe könnten die Schülerinnen und Schüler überlegen: *Es gibt Menschen, die uns für unterschiedliche Probleme Rat geben könnten. Liste mögliche Probleme auf, die Kinder in deinem Alter haben, und schreibe dazu, wer ihnen ein guter Ratgeber sein könnte.*

Bevor man den Rat des Tintenfisches inhaltlich vertieft, könnten die Kinder selbst einen Rat an den Regenbogenfisch formulieren: *Gib dem Regenbogenfisch einen Rat.* Dieser wird jeweils vorgetragen. Eine Person, die den Regenbogenfisch spielt, antwortet, indem sie still zuhört, aber auch widersprechen darf, wie es im Bilderbuch angedeutet wird.

Am Ende des Bilderbuches ist der Regenbogenfisch so glücklich wie nie zuvor, obwohl er nur noch eine Glitzerschuppe hat. Kennen die Schülerinnen und Schüler dieses Gefühl, dass Teilen uns bereichert, dass das Einzige, was wir wirklich besitzen, am Ende das ist, was wir weggegeben haben? Wo haben sie Ähnliches erlebt?

Die verschiedenen Gefühle des Regenbogenfisches während der Handlung können auch von den Kindern visualisiert werden, indem verschiedene Zitate herausgesucht werden, zu denen die Kinder den Gesichtsausdruck des Regenbogenfisches malen sollen. Dieser wird von ihnen anschließend erklärt, z. B.:

a) *Der Regenbogenfisch ruft dem kleinen Fisch empört zu: »Du bekommst keine Glitzerschuppe!«* – hochmütiger Ausdruck, weil der Regebogenfisch geizig ist und nicht teilen möchte.
b) *Die anderen Fische wollen nichts mehr mit dem Regenbogenfisch zu tun haben. Er ist jetzt einsam* – trauriger Gesichtsausdruck.
c) *Der Regenbogenfisch verschenkt seine Glitzerschuppen. »Komm, spiel mit uns!«, rufen die anderen Fische* – fröhlicher Gesichtsausdruck.

Als Vorlage kann das Titelbild mit leerem Gesicht dienen. Zur Vertiefung/Differenzierung kann auch das gleichnamige Spiel der Firma Ravensburger herangezogen werden.

Theologische Begleittexte

- Mt 7,12 (Goldene Regel)
- 1. Tim 6,10 (Geiz ist die Wurzel allen Übels)
- Lk 12,16–21 (Reicher Kornbauer)

Weiterführende Fragen

- »Ich bin doch schön, warum mag mich niemand?« – Welche Antworten könnte man geben?
- Bei welchen Problemen könnte man wen um Rat fragen?
- »Geteilte Freude – doppelte Freude« – was bedeutet dieser Spruch?

Literatur

Unterrichtsmaterial zum Bilderbuch auch für den Bereich Lesen findet man online unter: https://www.onilo.de/boardstories/ansicht/boardstory/der_regenbogenfisch/ (Zugriff am 2.11.2015).

6.2 Perspektivenwechsel, Rücksichtnahme, Vergeltung

Mischa Damjan/Hans de Beer, *Das Eichhorn und das Nashörnchen* (1977/2004)

Zum Autor/zum Illustrator

Der 1914 als Dimitrije Sidjanski geborene Mischa Damjan war ein jugoslawisch-schweizerischer Autor und Verleger des Nord Süd Verlages. Er studierte Jura in Belgrad und Paris, floh kurz vor Kriegsende in die Schweiz, begann dort sein Leben als Autor und publizierte mehr als zwanzig Bücher. Er starb 1998.

Hans de Beer, 1957 in den Niederlanden geboren, studierte erst Geschichte und anschließend Illustration in Amsterdam. Zunächst arbeitete er für mehrere niederländische Zeitschriften, bis er das erste Bilderbuch zu den Geschichten vom kleinen Eisbär publizierte und seitdem freischaffend tätig ist.

Zum Inhalt

Der Wald der Tausend Schatten ist eigentlich sehr idyllisch. Dieser grüne und schöne Dschungel ist der Lebensraum von einem Eichhörnchen, einer Maus, einem Frosch, einem Nashorn, einem Löwen und einem Krokodil.

Als das Nashorn eines Morgens ein Jucken am Kopf verspürt, rammt es einen naheliegenden Baum, woraufhin das noch schlafende Eichhörnchen zu Boden fällt und das Nashorn verärgert beschimpft. Dieses lacht nur und tut die Kritik des gestörten Tieres als unwichtig ab. Ähnliches spielt sich auch zwischen Maus und Löwe ab. Löwe Leo marschiert durch die Wiesen und brüllt lauthals herum, sodass die Maus aus ihrem Loch hervorkriecht, da sie sich erschreckt hat. Als sie Leo dies mitteilt, ignoriert er sie zunächst und brüllt weiter, bevor er sich der Maus zuwendet. Diese sagt ihm, dass die Starken besser den Schwachen helfen sollen. Leo hingegen lacht und verscheucht die Maus mit einem Schwanzschlag auf den Boden. Am Teich wird der Frosch vom Zähneklappern des Krokodils eingeschüchtert, welches damit auch nicht aufhören möchte.

Also entschließen sich Eichhörnchen, Maus und Frosch dazu, alle Kleintiere des Waldes zu versammeln und ihren Unmut kundzutun. Sie wollen groß werden und sich an Nashorn, Löwe und Krokodil rächen, stoßen damit allerdings nicht auf die Unterstützung der anderen Tiere, da diese entweder gar nicht erst größer werden wollen oder keine Probleme mit größeren Tieren haben.

Am folgenden Morgen ist der Wunsch der drei dennoch in Erfüllung gegangen – sie sind nun groß, Krokodil, Löwe und Nashorn hingegen sind geschrumpft. Ziemlich bald kehrt allerdings Ernüchterung ein: Das Eichhörnchen stellt fest, dass es nun großen Hunger hat und den ganzen Tag damit beschäftigt ist, Nahrung zu besorgen. Dies stellt sich aber nicht gerade als einfach dar, weil die Äste unter seinem massiven Gewicht brechen. Letztendlich verwirft es seine Rachegedanken. Das geschrumpfte Nashorn lebt fortan in Angst und bereut seinen Hochmut gegenüber den kleineren Tieren. Während der Frosch ebenfalls Probleme hat, seinen Hunger zu stillen, muss sich die Maus unter großer Anstrengung ein neues Loch buddeln. Beide kommen zur Einsicht und bereuen ihren Wunsch nach Größe und Rache. Löwe Leo kann fortan nicht mehr jagen und das Krokodil befürchtet, von Fischen gefressen zu werden, sodass auch sie ihr Verhalten bereuen.

Schließlich kommen die sechs Tiere im Wald zusammen und einigen sich darauf, fortan aufeinander Rücksicht zu nehmen. Am kommenden Morgen sind alle wieder so groß, wie sie sein müssen. Jetzt bietet Leo, der Löwe, der Maus bereitwillig seine Hilfe an, das Nashorn warnt das Eichhörnchen vor, wenn es einen Baum rammen muss, und das Krokodil hat dem Frosch zuliebe das Zähneklappern eingestellt.

Didaktische und methodische Hinweise

Das Bilderbuch setzt sich mit Problemen des Zusammenlebens auseinander: Rücksichtnahme und Vergebung zur Vermeidung von Rachegefühlen werden thematisiert und am Beispiel der Perspektivenübernahme veranschaulicht: Was du nicht willst, das man dir tu, das füg auch keinem anderen zu. Diese Einsicht wird erst möglich, nachdem die Betroffenen jeweils in die Haut des anderen geschlüpft sind und in dieser Rolle Schwierigkeiten hautnah nachvollziehen könnten.

Da in immer mehr Klassenzimmern versucht wird, Inklusion zu realisieren, kann dieses Bilderbuch dabei eine große Hilfe sein. Denn für einen gelungenen Verstehensversuch ist es notwendig, sich in die Bedürfnisse des anderen einzufühlen.

Das Buch lässt sich in drei Abschnitten lesen und erarbeiten. Zunächst wird die Geschichte bis zur Versammlung der Kleintiere im Sitzkreis – begleitet durch die Bilder – vorgelesen, um im Gespräch den Hochmut und die Rücksichtslosigkeit der größeren Tiere zu thematisieren. An dieser Stelle können die Lernenden ebenfalls auf eigene Erfahrungen Bezug nehmen. *Erinnert euch an Situationen, in denen ihr selbst rücksichtlos gehandelt habt oder selbst behandelt wurdet.*

Im zweiten Teil des Bilderbuches wird vor Augen geführt, welche Probleme durch die neue Rolle entstehen und wie plötzlich eine Einsicht in die Schwierigkeiten möglich ist, die der andere hat. *Überlege dir, wie wir einen solchen Rollentausch üben könnten. Stellt eure Gedanken gemeinsam in einem Rollenspiel vor.*

Anschließend machen sich die Schülerinnen und Schüler selbst Gedanken, wie die Geschichte endet. Sie sollen, basierend auf dem Unterrichtsgespräch, ihren eigenen Erfahrungen und evtl. ausgeteilten theologischen Begleittexten zum Thema (z. B. Barmherziger Samariter) eine Lösung für die Tiere suchen. Nachdem einzelne Ergebnisse vorgetragen wurden, wird das Bilderbuch zu Ende gelesen. Anschließend kann man eigene Klassenregeln zum Zusammenleben aufstellen, die jeweils Ereignisse des Bilderbuches zum Ausgangspunkt der Regel nehmen.

Theologische Begleittexte

- Mt 5,38–39 (Vom Vergelten)
- Eph 4,32 (Weisungen für das neue Leben)
- Ps 34,22–23 (Unter Gottes Schutz)
- Lev 19,18; Mt 7,12; Lk 6,31 (Goldene Regel)

Weiterführende Fragen

- Wie sind die Tiere zur Einsicht gekommen, dass sie den Anderen Unrecht getan haben?
- Wie kann man diesen Rollenwechsel in unterschiedlichen Lebensfeldern praktizieren?
- Welche Situationen sollte jede und jeder einmal kennenlernen, um verantwortlicher zu leben?

6.3 Ichfindung

Mira Lobe/Susi Weigel, *Das kleine Ich bin Ich* (1972/41. Aufl. 2015)

Zur Autorin/zur Illustratorin

Mira Lobe wurde 1913 in Görlitz geboren und verstarb 1995 in Wien. Sie war eine österreichische Kinder- und Jugendbuchautorin und schrieb fast 100 Bücher. Ihre Geschichten sind geprägt von der Botschaft, andere nicht auszugrenzen.

Susi Weigel wurde 1914 in Proßnitz, Mähren, geboren und verstarb 1990 in Bludenz. Sie war eine österreichische Trickfilmzeichnerin, Grafikerin und Kinder- und Jugendbuchillustratorin. Sie illustrierte viele von Mira Lobe geschriebene Bücher.

Zum Inhalt

Ein buntes Tier wandert durch die Landschaft und trifft dabei zuerst auf einen Laubfrosch, der es fragt, wer oder was es sei. Das bunte Tier sagt, dass es nicht wisse, was es sei, woraufhin es vom Frosch als dumm bezeichnet wird. Daraufhin wandert das bunte Tier weiter und begegnet vielen Tieren. Zuerst trifft es auf eine Pferdemutter mit ihrem Fohlen und fragt sie, ob es vielleicht auch ein Pferd sein könne. Die Pferdemutter sowie im Anschluss die Kuh, das Schaf und die Ziege verneinen dies. Daraufhin rudert das bunte Tier zu den Fischen und fragt diese ebenfalls, ob sie wissen würden, wer oder was es selbst sei, aber die Fische verneinen dies ebenfalls. Dann sieht das bunte Tier ein paar Vögel und möchte diese um Rat fragen. Doch als es in deren Richtung rudert, stößt es auf ein Nilpferd, welches fragt: »Nanu! Was für einer, bunter Kleiner, bist denn du?« (S. 14) Das bunte Tier antwortet: »Ach, ich bin, ich weiß nicht, wer, fahre hin und fahre her, fahre her und fahre hin, möchte wissen, wer ich bin.« Doch auch das Nilpferd kann ihm diese Frage nicht beantworten. Das Nilpferdkind macht das bunte Tier daraufhin auf einen Papagei aufmerksam, da dieser genauso einen schönen bunten Schwanz habe wie das bunte Tier. Doch auch der Papagei meint, dass das bunte Tier ganz sicher nicht zu seinen Artgenossen zählen würde. Es wird Abend und das bunte Tier legt sich auf eine weiche Wolke und beginnt durch die Nacht zu reisen. Am nächsten Tag wandert es weiter und trifft dabei auf Hunde. Doch diese verdeutlichen ihm, dass es auch kein Hund sei. Daraufhin wandert das Tier weiter die Straße entlang und kommt plötzlich zu der Ansicht »ICH BIN ICH« (S. 25). Dann sieht es auf seiner Wanderung viele Seifenblasen, in denen es sich spiegeln kann. Sein Spiegelbild verdeutlicht ihm seine Ansicht, dass es einfach es selbst ist. Am Ende trifft es noch mal auf einige Tiere, die es am Anfang schon getroffen hatte, und diese bestätigen es in seiner Ansicht mit dem Worten: »Du bist du!« (S. 30).

Didaktische und methodische Hinweise

Dieses Kinderbuch stellt den Aspekt der Identitätsfindung in den Vordergrund. Dieser hängt gemäß der Theorien religiöser Entwicklung von James Fowler auch mit der Glaubensentwicklung/-findung zusammen, denn der eigene Glauben als »Recht des Menschen auf Religion« (Friedrich Schweitzer) ist ein wichtiger Teil der Identität. Jeder Mensch ist einzigartig. Die wichtige Entwicklungsaufgabe im Kinder- und Jugendalter ist es nun, seine eigene Identität in vielen Bereichen des Lebens zu finden und im Vergleich und in Abgrenzung zu anderen Menschen zu erproben.

Als Ausgangspunkt interessant sind die Assoziationen zu »Ich bin Ich«: Stimmt das? Wer könnte so etwas sagen? In welcher Situation? Mit welcher Intention?

Wann stimmt »Ich bin du«? Eine inspirierende Aufgabe könnte sein: *Erstelle ein Standbild oder entwerfe gemeinsam mit anderen ein Rollenspiel, in dem jede und jeder darstellen soll, wann er nicht ich, sondern von anderen bestimmt und geleitet ist.* Dieses Bewusstsein der manchmal ungesunden Abhängigkeiten von der Gruppe ist gerade in der Pubertät in Bezug auf die starke Orientierung an der Peergroup wichtig.

Denkbar ist auch, die Lernenden den Fortgang des Buches kreativ ergänzen zu lassen, um individuell zu überlegen, wie das kleine »Ich bin ich« sich selbst finden kann. Wer kann ihm helfen? Wie? Wie kommt es zu der Einsicht? Welche Konsequenzen hat diese?

Eine weitere Möglichkeit wäre, das kleine bunte Tier nachzunähen (eine Bastelanleitung findet sich im Buch). Am Ende sehen die Kinder, dass jedes Tier anders aussieht und somit individuell ist, die Tiere könnten miteinander ins Gespräch kommen, um ihre Identität zu suchen.

Theologische Begleittexte

- 1. Kor 12,7–11 (Gaben des Geistes)

Weiterführende Fragen

- Wer bin ich?
- Worin unterscheide ich mich von anderen, worin bin ich ihnen ähnlich?
- Muss man zu einer bestimmten Gruppe dazugehören, um im Leben weiterzukommen?
- Inwiefern ist Individualität wichtig, inwieweit Anpassung?
- Wie sieht es mit meinem Glauben aus, habe ich hier auch Ähnlichkeiten, aber ebenso individuelle Besonderheiten? Gilt hier auch »Ich bin ich«?

Literatur

Ulla Ehrmann, Die »Ich bin ich« Werkstatt. Mühlheim an der Ruhr 2003.

Katrin Klöckner, »Das kleine Ich bin Ich« – eine Literaturwerkstatt: Handlungsorientierte Stationen zu einem wichtigen Kinderbuch mit wertvoller Botschaft ab Klasse 1. München 2. Aufl. 2012.

Nicole Lohr, Religionsprojekt zu »Das kleine Ich bin ich«. Kempen 4. Aufl. 2013.

6.4 Frieden, Zusammenleben, Rücksichtnahme, Freundschaft

Emma Damon, *Frieden. Wie geht das?* (2004)

Zur Autorin

Emma Damon (geb. 1971) studierte Kunst in Manchester und arbeitete zunächst als Zeichnerin für BBC, bevor sie sich der Arbeit mit Bilderbüchern zuwandte. Neben diesem Buch publizierte sie die Bilderbücher *Gott, Allah, Buddha: Und woran glaubst du?* und *Iglu, Haus und Zelt – Was ist deine Welt?*

Zum Inhalt

In diesem Bilderbuch werden auf jeder Doppelseite zunächst friedliche Situationen in naiv kindlicher Darstellung gezeigt und unter dem ausklappbaren Bild das passende negative Beispiel. Dargestellt werden immer Kinder in bestimmten Situationen, deren Empfindungen mittels unterschiedlichster Mimik und Körperhaltung verdeutlicht werden.

So werden folgende Gegensätze angesprochen und durch Bilder dargestellt: »Geben ist besser als Nehmen«; »Teilen ist besser als alles haben wollen«; »Zuhören ist besser als Streiten«; »Trösten ist besser als Wegschauen«; »Zusammen etwas bauen ist besser, als alles kaputt zu machen«; »Miteinander spielen ist besser, als den anderen das Spiel zu verderben«.

Zum Schluss sind alle Kinder auf einer Doppelseite mit einem ausklappbaren Regenbogen zu sehen, dort ist zu lesen: »Freundschaft ist besser als Hass« und »Miteinander ist das Leben schön«.

Didaktische und methodische Hinweise

Das Bilderbuch thematisiert verschiedene Themen, mit denen Kinder sowohl in ihrem näheren Umfeld als auch im generellen gesellschaftlichen Kontext konfrontiert werden. Der Aspekt des Friedens entfaltet sich in den alltagsnahen Themengebieten des Zusammenlebens, der Rücksichtnahme und Freundschaft. Die benötigten Sozialkompetenzen für ein friedliches Zusammenleben werden durch die Klappbilder sehr gut kontrastiert. Um die Kinder in das Bilderbuch zu verstricken, können sie selbst ein Klappbild zu einer ähnlichen Situation malen. Die Endprodukte können dann z. B. als gestaltetes, aufklappbares Plakat im Gruppenraum aufgehängt werden und als anschauliche Gruppenregeln dienen.

Denkbar ist auch, die Kinder angeregt durch das Titelbild über Frieden philosophieren zu lassen: Wie geht Frieden? Wer ist dafür verantwortlich? Können wir etwas dazu beitragen? Woher kommt das Böse im Menschen? Angeleitet durch diese Fragen werden sicherlich aktuelle, evtl. auch politische Probleme angesprochen, deren Ursache oft aber in persönlichen Auseinandersetzungen einzelner Volksgruppen liegen. Am Ende des Bilderbuches findet sich eine Anleitung zum Basteln eines Friedenskranichs: Welche Anregungen könnte der Kranich weitergeben?

Lege dem Kranich Worte in den Mund, die er als Friedenstier den Menschen weitergeben möchte. Du kannst auch eine Rede an die Menschen zum Thema »Frieden, wie geht das?« schreiben.

Theologische Begleittexte

- Lk 10,25–37 (Der barmherzige Samariter)
- Ex 20,1–21 (Die zehn Gebote)
- Gen 2,4–3,24 (Das Paradies, Sündenfall)

Weiterführende Fragen

- Wir leben in Deutschland friedlich zusammen. Stimmt das? Wo ja, wo nein?
- Wo gibt es Krieg in der Welt? Warum und worüber?
- Gibt es hilfreiche Regeln des Zusammenlebens, welche? Welche kennen die Religionen?
- Wann kommt es zum Krieg? Wer ist daran schuld?

6.5 Leistungsdruck, Zusage Gottes

Max Lucado/Sergio Martinez, *Du bist mein* (2005/3. Aufl. 2009)

Zum Autor/zum Illustrator

Max Lucado, geb. 1955 in Texas, ist einer der bekanntesten und erfolgreichsten christlichen Autoren für Kinder und Erwachsene in den USA.

Sergio Martinez, geb.1938 in Mexiko Stadt, studierte Kunst in Paris und arbeitete danach als künstlerischer Leiter und Illustrator auf drei Kontinenten. Er ist freiberuflich für Disney Press und andere große Verlage tätig gewesen.

Zum Inhalt

In der Fortsetzung von *Du bist einmalig* drücken die Wemmicks, Figuren einer märchenhaften Gleichniswelt, ihre Wertschätzung untereinander nicht mehr mit dem Ankleben von Sternen und Punkten aus, sondern jeder ist für seine Anerkennung selbst verantwortlich und zwar, indem er sich Schachteln oder Bälle kauft.

Punchinello ist ganz beeindruckt davon und nimmt an dem Wettbewerb, wer nun der tollste Wemmick ist, teil. Weil er aber nicht so viel Geld hat, kann er sich nur eine Schachtel kaufen. Als er jedoch sieht, dass die anderen Wemmicks viel mehr besitzen als er, beschließt er, auch seine Bücher, sein Bett und schließlich sein Haus zu verkaufen, damit er mehr Schachteln und Bälle kaufen kann.

Weil er nun viel besitzt, hört er die anderen Wemmicks über ihn sagen, dass er ein guter Wemmick sei, und das bestätigt ihn. Doch eines Tages werden die Spielregeln geändert, es kommt nun nicht mehr darauf an, wie viel man besitzt, sondern wie hoch man die erworbenen Dinge stapeln kann. Alle Wemmicks holen ihre Sachen und laufen auf den Berg, um am höchsten zu kommen. Auch Punchinello macht sich auf den Weg. Doch vollbepackt mit seinen Schachteln und Bällen kann er den Weg nicht richtig erkennen und kommt davon ab. Plötzlich stolpert er und landet in Elis Werkstatt. Dort unterhält er sich mit dem Schnitzer und erkennt dabei, dass ihn die Schachteln und Bälle nicht glücklich machen und dass er durch deren Besitz kein besserer Wemmick ist. Doch als Eli folgende Worte sagt, wird Punchinello wieder zufrieden: »Du bist einmalig – nicht wegen der Sachen, die du hast. Du bist einmalig, weil du du bist. Du bist mein. Ich liebe dich. Vergiss das nicht, mein kleiner Freund!«

Didaktische und methodische Hinweise

Auch Kinder und vor allem Jugendliche sind mit dem Sammeln von Schachteln und Bällen beschäftigt: Ein neues Handy, Markenkleidung, ein aktuelles PC-Spiel u. a. Diese Dinge kann man auf einem

Plakat vielleicht in Form eines Turmes sammeln. Dadurch entsteht indirekt ein »Turmbau zu Babel«, der unter Umständen ergänzend gelesen werden kann. Im Anschluss daran kann in einem Klassengespräch überlegt werden, was davon zum Leben wirklich notwendig ist. Vermutlich werden es wenige Dinge sein, die als überlebensnotwendig übrig bleiben. Falls man das Buch nicht gleich ganz vorlesen möchte, könnte man überlegen, was Eli Punchinello sagen könnte: *Schreibe ein Gespräch zwischen Punchinello und Eli, führe es als Dialog vor der Gruppe vor.* Im Anschluss kann man über die Pointe des Buches sprechen und diskutieren, woher die Lernenden ihren Wert tatsächlich bekommen und wer sie einzigartig macht. Den theologischen Aspekt einzubringen, bei dem im Sinne der Rechtfertigungslehre dem Menschen der Wert von Gott zugesprochen wird, ist nicht einfach zu vermitteln, denn im Leben der Mehrzahl der Kinder kommt dieser Gedanke sicherlich nicht vor.

Die Turmbaugeschichte zu Babel verweist auf die Konsequenzen einer Gesellschaft, die durch ihre Prinzipien so sein will wie Gott.

Theologische Begleittexte

- Gen 11,1–9 (Turmbau zu Babel)
- Lk 15,11 ff. (Der verlorene Sohn)

Weiterführende Fragen

- Was bedeutet es, in einer Leistungsgesellschaft zu leben?
- Was macht mich einzigartig?
- Bin ich nur so viel wert, wie ich besitze?
- Wo gibt es Erfahrungen, die dem widersprechen?

6.6 Zufriedenheit, Glück

Celestino Piatti, *Eulenglück* (1963/3. Aufl. 2013)

Zum Autor

Celestino Piatti (1922–2007) wurde in Wangen, Kanton Zürich, geboren und wuchs in Dietlikon auf. Von 1938 bis 1942 erlernte er das Handwerk des Grafikers und arbeitete bis Ende 1947 in Fritz Bühlers Grafikatelier in Basel. Er starb 2007. Nach Piatti ist der vom Deutschen Taschenbuchverlag (dtv) gestiftete Celestino-Piatti-Preis für Buchgrafik benannt. Die Eule durchzieht als Symbol, eine Art Glücksbringer, alle seine Werke.

Zum Inhalt

Ein Eulenpaar lebt in einem Gemäuer in der Nähe eines Bauernhofs. Die Hühner, Gänse, Enten und der Pfau haben nur Fressen und Trinken im Sinn, sind sie damit fertig, streiten sie und fallen übereinander her. Der Pfau entdeckt eines Tages die Eulen und wundert sich, dass diese nicht miteinander streiten. Er möchte wissen, warum das so ist. Die Eulen sagen, er solle seine Freunde mitbringen und dann würden sie es ihnen erklären. Als alle versammelt sind, führen sie aus: Wenn im Frühling alles anfängt zu blühen und alles aus dem Winterschlaf erwacht, sind die Eulen glücklich und zufrieden. Im Sommer, wenn alles in voller Pracht steht, die Bienen um die Blüten summen, auch dann sind die Eulen glücklich und zufrieden. Ebenfalls im Herbst, wenn die Blätter bunt werden und die Spinnen ihre Netze spinnen, um sie zusammenzuhalten, auch dann sind die Eulen glücklich. Letztlich im Winter, wenn alle Blätter gefallen sind, ziehen sie sich in ihr Gemäuer zurück und leben dort still und zufrieden.

Die Tiere des Bauernhofs verstehen es nicht und sagen, dass das Unsinn sei. So könne man nicht glücklich sein. Die Tiere machen lieber weiter wie bisher und setzen ihr altes Leben fort. Die Eulen aber rücken ein wenig näher zusammen und versinken wieder in friedliche Gedanken.

Didaktische und methodische Hinweise

Dieses Buch ist eine schöne Parabel, um Kindern zeigen zu können, was Glück bedeutet und wie schwer es ist, Außenstehenden sein Glück verständlich zu machen. Glück bedeutet aus der Perspektive der Eulen, sich an den kleinen Dingen des Alltags, am selbstverständlich Schönen zu erfreuen. Das wird sicherlich nicht der Perspektive der Kinder entsprechen.

»*Was ist Glück?*« könnte als Ausgangsfrage zu Beginn des Gesprächs gestellt werden. »Was ist Eulenglück?« verweist auf den Inhalt des Bilderbuches. Gibt es auch ein Hasenglück, ein Pferdeglück, ein Hundeglück? Im Vergleich zu uns Menschen wird sich herausstellen, dass in der Perspektive der Kinder bei Tieren Glück viel mehr in der Stillung der Grundbedürfnisse besteht. Das aber führen die Eulen nicht aus. Sie verweisen auf die Selbstverständlichkeiten im Jahreslauf: das Blühen der Blumen, das Summen der Bienen, die Färbung der Blätter.

Denkbar wäre, die Antwort der Eulen von den Kindern verfassen zu lassen, bevor diese aus dem Bilderbuch vorgelesen wird: *Verfasse die Antwort der Eulen an die anderen Tiere.*

Ebenso könnten die Kinder das im Bilderbuch nur angerissene Nicht-Verstehen der Tiere ausführen. Warum verstehen sie die Eulen nicht? *Entwerft ein Gespräch zwischen zwei Tieren, in dem die Schwierigkeit deutlich wird, das Gesagte zu verstehen. Wo widersprechen sie, warum?*

Über das glückliche Gefühl, das dabei entsteht, anderen zu helfen, könnte in einem Ausblick gesprochen werden.

Projektcharakter bekommt der Zugang, wenn durch Interviews Antworten unterschiedlicher Personengruppen (Geschwister, Lehrerinnen und Lehrer, Pfarrerinnen und Pfarrer, Trainer etc.) verschiedene Glückvorstellungen zusammengetragen, kategorisiert, visualisiert und bewertet werden.

Theologische Begleittexte

- Mt 5,3–12 (Seligpreisungen)
- Spr 16,20 (Wer eine Sache klüglich führt …)
- Gen 39,3 (… denn alles, was er tat, dazu gab Gott Glück durch ihn)

Weiterführende Fragen

- Was ist Glück und wo findet man es?
- Ist Glück abhängig von materiellen Dingen?
- Wie kann ich glücklich und zufrieden werden?

6.7 Stärken und Schwächen

Nele Moost/Pieter Kunstreich, Wenn die *Ziege schwimmen lernt* (1997/12. Aufl. 2015)

Zur Autorin/zum Illustrator

Nele Moost wurde 1952 in Berlin geboren und gehört zu den populären deutschen Kinderbuchautorinnen. Ihre Bücher wurden bisher in 18 Sprachen übersetzt.

Pieter Kunstreich wurde 1949 in Varel (Oldenburg) geboren und arbeitet seit 1975 als freier Illustrator mit dem Schwerpunkt Illustration von Kinder- und Jugendliteratur, Sachbuch und erzählerischem Kinderbuch.

Zum Inhalt

Es ist der erste Schultag für alle Tiere und sie sitzen aufgeregt in ihren Bänken und sind neugierig. Der Lehrer beginnt die Stundenpläne vorzulesen und dann geht der eigentliche Unterricht los. Die erste Stunde ist Schwimmunterricht. Dies macht vor allem der Ente großen Spaß. Dann haben die Tiere Klettern. Das Pferd gibt sich hier besonders viel Mühe, da es schon im Flugunterricht unangenehm aufgefallen war, leider ist es aber wenig erfolgreich. Als nächstes kommt die Ente an die Reihe, hat allerdings ebenfalls Probleme, genauso wie der Fisch. Dann ereignet sich ein Skandal: Die Raupe fliegt von der Schule, da sie nicht fliegen lernen möchte. Sie meint, das könne sie später immer noch lernen, sie hat Hunger und kriecht einfach zum nächsten Blatt. Auch die Ziege bekommt Ärger, da sie nicht schwimmen, sondern lieber im Wasser über die Steine laufen will. Der Elefant war zwar ganz gut im Um-die-Wette-Rennen, aber fliegen kann er trotz aller Bemühungen nicht. Deshalb lässt er sich in eine Pfütze fallen und weint, auch weil der Lehrer meint, dass er sich schon ein bisschen mehr anstrengen müsse. Die Ameise wurde hinsichtlich vieler Aufgaben, die sie nicht bewältigen kann, für die Sonderschule vorgesehen, nur der Kletterlehrer nimmt sie in Schutz, da er von ihrer unermesslichen Kraft so begeistert ist.

Am Ende des Schuljahres allerdings kann kein Tier mehr hervorragende Leistungen zeigen und alle haben schlechte Noten. Die Lehrer kommen zu dem Schluss, dass ihre Schüler unbegabt sind und gehen davon. Erst wissen die Schüler nicht, was sie tun sollen, aber dann tut jeder das, was er besonders gut kann.

Didaktische und methodische Hinweise

Das Buch befasst sich mit dem Grundgedanken, dass jeder eigene Stärken und Schwächen hat, die nicht unbedingt mit dem, was die Schule fordert und bewertet, in Einklang stehen. Die bekannte Karikatur (auf dem Bild sind verschiedene Tiere zu sehen, der Lehrer gibt die Anweisung: »Jetzt klettern wir alle erst einmal auf einen Baum«) scheint hier Pate der Umsetzung im Bilderbuch zu sein. Im Kontext des Buches kann es sinnvoll sein, zuerst die Stärken der Kinder zu erfassen. Dafür kann man z. B. Pappteller an deren Rücken heften, auf die von den anderen Mitgliedern der Gruppe möglichst viele Dinge geschrieben werden, die die Kinder gut können. Diese Erinnerungen werden oft jahrelang sorgsam aufbewahrt.

Auf die Rückseite notieren die Kinder selbst, was sie nicht so gut können.

Gemeinsam kann man überlegen, welche Aufgaben in der Schule gestellt werden und welche Begabungen in Bezug auf die Schulnoten besonders hilfreich sind, aber auch, welche (leider) keine Rollen spielen. Die Relativität der Bedeutung von Schulnoten für den Erfolg im Leben kann daran anschließend thematisiert werden. Hier können berühmte Personen vorgestellt werden, die ganz schlecht in der Schule waren (Albert Einstein etc.).

Wichtig ist die Frage: Wie kann ich im Leben das tun, was ich besonders gut kann? Was will ich in diesem Zusammenhang einmal werden?

Das Bilderbuch könnte man auch vor dem Verteilen der Zeugnisse vorlesen, um deren Bedeutung zu relativieren.

Theologische Begleittexte

- Mt 25,14–30 (Gleichnis von den Talenten)
- Joh 14,2 (In meines Vaters Haus sind viele Wohnungen)
- 1. Kor 12 (Viele Gaben – ein Geist)

Weiterführende Fragen

- Welche Stärken und Schwächen habe ich?
- Ist es wichtig im Leben, alles zu können?
- Welche Stärken sind in der Schule besonders wichtig? Und warum?
- Gibt es individuelle Förderung in der Schule? Wie kann man Schwächen kompensieren?

6.8 Mut, Individualität

Lorenz Pauli/Kathrin Schärer, *mutig, mutig* (2009)

Zum Autor/zur Illustratorin

Lorenz Pauli (geb. 1967) besuchte nach einer Banklehre das Kindergartenseminar in Bern. Seit 1989 arbeitet er als Erzieher in Zollikofen (Schweiz). Er engagiert sich auch als Erzähler in Schulen.

Kathrin Schärer, geboren 1969 in Basel, studierte Zeichen- und Werklehre an der Hochschule für Gestaltung in Basel. Sie unterrichtet an einer Sprachheilschule und arbeitet als Illustratorin. Wiederholt hat sie sowohl eigene Texte als auch in langjähriger Zusammenarbeit mit Lorenz Pauli dessen Geschichten illustriert.

Zum Inhalt

Maus, Frosch, Schnecke und Spatz langweilen sich am Teich. Da schlägt der Frosch eine Mutprobe vor. Jedes Tier macht etwas Besonderes, was Mut erfordert. So isst der Frosch eine Seerose, die Maus taucht durch den Teich, die Schnecke verlässt für eine gewisse Zeit ihr Haus. Als die Maus sagt, sie wolle durch den Teich tauchen, sagt der Frosch, dass das nichts Besonderes sei, weil er im ersten Moment nicht versteht, dass das für die Maus Mut erfordert. So geht es allen

Tieren. Als schließlich der Spatz an der Reihe ist, weiß er nicht recht, was er machen soll. Er entschließt sich, nicht mit zu machen und »Nein« zu sagen. Erst nach einer Weile verstehen die anderen, dass man dafür auch Mut braucht.

Didaktische und methodische Hinweise

Kinder probieren aus, stoßen an ihre persönlichen Grenzen, erfahren täglich Neues und machen positive als auch negative Erfahrungen damit. Für jeden noch unbekannten Schritt oder jede zu überwindende Hürde braucht man mehr oder weniger Mut.

Doch was ist Mut? Was dem Einen als ganz normal und alltäglich erscheint, kann Anderen ein ganzes Stück Mut abverlangen. Jedes Kind verfügt über unterschiedliche Stärken und Schwächen, deshalb ist es wichtig und sinnvoll, jede Person als Individuum in der Gruppe wahrzunehmen. Dazu ist es aber nötig, Perspektivenübernahmen anzuleiten. Dafür kann die kleine Parabel im Bilderbuch eine große Unterstützung sein. Denn zu verstehen, dass es für unterschiedliche Tiere unterschiedlichen Mut erfordert, verschiedene Aufgaben zu bewältigen, ist leichter, als das Gleiche in Bezug auf die gleiche Aufgabe für unterschiedliche Kinder nachzuvollziehen.

Gemeinsam über das Thema Mut nachzudenken und über Mutproben im Leben der Kinder, aber auch in (vor-)gelesenen Geschichten zu erzählen, kann Ausgangspunkt der Beschäftigung mit dem Bilderbuch sein. Auf dem Cover sind Frosch, Maus, Schnecke und Spatz dargestellt: Was bedeutet es für diese Tiere Mut zu haben? Nun kann das Buch gelesen werden.

Die Pointe, dass das »Nein-Sagen« auch mutig sein kann, sollte ebenfalls an Situationen aus dem Leben der Kinder veranschaulicht werden. Hier kann zu schwierigen Themen wie Mobbing oder sexuellem Missbrauch übergeleitet werden, die dann entsprechend mit anderem Material vertieft werden müssen.

Theologische Begleittexte

- Jos 24,15 (Josua steht zu seinem Gott)
- 1. Sam 17,31 ff. (David gegen Goliath)
- Das Buch Esther (Die Esthergeschichte)
- Dan 3,1–23 (Daniel und seine Freunde bekennen ihren Glauben)

Weiterführende Fragen

- Was ist Mut?
- Wann ist etwas mutig? (Abgrenzung von Leichtsinn)
- Ist Mut etwas Allgemeines oder für jeden individuell?
- Ist man in einer Gruppe mutiger als alleine?
- Wann ist es mutig nein zu sagen?
- Welche mutigen Menschen kennst du, die im Einsatz für eine gute Sache sogar ihr Leben aufs Spiel gesetzt haben?

6.9 Was man zum (Über-)Leben braucht

Leo Lionni, *Frederick* (1976/11. Aufl. 2014)

Zum Autor

Leo Lionni (1910–1999) wurde in Amsterdam als Sohn eines jüdischen Diamantenschleifers geboren, lebte dann in Italien und war Grafiker, Maler und Schriftsteller. 1925 studierte er Volkswirtschaft, war nebenher aktiver Grafiker und Maler (Anhänger des Futurismus). Mit *Inch by Inch* gewann er den Lewis Carrol Shelf Award und mit *Swimmy* den Deutschen Jugendliteraturpreis.

Zum Inhalt

In einer Mauer wohnt eine Familie von Feldmäusen. Im Frühling und im Herbst helfen alle Mäuse mit, Vorräte für den langen Winter anzulegen. Alle außer Frederik, der auf den Bildern immer schlafend oder träumend dargestellt wird. Er behauptet, andere ebenfalls wichtige Dinge für den Winter zu sammeln wie Sonnenstrahlen, Farben und Wörter. Die Mäuse deuten das als Faulheit und ärgern sich darüber. Im Winter, als alle Vorräte aufgebraucht sind, soll Frederick nun seine Vorräte zeigen. Da beginnt er zu erzählen und in der Vorstellung der Zuhörer entstehen die wärmenden Sonnenstrahlen, die Farben des Sommers und die Schönheit der Jahreszeiten. Frederick als Dichter hilft so, die harten Wochen zu überstehen, und es scheint, als ob in dieser Zeit die Poesie zum Überleben wichtiger sei als die materielle Nahrung.

Didaktische und methodische Hinweise

Die 1976 erschienene Umdeutung der Fabel von Ameise und Grille ist heute einer der bekanntesten Bilderbuchklassiker. Die Geschichte von der Maus, die nicht wie die anderen für den Winter Körner und Nüsse, sondern Sonnenstrahlen, Farben und Wörter sammelt und die anderen Mäuse mit diesen Träumen und Hoffnungen im langen Winter am Leben hält, sie wärmt und ihnen Mut durch ihre Erzählungen gibt, stellt ein Gegengewicht zu den materiellen Werten unserer Zeit dar. »Meine Gestalten sind Menschen in Verkleidung, und ihre kleinen Probleme und Situationen sind menschliche Probleme, menschliche Situationen.«[70]

Der Inhalt des Bilderbuches kann durch die Frage erschlossen werden, was die fleißigen Mäuse zum »faulen« Frederick sagen könnten. Um auf einen möglichen Inhalt vorzugreifen, könnte das Bild in der leeren Vorratskammer, in der Frederick zu erzählen beginnt, von den Kindern ergänzt werden, indem die Erzählblase leer gelassen wird.

Abschließend steht die Frage: *Wem könnte man diese kleine Geschichte erzählen? Wie würde derjenige vielleicht reagieren? Spielt eine solche Szene nach und überlegt in der Vorbereitung, wie ein sich anschließendes Gespräch stattfinden könnte.*

Lionnis bekanntes Buch *Swimmy* thematisiert ebenfalls die Bedeutung der Künstler. Hier wird ein Schwarm kleiner Fische von einem Thunfisch gefressen, nur ein schwarzer Fisch, Swimmy, überlebt. Um stärker zu sein, organisiert der kleine Fisch einen Schwarm roter Fische so, dass sie sich in der Form eines großen Fisches bewegen, er selbst ist das Auge. Getarnt als Riesenfisch sind sie nun sicher. Lionni schreibt dazu: »Swimmy ist ein autobiografisches Buch. Swimmy hat die Funktion des Künstlers inne. Er ist das Auge. Das bin ich.«[71] Mit älteren Schülerinnen und Schülern könnte man diesbezüglich über die Aufgabe des Künstlers nachdenken.

70 Lionni 1980, 120.

71 Zitiert nach Hollstein/Sonnenmoser 2012, 77.

Theologische Begleittexte

- Mt 6,25 (Sorget euch nicht)

Weiterführende Fragen

- Was ist Faulheit, wann ist jemand faul?
- Wofür brauchen wir Musik und Kunst?
- Wie helfen Mußestunden?
- Was ist der Sinn der Naturwissenschaften, was der der Geisteswissenschaften und der bildenden Künste?

6.10 Wahrheit als Bauchgefühl

Edith Schreiber-Wicke/Carola Holland, *König Wirklichwahr* (2007)

Zur Autorin/zur Illustratorin

Edith Schreiber-Wicke wurde 1943 in Oberösterreich geboren und lebt heute in Grundlsee, Wien und Venedig. Sie studierte Theaterwissenschaften, Germanistik und Kunstgeschichte und arbeitete in einer Werbeagentur als Texterin. Daneben veröffentlichte sie Kurzgeschichten und Lyrik. Ihre Bücher sind in zahlreiche Sprachen übersetzt und vielfach mit literarischen Preisen ausgezeichnet worden (u.a. dem Eulenspiegel-Preis).

Carola Holland (geb. 1947) ist in der Nähe von Berlin geboren, in Esslingen aufgewachsen und lebt und arbeitet als Grafikerin in Wien. Nahezu 100 Bücher hat sie mit ihren Illustrationen bebildert.

Zum Inhalt

In diesem Bilderbuch werden ganz alltäglich Situationen eines Jungen geschildert, die jede und jeder auch so ähnlich in seinem Leben finden kann. Leo sagt seiner Mutter nicht, dass er ihren Lippenstift zum Malen genommen hat, weil er weiß, dass er ihn dann nicht weiter verwenden darf. Seine Mutter beharrt, als sie das feststellt, darauf, dass man immer die Wahrheit sagen muss. Das tut Leo dann, als Laura ihn nach ihrer neuen Frisur fragt und wissen möchte, ob sie ihm gefällt (was sie nicht tut), Simon Frechheiten an die Tafel geschrieben hat und der Lehrer fragt, wer das war, und Tante Karin ihm Kuchen anbietet, der ihm nicht schmeckt. Alle sind darüber sehr verärgert. Als Leo am Abend verbittert in seinem Bett sitzt und in seinem neuen Bilderbuch blättert, taucht eine kleine Person aus dem Buch auf – »König Wirklichwahr«. Er erklärt: »Das Problem mit der Wahrheit ist, dass man sie erst finden muss.« Er zeigt Leo an unterschiedlichen Beispielen auf, dass sich die Wahrheit je nach Perspektive ändert. Der König rät auf die Frage Leos, wie er die Wahrheit finden kann, auf seinen Bauch zu hören: »Also ich spüre sie hier«, sagt König Wirklichwahr und zeigt dorthin, wo Leo den Bauch des Königs vermutet. Dann verschwindet er.

Die Illustrationen von Carola Holland zeichnen kindgerechte Figuren, die deutlich ihre Gefühle in Mimik und Gesicht zeigen. Die Szenen entstehen wie im leeren Raum ohne Hintergrund, einzig die wichtigen Personen und Dinge sind farbig hervorgehoben. Die nur grau skizzierten Figuren und Sachen treten in ihrer Wichtigkeit (für Leo) in den Situationen zurück.

Didaktische und methodische Hinweise

Während die Erfahrungen mit Wahrheit und Lüge im Bilderbuch die Kinder sicherlich zum Erzählen eigener Erfahrungen anregen, wird im Gespräch mit dem König das Grundproblem nicht wirklich gelöst. Das kann gerade mit älteren Schülerinnen und Schülern thematisiert werden: Leos Problem ist nicht unbedingt, dass er seine Wahrheit nicht gefunden hat, aber gerade mit dieser Wahrheit bekommt er Probleme mit seiner Umwelt. Einerseits ist es nicht in Ordnung, wenn er eigennützig seiner Mutter nicht sagt, wo der Lippenstift ist, obwohl er ihn gerade verwendet und dabei vielleicht sogar ein gutes Bauchgefühl hat. Andererseits gibt es Grenzen der Wahrheit, vor allem, wenn man sich damit nicht selbst bereichert, sondern andere durch eine Lüge verletzt.

Aber ist das wirklich Förderung der emotionalen Intelligenz, wie der Werbetext verspricht? Das könnte im Rahmen der Erstellung einer Rezension oder im Vergleich unterschiedlicher im Netz zu findender Rezensionen thematisiert werden.

Mit jüngeren Schülerinnen und Schülern könnte man überlegen, was der König, der dem Bilderbuch entspringt, Leo raten könnte. Die Kinder erschließen dabei anhand der Bilder, welche Episoden er erzählt.

Theologische Begleittexte

- Ex 20,2–17 (Zehn Gebote)
- Dtn 5,6–21 (Zehn Gebote)
- Jak 3,5 (Die Zunge ist ein kleines Glied und richtet große Dinge an.)

Weiterführende Fragen

- Was ist »Wahrheit«?
- Muss man immer nur die Wahrheit sagen?
- Ist die Unwahrheit zu sagen immer auch eine Lüge?
- Was sind Notlügen?
- Was sind die guten, was die schlechten Folgen der Lüge?

6.11 Über sich selbst hinauswachsen

Wolf Erlbruch, *Frau Meier, die Amsel*

Siehe im ersten Teil unter 9.3.1.

6.12 Abschied

Astrid Lindgren/Ilon Wikland, *Der Drache mit den roten Augen*

Siehe im ersten Teil unter 9.1.1.

6.13 Wenn Träume fliegen lernen

Lorenz Pauli/Miriam Zedelius, *Harzig, Kipplig, Fälltum*

Siehe im ersten Teil unter 9.3.2.

7. Fremd sein, anders sein, andere Religionen

Den Anderen als fremd wahrzunehmen, das Fremde erst einmal als bedrohlich zu empfinden und abzulehnen, das ist eine anthropologische Grunderfahrung, die jedem vertraut ist. Dieser Fremdheit zu begegnen ist eine Aufgabe im interreligiösen Lernen. Deshalb sollen Bilderbücher zu diesen beiden thematisch verwandten Bereichen in einem Kapitel zusammen vorgestellt werden, denn interreligiöses Lernen ist ohne die Bearbeitung der Entwicklungsaufgabe, dem Fremden offen und interessiert zu begegnen, nicht möglich.

7.1 Dem Außenseiter helfen

Marcus Pfister, *Regenbogenfisch, komm hilf mir!* (1995/8. Aufl. 2011)

Zum Autor

Marcus Pfister, geboren 1960 in Bern, ist ein Schweizer Bilderbuchautor und Illustrator. Ein weltweiter Erfolg gelang ihm 1992 mit dem unter 6.1. vorgestellten Bilderbuch *Der Regenbogenfisch,* zu dem er verschiedene Folgebände gestaltete. *Regenbogenfisch, komm hilf mir!* ist der zweite Band. Diese Bücher wurden in über 80 Sprachen übersetzt und haben sich über 15 Millionen Mal verkauft. Pfister arbeitet hauptsächlich mit Aquarellfarben und Glitzerfolien/-farben, die vor allem Kindergartenkinder attraktiv finden.

Zum Inhalt

Im Schwarm des Regenbogenfisches, der sich durch die vom Regenbogenfisch verteilten Glitzerschupppen auszeichnet, sind alle glücklich und zufrieden. Eines Tages taucht ein kleiner Fisch auf, der seinen Schwarm verloren hat und um Aufnahme bittet. Die anderen Fische aber sind misstrauisch und der Fisch mit der gezackten Rückenflosse sagt ihm, dass er nicht willkommen sei, aber am Rand des Riffs bleiben könne. Dem Regenbogenfisch tut der kleine Fremdling leid, aber er traut sich nicht zu widersprechen, wofür er sich jedoch schämt. Ständig muss er an dessen traurige Augen denken und er erinnert sich, dass auch er einmal fremd gewesen ist. Damals war er aber durch seine Eitelkeit und seinen Geiz selbst schuld an seinem Schicksal *(→ Der Regenbogenfisch),* der kleine Fisch kann dagegen nichts dafür, dass er einsam ist.

Als eines Tages ein Räuberfisch auftaucht und sich die Fische in den engen Felsspalten verstecken, wird ihnen bewusst, dass der fremde Fisch draußen um sein Leben kämpfen muss. Jetzt fasst der Regenbogenfisch Mut und fordert alle Fische seines Schwarms auf, dem Außenseiter zu helfen. Zusammen machen sie den Räuberfisch schwindlig und der Kleine kann vom Regenbogenfisch gerettet werden. Diesem erscheint seine Rettung wie ein Wunder.

Didaktische und methodische Hinweise

Der Regenbogenfisch, noch vor kurzer Zeit selbst verschuldeter Außenseiter, wird zumindest im zweiten Schritt Retter des Außenseiters. Die Geschichte bietet an mehreren Stellen Möglichkeiten zur Vertiefung der angedeuteten Leerstellen, die Grunderfahrungen im Umgang mit Fremden darstellen:

Warum reagieren geschlossene Gemeinschaften erst einmal abweisend auf Anfragen von außen? Hier bietet es sich an, die Fische des Schwarms begründen zu lassen, warum sie den Neuen nicht haben wollen. Zur Unterstützung könnten Satzanfänge wie *»Wir können dich in unserem Schwarm nicht gebrauchen, weil …«* vorgegeben werden.

Warum traut sich der Regenbogenfisch nicht, dem Zackenfisch zu widersprechen? Auch hier kann die Leerstelle durch Begründungen gefüllt werden. *Warum denkt er, durch einen Widerspruch die Freunde zu verlieren? Warum hat der Zackenfisch so große Macht? Gibt es noch andere Fische, die den Kleinen aufnehmen würden?*

Warum handelt der Regenbogenfisch dann, wenn tatsächlich eine Gefahr auftaucht? Wie begründet er das? Was sagt er zu seinen Freunden, um sie zum Mitkommen zu überzeugen? Wie könnte der Zackenfisch widersprechen?

Theologische Begleittexte

- Lk 10,25–37 (Der barmherzige Samariter)
- Mt 12,9–14 (Heilung am Sabbat)

Weiterführende Fragen

- Welche Situationen kennt ihr, in denen Fremde um Hilfe bitten und abgelehnt werden?
- Welche Form von Anderssein wird in der Klasse/Gruppe abgelehnt?
- Welche Form von Anderssein wurde bei Jesus abgelehnt, warum?
- Zu wissen, was gut ist, und es trotzdem nicht zu tun – wie kommt das?

7.2 Vorurteile, Chancen der Begegnung im Spiel

Stephan Brülhart/Manuel Süess, *Leopold und der Fremde* (2009)

Zum Autor/zum Illustrator

Stephan Brülhart, geb. 1953 in Baden (Schweiz), ist Lehrer für bildnerisches Gestalten und Dozent für Medienpädagogik.

Manuel Süess, geb. 1962 in Luzern (Schweiz), ist hauptberuflicher Kunstmaler.

Zum Inhalt

Leopold, der Tiger, wohnt mit seiner Mutter im Urwald. Von ihr bekommt er erzählt, dass er nicht zum Wasser gehen darf, da dort Fremde wohnen und »da weiß man ja nie …« (S. 3) Genauso geht es Konrad, dem Krokodil, das mit seiner Mutter am Wasser wohnt und die gleiche Aussage von ihr über den Urwald hört: »Dort wohnen Fremde, und da weiß man ja nie ...« (S. 5) Deshalb bleiben die beiden beim Spielen allein.

Eines Tages rollt Leopolds Ball beim Spielen aus Versehen zum Wasser. Er hat Angst, wen er dort erwarten könnte, weil er die Warnung seiner Mutter im Ohr hat, und traut sich daher nur ganz langsam zum Ufer, um seinen Ball zu suchen. In seiner Vorstellung sind die jeweils anderen riesige gefährliche Monster, die im Bild eindrücklich dargestellt werden.

Konrad jedoch hat Leopold gesehen und fragt sich, wer er ist. Aus Neugier, den Fremden kennenzulernen, wirft er seinen Ball absichtlich Richtung Urwald. Dort angekommen, lernen sich die beiden kennen und stellen fest, dass der andere ja ganz nett ist und sie freuen sich darüber, dass sie nun endlich jemanden zum Spielen gefunden haben. Allerdings treffen sie sich immer nur nachts, damit ihre Mütter nichts mitbekommen. Nach einem Treffen jedoch verwechseln sie die Bälle und ihre Mütter fragen sich, woher ihre Söhne jeweils den anderen Ball haben – es kommt zu einem Familientreffen. Da auch die Mütter oft alleine waren, finden sich nun alle zusammen und werden gute Freunde.

Didaktische und methodische Hinweise

Dass Abschottung und Vorurteile damit zu tun haben, dass man die Begegnung mit dem anderen meidet, wird in der kleinen Geschichte der Tiger- und der Krokodilfamilie erzählt. Wie durch Neugier, das gemeinsame Spiel und erste Erfahrungen aus Fremden Freunde werden können, kann auch durch die ansprechenden Bilder überzeugend gezeigt werden: Spielen hilft über alle Grenzen, Vorurteile und Trennungen hinweg. Besonders sei auf das Bild verwiesen, in dem die Vorstellungen der beiden von dem anderen als Ungeheuer ausgestaltet werden: Die Ungeheuer bestehen jeweils aus Teilen des eigenen Körpers zusammengesetzt mit Teilen des Fremden: Tiger-Krokodile.

Das Bild kann z. B. zum Ausgangspunkt genommen werden, die Schreckensbilder in die weiß gelassenen Vorstellungsbilder (S. 9/10) malen zu lassen. Das Initial der Begegnung ist das »in die Augen schauen« (S. 12). Was das im Alltag bedeutet, kann im Gespräch erarbeitet werden.

Theologische Begleittexte

- Mt 15,21–28 (Geschichte von Jesus und der syrophönizischen Frau)

Weiterführende Fragen

- Woher kommen die Vorurteile von Konrad und Leopold? Wie lösen sie sich auf?
- Wer ist fremd? Wieso?
- Welche Vorstellungen macht man sich von Fremden?
- Wie wird man als Fremder in einer Gesellschaft behandelt?
- Wie gehe ich mit Vorurteilen um?
- Wie kann man mit unbekannten Menschen in Kontakt kommen?

7.3 Außenseiter sein

Kathryn Cave/Chris Riddell, *Irgendwie Anders* (1994/15. Aufl. 2015)

Zur Autorin/zum Illustrator

Kathryn Cave, geb. 1948 in Aldershot (England), arbeitete als Redakteurin, bevor sie Kinderbuchautorin wurde.

Chris Riddell, geb. 1962 in Südafrika, ist ein britischer Zeichner und Buchillustrator und hat mehr als hundert Bilderbücher für alle Altersstufen illustriert. Er zeichnet auch Cartoons u. a. für die Sonntagszeitung The Observer.

Zum Inhalt

Irgendwie Anders, die Hauptperson des Buches, wohnt ganz alleine auf einem hohen Berg. Sein kleines Häuschen steht auf einer steilen Erhebung, die wie ein kahler Kegel aus einer eher öden Landschaft herausragt. Nur eine steile, nicht befahrene Straße windet sich hinauf zum einsamen Haus, das waghalsig auf der Spitze steht. Jeden Tag besucht der Protagonist die Bewohner im Dorf, doch immer wieder wird er mit den Worten: »Tut uns leid, du bist nicht wie wir. Du bist irgendwie anders. Du gehörst nicht dazu« weggeschickt. Er versucht alles, um sich anzupassen, indem er die gleichen Bilder malt, die gleichen Spiele spielt, das gleiche Essen isst. Aber egal, wie sehr er sich bemüht, er merkt immer wieder, dass er anders ist und nicht zu den anderen passt. Die Bewohner des Dorfes denken, dass er anders ist, weil er anders aussieht, sich anders verhält, andere Dinge isst und andere Bilder malt, andere Spiele spielt und anders spricht.

Eines Tages, Irgendwie Anders will sich gerade ins Bett legen, klopft es unerwartet an der Haustür. Verwundert öffnet er die Tür. Dort findet er jemanden, der »nicht *genauso* irgendwie anders« ist wie er selbst, deshalb weist er ihn ab, erkennt aber nach kurzem Nachdenken sein eigenes Anderssein im Anderen und läuft ihm nach: »Du bist nicht wie ich, aber das ist mir egal. Wenn du Lust hast, kannst du bei mir bleiben.«

So entsteht eine Freundschaft, bei der Irgendwie Anders und das Etwas zusammen Bilder malen, das Lieblingsspiel des anderen ausprobieren, zusammen essen. Dabei stellen sie fest, dass sie verschieden sind und sich trotzdem vertragen. Auch gehen sie jetzt offen auf andere zu, die auch irgendwie anders sind.

Didaktische und methodische Hinweise

Das Bilderbuch, das mit dem UNESCO-Preis für Kinder- und Jugendliteratur im Dienst der Toleranz ausgezeichnet wurde, thematisiert Aspekte wie Anderssein, Freundschaft, Fremdverstehen, Empathie, Perspektivenwechsel u. a. Kinder verstehen zwar nicht immer ohne unterstützende Fragen, dass das Etwas, der fremde Besucher, Irgendwie Anders an sich selbst erinnert. Sie verstehen aber die emotionale Ebene der Geschichte. Sie wissen intuitiv, dass Irgendwie Anders sich nicht gleichsam abweisend verhalten sollte wie die Dorfbewohner. Thematisiert werden kann, wie sie die Reaktion der Bewohner auf den Außenseiter finden, wie sie selbst mit Außenseitern umgehen und was sie sich diesbezüglich wünschen. Vielleicht gibt es ja Gründe, warum die anderen ihn nicht mögen: Vielleicht haben sie ja Angst, auch ausgegrenzt zu werden, wenn sie auf Irgendwie Anders zugehen. *Schreibe eine Begründung der Dorfbewohner auf, warum sie ihn nicht mögen.*

Vielleicht bringt die Gruppe die Ausgrenzung genau dieser Person sogar noch stärker zusammen? Was auch immer hier an Äußerungen der Kinder kommt, immer zeigt es ihre eigenen Erfahrungen mit Gruppen, Anderssein, Ausgrenzung. Ebenso kann Irgendwie Anders Sprache verliehen werden: *Was denkt er jetzt, wie fühlt er sich vor der Begegnung und danach?* In Sprechblasen, die im Bild ergänzt werden, kann das eingetragen werden.

Auf dem Abschlussbild sitzen die zwei neuen Freunde auf dem Sofa, in der Mitte ein Junge, den sie auf sein Klopfen hin eingelassen haben. Im Text wird dessen Aussehen kommentiert mit »wirklich *sehr* merkwürdig«, trotzdem wird er nicht ausgegrenzt, sie sind einfach »ein bisschen zusammen« gerückt. Hier wird eine verkehrte Welt für Kinder beschrieben. Aus der Perspektive von Irgendwie Anders und Etwas ist der Junge fremd, aus der Perspektive der Kinder sieht er aus wie sie. Normalitätskriterien können hier hinterfragt werden: *Wer ist hier merkwürdig? Warum ist der Junge in dieser Geschichte merkwürdig?*

Interessant ist, im Vergleich herauszufinden, wie Jesus mit Randpersonen der Gesellschaft umgegangen ist, und auch denen eine Stimme zu verleihen. Denkbar ist, die Vielfalt über die Geschichte hinausgehend und vielleicht auch die Ausgegrenzten umfassend, abzubilden – auf dem Sofa vereint – stark vergrößert im Klassenzimmer positioniert.

Möglich ist auch, mit der Pointe des Buches zu arbeiten und die Aussage »Jeder braucht einen Freund« an die Tafel zu schreiben. Im Anschluss an ein Gespräch kann darüber nachgedacht werden: *Was ist das Besondere einer Freundschaft? Woran erkennt man sie? Muss man sich ähnlich sein, um befreundet zu sein?*

Theologische Begleittexte

- Lk 10,29–37 (Der barmherzige Samariter)
- Lk 19,1–10 (Jesus und Zachäus)

Weiterführende Fragen

- Wodurch zeigt sich Anderssein?
- Warum werden Menschen ausgeschlossen?
- Warum sind Freundschaften für Menschen so wichtig?
- Wie soll man mit Personen wie »Irgendwie Anders« umgehen?

Literatur

Catharina Bobe, Fremdverstehensförderung mit Kinderliteratur am Beispiel eines handlungs- und produktionsorientierten Umgangs mit Irgendwie Anders in der Grundschule, in: Beiträge Jugendliteratur und Medien 54 (2002) 3, 180–186.

Vom Verlag zur Verfügung gestelltes Unterrichtsmaterial zu dem Titel online unter: http://www.oetinger.de/fileadmin/verlagsgruppe-oetinger.de/vsg_images/unterrichtsmaterial/9783789163524.pdf (Zugriff am 2.11.2015).

7.4 Vielfalt der Menschen

Peter Spier, *Menschen* (1981/Neuaufl. 2012)

Zum Autor/zum Illustrator

Peter Spier, 1927 in Amsterdam geboren, besuchte mit 18 Jahren die Kunstschule in Amsterdam, bevor er 1947–1951 als Offizier für die niederländische Armee in Westindien und Südamerika gedient hat. Anschließend arbeitete er als Journalist für die größte niederländische Zeitung in Paris und Houston/Texas. Als er 1953 nach New York zog, begann er Kinderbücher zu illustrieren, hat seitdem zahlreiche Bücher veröffentlicht und ist dafür vielfach ausgezeichnet worden.

Zum Inhalt

»Ist es nicht wunderbar, dass jeder Einzelne von uns anders ist als irgendein anderer?«, wird die Leserin bzw. der Leser auf der letzten Seite zum Abschluss des Bilderbuches gefragt. Im Bild dazu sind unterschiedlichste Gebäude aus unterschiedlichen Städten und Kulturen mit unterschiedlichsten Menschen abgebildet. Inhalt des Bilderbuches ist es, diese Unterschiedlichkeit in Text und Bild zu setzen. Zu Beginn wird erklärt, dass es viele Milliarden Menschen auf der Erde gibt und dann wird festgestellt, dass keine zwei gleich sind. Diese Vielfalt wird veranschaulicht: die Größe und Form, die Hautfarbe, die Augenform und -farbe, Nasen, Lippen und Ohrenunterschiede, Haarkonsistenz und Farbe sowie die kulturellen Möglichkeiten damit umzugehen, unterschiedliche Kleidungsstile – alle mit dem Bedürfnis, gut auszusehen. »Doch was in einem Land als schön gilt, findet man woanders vielleicht hässlich oder lächerlich.« (S. 8) Die Menschen unterscheiden sich hinsichtlich ihrer Intelligenz, in Bezug auf Ehrlichkeit, Freundlichkeit und Hilfsbereitschaft, unterschiedliche Spiele (die in 24 Bildern mit Spielen aus aller Welt dargestellt werden). Es werden der unterschiedliche Geschmack, aber auch unterschiedliche Häuser, der unterschiedliche (öffentliche) Umgang mit Emotionen, das Bedürfnis nach Gemeinschaft oder Einsamkeit, unterschiedliche Festkulturen, Speise(-vorschriften), Religionen und Götter thematisiert. Die Unterschiedlichkeit der Berufe wird ebenso dargestellt wie der Autor Reichtum und Armut ins Bild setzt. Eindrucksvoll ist auch das Bild mit den verschiedenen Schriften, die es auf der Erde gibt, und dem Hinweis, dass viele Menschen auf der Erde nicht lesen und schreiben können.

Als Gemeinsamkeit wird festgestellt: »Und doch leben wir alle auf demselben Planeten, […] Und alle verschieden […]. Stell dir nur vor, wie entsetzlich langweilig unsere Welt wäre, wenn alle gleich aussähen, dasselbe essen, denken, anziehen und sich gleich verhalten würden!«

Didaktische und methodische Hinweise

Die Vielfalt und Unterschiedlichkeit der Menschen werden auf eindrückliche Weise mit kurzen Texten und detailreich ausgearbeiteten Bildern veranschaulicht. Dies kann als Idee in den Unterricht eingebracht werden, um selbst nach den im Bilderbuch genannten Aspekten ein Klassenbilderbuch zu gestalten.

Auch Szenen, wie die auf S. 8, bei der wechselseitig die jeweilige Fremdheit als Anlass des Auslachens dargestellt wird, können nachgespielt werden.

Denkbar ist ebenfalls: Lassen Sie die Kinder z. B. zu Kleidungen, Frisuren, Essen oder Spielen die Zuordnungen zu den Ländern/Nationalitäten versuchen.

Auch die Seite mit dem Text »Manche Menschen hassen andere, nur, weil sie nicht so sind wie sie selbst. Weil sie anders sind. Dabei vergessen sie, dass sie, wenn sie sich mit den Augen der anderen sehen könnten, ebenso andersartig erschienen« kann als Gesprächsanlass dienen.

Theologische Begleittexte

- Ps 139,14 f. (Wunder der Schöpfung)
- 1. Joh 3 (Kinder Gottes)

Weiterführende Fragen

- Worin unterscheiden sich Menschen?
- Wie kommt es zu den Unterschieden?
- Worin sind Menschen sich ähnlich/gleich?
- Warum hassen Menschen andere, die nicht so sind wie sie selbst?

Literatur

Anabel Kindersley/Anne Braun, Kinder aus aller Welt. In Zusammenarbeit mit UNICEF. 1995 (hier werden einzelne Familie aus unterschiedlichen Kulturen auf der ganzen Welt vorgestellt in Fotos und Text).

7.5 Flucht

Annegert Fuchshuber, *Karlinchen* (1995/2015)

Zum Autor/zum Illustrator

Annegert Fuchshuber (1940–1998) war eine freischaffende Illustratorin und Buchautorin, die für ihr umfangreiches Werk mehrfach ausgezeichnet wurde (u. a. Deutscher Jugendliteraturpreis 1984).

Zum Inhalt

Die Situation für das Kind ist furchtbar: Das Mädchen Karlinchen muss aus seiner brennenden Heimat fliehen. Es gelangt in ein friedliches Dorf und bittet dort um Essen und um eine Bleibe. Doch die Menschen holen die Polizei und wollen sie in ein Heim bringen. Deshalb läuft sie wieder fort und kommt zuerst in das Dorf der Steinbeißer und dann in das der Seidenschwänze. Aber nirgendwo kann sie bleiben, weil sie als Fremde überall abgelehnt wird. Das

Essen der Nebelkrähen kann sie nicht essen und die reichen Schaffraffer schicken sie weg. Die Armen fürchten, dass ihnen selbst nicht mehr genug bleibt, und helfen deshalb auch nicht. Nur der Narr heißt sie schließlich in seinem Baumhaus willkommen und gibt ihr zu essen.

Didaktische und methodische Hinweise

Die ernsthafte und in ihren düsteren, surrealistisch-expressionistischen und eindringlichen Bildern anspruchsvolle Geschichte übt Kritik an der Unmenschlichkeit unserer Konsum- und Überflussgesellschaft. Ein Kind verliert seine Heimat und seine vertraute Umwelt, die ihm bisher soziale und psychische Sicherheit boten. Die bedrohliche, depressive Stimmung berührt die Betrachter. Zahlreiche Details regen zum genauen Anschauen an. Inhaltlich werden die Themen Neid, Egoismus, Ablehnung der Andersartigkeit, Einsamkeit etc. thematisiert und die Geschichte wird in einer einfachen, sehr lebendigen Sprache präsentiert.

Beginnen kann man damit, Assoziationen zum Thema »Zuhause« aufschreiben zu lassen: Bei dem Wort »Zuhause« fällt mir ein … Wenn ich kein »Zuhause« hätte, dann …[72] Der Tag der Katastrophe, an dem das Bilderbuch ansetzt, kann gemalt werden.

Denkbar ist dann, dass die Kinder Karlinchens Tagebuch aufschreiben: *Karlinchen sitzt am Abend im Baumhaus des Narren und schreibt ihre Erlebnisse im Tagebuch auf. Verfasst den Eintrag.*

Die Perspektive der Außenstehenden kann durch folgende Situation veranschaulicht werden: Ein Ehepaar sieht abends in den Fernsehnachrichten die Bilder der Katastrophe (vgl. 1. Doppelseite des Bilderbuches). *Wie reagiert das Ehepaar? Wie könnte ein Gespräch verlaufen? Was reden/tun sie, wenn ein Spendenaufruf ergeht?*[73]

Problemlos ist es möglich aktuelle und reale Kinderbiografien von Flüchtlingen zu präsentieren oder finden zu lassen, die ein ähnliches Erleben beschreiben.

Alternativ könnte man auch einen Traum Karlinchens ausdenken lassen, in dem die gleichen Situationen gut ausgehen und nicht erst

72 Cramer 2006, 13.

73 Ebd.

der Narr hilft, sondern gute Menschen vor Ort. Auch hier finden sich viele Beispiele aus der aktuellen Presse.

Beeindruckend ist das 2014 mit dem Deutschen Jugendliteraturpreis und mit dem katholischen Kinder- und Jugendbuchpreis ausgezeichnete Buch von Claude K. Dubois, *Akim rennt* (3. Aufl. 2015) zur gleichen Thematik. Mit sehr sparsamem Text und Bildern in grauen Bleistiftskizzen wird die Zerstörung des Dorfes, in dem Akim wohnte, beschrieben, bei der wohl auch ein Teil seiner Familie getötet wird. Eine fremde Frau kümmert sich um ihn, bis ihn Soldaten nach drei Tagen mitnehmen, für die er arbeiten muss. Einen Angriff nutzt er zur Flucht und schließt sich einer Gruppe mit Flüchtlingen an, die nach langen Wanderungen schließlich von einer Hilfsorganisation in ein Flüchtlingslager gebracht werden. Dort hat er furchtbares Heimweh und kann wegen seiner Traumatisierung nicht mit den anderen Kindern spielen. Am Ende des Buches findet er seine Mutter wieder, die Abbildung bleibt aber in den dunklen Farben des Buches.

Theologische Begleittexte

- Gen 12,10 ff. (Abraham flüchtet nach Kanaan)
- Mt 25,40 (Was ihr einem meiner geringsten Brüder getan habt …)
- Mt 25,35 (Ich bin ein Fremder gewesen und ihr habt mich aufgenommen)
- Lk 10,25–37 (Gleichnis vom barmherzigen Samariter)

Weiterführende Fragen

- Welche Personen aus der Bibel waren Flüchtlinge?
- Warum werden Flüchtlinge abgelehnt?
- Wie kann man Flüchtlingen helfen?

7.6 Interreligiöse Begegnung

Manfred Eichhorn/Hans-Günther Döring, *Martin und Cemile. Eine St. Martin Geschichte*

Siehe im zweiten Teil unter 4.10.

Wolfgang Bittner/Ursula Kirchberg, *Felix, Kemal und der Nikolaus.*

Siehe im zweiten Teil unter 4.14.

7.7 Welche Religion hat Recht? (Ringparabel)

Max Bolliger/Michaela Sangl, *Die Geschichte des weisen Nathan. Die Ringparabel neu erzählt. Festgabe zum 80. Geburtstag von Max Bolliger*

Siehe im ersten Teil unter 9.5.1.

7.8 Religionskritik

Michael Schmidt-Salomon/Helge Nyncke, *Wo bitte geht's zu Gott? fragte das kleine Ferkel. Ein Buch für alle, die sich nichts vormachen lassen*

Siehe im ersten Teil unter 9.6.1.

8. Alter, Krankheit und Behinderung

Gerade die Bilderbücher der letzten 10–15 Jahre lassen auch schwierige und unbequeme Themen nicht aus. In unterschiedlicher Weise beschäftigen sie sich mit Krankheit und Behinderung und helfen damit, problematische und belastete Bereiche des Lebens zu benennen, die häufig nur unter großem Vorbehalt angesprochen werden. Weil hier nicht alle Bereiche ausführlicher berücksichtigt werden können, ist an dieser Stelle eine Bilderbuchliste zu den Themen Rollstuhlfahrer sein, Trisomie 21, taub sein, blind sein, Epilepsie, Leukämie u. a. angefügt:

Franz-Joseph Huainigg/Vera Ballhaus, Meine Füße sind der Rollstuhl. Wien 2003. (Behinderung)

Matthias Sodtke, Bist du krank, Rolli-Tom? Oldenburg 2011. (Behinderung)

Florence Cadier/Stephane Girel, Ich bin Laura. Ein Mädchen mit Down-Syndrom erzählt. Hamburg 2002. (Behinderung, Down Syndrom)

Adele Sansone, Florian lässt sich Zeit. Eine Geschichte zum Down-Syndrom. Innsbruck 2012. (Down Syndrom)

Birte Müller, Planet Willi. Stuttgart/Leipzig 2014. (Down Syndrom)

Silke Schnee/Heike Sistig, Die Geschichte von Prinz Seltsam: Wie gut, dass jeder anders ist! Schwarzenfeld 3. Aufl. 2011. (Down Syndrom)

Corina Christen/Hans Marti, Hipp, Hopp & Hoppla. Köln 2007. (Fragen zum Thema Down-Syndrom)

Michaela Wulf-Schäfer, Nora und Ben. Mein Alltag. Karlsruhe 2014. (taub sein, Gebärdensprache)

Dagmar H. Mueller/Verena Ballhaus, Davids Welt. Vom Leben mit Autismus. Berlin 2014. (Autismus)

Silke Schräder/Elisabeth Reuter, Carla. Ein Bilderbuch über Epilepsie. München 1996.

Elisabeth Reuter, Christian. München 1989. (Leukämie)

Peter Guckes, Wie Mama mit der Nase sieht. Erlangen 2015. (blind sein)

Franz-Joseph Huainigg/Verena Ballhaus, Wir verstehen uns blind. Wien 2005. (ein Blinder lehrt andere das Sehen)

Brigitte Weninger/Eve Tharlet, Einer für alle – alle für einen! Bargteheide 2005. (Miteinander: Schwächen durch Stärken kompensieren)

Wiltrud Thies/Anke Koch-Röttering, Fred, der Frosch, und eine Schule für alle. Marburg 2013. (Inklusion, Chancen und Schwierigkeiten)

Antje Drescher/Martin Baltscheit, Was soll ich da erst sagen? Weinheim 2012. (Defizite, Helfen)

8.1 Demenzprobleme im Alltag

Martin Baltscheit, *Die Geschichte vom Fuchs, der den Verstand verlor* (2010)

Zum Autor

Martin Baltscheit (geb. 1965) ist Comiczeichner, Illustrator, Autor und Moderator. Sein umfangreiches Werk wurde mehrfach ausgezeichnet, das vorliegende Buch mit dem Deutschen Jugendliteraturpreis.

Zum Inhalt

Ein Prachtexemplar von einem Fuchs, der schlau, gewitzt und schnell war, ist in die Jahre gekommen, grau und vergesslich. Er bringt die Wochentage durcheinander oder vergisst beim Geburtstagsbesuch das Geschenk. Was zunächst noch ein kleineres Problem zu sein scheint, verstärkt sich, als der Fuchs den Weg nach Hause nicht mehr findet, das Jagen vergisst und dann den ganzen Tag schwimmen geht. Weil der Fuchs auch vergisst, dass er ein Fuchs ist, erkennt er zunächst gar nicht die Gefahr, die von einer Meute ihn verfolgender Hunde ausgeht. Jedoch kann er sich im letzten Moment vor den Hunden retten, auch wenn er sich dabei verletzt. Als er wieder gesund ist, ist alles geheilt, nur sein Verstand nicht. Gänse, Hühner und Schafe machen sich über ihn lustig, sodass der Fuchs sich am liebsten mit seinem Spiegelbild im Fluss unterhält, das er nicht als sein eigenes erkennt. So »war einmal ein alter Fuchs ohne Verstand. Er wusste nichts und fühlte nur.« (Letzte Seite)

Didaktische und methodische Hinweise

Das Bilderbuch überzeugt mit einer geschickten Bildgestaltung, die durch den farblichen Aufbau und die differenzierte Art der Darstellung des Fuchses zum intensiven Eindruck beiträgt, den das Buch hinterlässt. Dass es trotzdem auch für jüngere Kinder zu verwenden ist, liegt daran, dass einerseits ohne medizinische Diagnostik und

Vokabular gearbeitet wird und durch die Wahl eines Tieres als Protagonisten eine Distanzierungsmöglichkeit gegeben ist.

Um eine Identifizierungsmöglichkeit mit dem vitalen, jungen Fuchs zu schaffen, der auf den ersten Seiten zu sehen ist, kann eine Aufgabe lauten: *Schreibe den Tagesablauf eines Fuchses auf, wie du ihn dir vorstellst – lasse deiner Fantasie dabei freien Lauf.*

Danach fangen die ersten Verwirrungen an. Um auch hier einen Anschluss zu finden, gibt es den Auftrag: *Schusselig sind wir alle manchmal, wir vergessen die Jacke in der Schule oder das Sportzeug in der Halle. Versuche, dich an viele Momente zu erinnern, in denen du schusselig warst – notiere sie.* Damit wird an Alltagserfahrungen angeknüpft. Die Schülerinnen und Schüler können die psychische Disposition begreifen, die hier vorliegt. Fragen können sein: Schusseligkeit, Tagträumerei und Verwirrtheit – gibt es Grenzen und Kennzeichen? Wie fühlt man sich in dieser Situation? Schau das Bild vom Fuchs in der Kirche an: Wie sieht es aus? Was geht in ihm vor? Wie reagieren andere wohl auf ihn? Wie wirkt das Bild auf dich?

Der Fuchs begreift gar nicht, dass die Hunde hinter ihm her sind. Orientiere dich an der eindrucksvollen Textseite und dem großen Hundebild. Denke dir die Situation eines Menschen aus, der auch nicht begreift, in welcher Gefahrensituation er sich befindet, weil er verwirrt und geistesabwesend ist, beispielsweise im Straßenverkehr. Gestalte eine Textseite mit passendem Bild dazu.

Die Gänse, Hühner und Schafe reagieren schamlos und erniedrigend auf den Fuchs, mit Spottgesängen und Häme. Fragen sind: Gilt das auch für Menschen? Wie reagieren Menschen auf verwirrte Personen? Warum ist das so?

Schau dir den Fuchs im Gespräch mit seinem Spiegelbild an – beachte die Farben, Körperhaltung und seinen Blick. Wie fühlt der Fuchs sich? Und was löst das Bild in dir aus? Schreibe einen Brief an eine(n) Freundin/Freund, die/der das Bild nicht kennt.

Die jungen Füchse, die den alten Fuchs mal so bewundert haben, kümmern sich um ihn. Die Abschlussseite ist sehr berührend. Fragen können sein: Was kann man für Menschen tun, die verwirrt und desorientiert sind? Wie kann man ihnen zur Seite stehen? Und gibt es Möglichkeiten, wie eine Gruppe oder Klasse in dieser Hinsicht aktiv wird?

Theologische Begleittexte

- Hebr 13,2 (Gastfreundlich sein)

Weiterführende Fragen

- Schusseligkeit, Schlamperei, Vergesslichkeit, Demenz – wo liegt der Unterschied?
- Kann man Vergesslichkeit vermeiden?
- Welche Gefühle löst Vergesslichkeit bei den Vergesslichen aus?
- Wie reagiert die Umwelt?
- Was kann man gegen die Demütigung von Vergesslichen und Verwirrten tun?
- Gibt es Dinge, die Vergesslichen Mut machen?

8.2 Behinderung, Ausgrenzung

Leo Lionni, *Tico und die goldenen Flügel* (1966/Sonderausgabe 2015)

Zum Autor

Leo Lionni (1910–1999) wurde in Amsterdam als Sohn eines jüdischen Diamantenschleifers geboren, lebte dann in Italien und war Grafiker, Maler und Schriftsteller. 1925 studierte er Volkswirtschaft, war nebenher aktiver Grafiker und Maler und Anhänger des Futurismus. Mit *Inch by Inch* gewann er den Lewis Carrol Shelf Award und mit *Swimmy* den Deutschen Jugendliteraturpreis.

Zum Inhalt

Tico ist ein kleiner Vogel, der seine eigene Lebensgeschichte erzählt. Als er noch jung war, konnte er zwar singen und hüpfen wie die anderen Vögel, allerdings hatte er keine Flügel. Glücklicherweise hatte er Freunde, auf die er sich verlassen konnte. Sie besorgten ihm Nahrung und es ging ihm eigentlich gut. Dennoch verstand er nicht, warum gerade er nicht fliegen konnte. Eines Nachts träumte Tico von starken, goldenen Flügeln. Die hätte er gern. Als er dann in einer Sommernacht auf einen Wunschvogel traf, erfüllte dieser ihm seinen Wunsch. Glücklich flog Tico hoch hinaus über Wald und Wiesen, bis seine Freunde ihn sahen und sich von ihm abwandten, da sie der Meinung waren, dass Tico mit seinen goldenen Flügeln besser sein wollte als sie. Fortan war er einsam und fragte sich, warum sich seine Freunde über ihn ärgerten.

Eines Tages traf Tico auf einen Korbmacher, der die Medizin für sein krankes Kind nicht bezahlen konnte. Tico schenkte ihm daraufhin eine seiner goldenen Federn, damit sein Kind gesund wurde und die Familie wieder glücklich war. Anstelle einer goldenen Feder wuchs Tico nun eine normale, schwarze Feder nach. Fortan verschenkte er seine goldenen Federn, um Gutes zu tun. So konnte er dafür sorgen, dass ein Puppenspieler neue Marionetten, eine Frau ein Spinnrad und ein Fischer einen Kompass anschaffen konnten. Als er seine letzte goldene Feder verschenkt hatte und sein Federkleid gänzlich normal und schwarz war, kehrt er zu seinen Freunden zurück. Diese waren froh, dass Tico nun aussah wie sie, und nahmen ihn wieder in ihre Gruppe auf. Tico ist auch glücklich, stellt aber fest, dass er trotz des gleichen Federkleides anders als seine Freunde ist, da jeder seine eigenen Erinnerungen und Träume hat.

Didaktische und methodische Hinweise

Das Bilderbuch thematisiert einige Aspekte, mit denen Kinder und Jugendliche tagtäglich konfrontiert sind: Anderssein, Behinderung, Neid, Ausgrenzung, Einsamkeit, Anpassung, aber auch emphatische Zuwendung zu den Bedürftigen sind Erlebnisse des Alltags und betreffen sie in unterschiedlichster Art und Weise.

Das Bilderbuch lässt sich aus zwei Perspektiven erarbeiten – affirmierend zu den Inhalten der Nächstenliebe und kritisch zu den Inhalten der Ausgrenzung. Zunächst kann das Bild von Seite drei und vier gemeinsam betrachtet, beschrieben und interpretiert werden, um den Tenor der Geschichte bereits vorab zu thematisieren. Zu sehen ist, wie der flügellose Tico von seinen Freunden mit Nahrung versorgt wird. Im Anschluss wird das Bilderbuch vorgelesen. Jedoch übergeht man die Seiten, die Ticos Ausgrenzung und Selbstzweifel und seine Wiederaufnahme in die Gruppe beschreiben. So ergibt sich eine Geschichte von Tico dem Vogel, der von seinen Freunden liebevoll versorgt wurde, vom Traumvogel goldene Flügel geschenkt bekam und diese aufopferungsvoll weiterverschenkte, bis sein Federkleid und damit seine Person wieder »normal« waren. Durch ein Arbeitsblatt, das den Wunschvogel aus dem Buch aufgreift, werden die Kinder dazu angeregt, sich Gedanken zu machen, welche Menschen heute einen Wunschvogel bräuchten und wie der helfen müsste. Die Ergebnisse werden im Plenum vorgetragen und an der Tafel fixiert und verallgemeinert. Die Frage, ob wir »Wunschvogel« werden könnten, leitet zur spezifisch christlichen Dimension im Sinne der Bergpredigt über. Dabei kann auch darüber nachgedacht werden, wie mit Hilfsbedürftigen umgegangen wird. Wird Hilfe selbstverständlich und klaglos geleistet? Wird nach den wirklichen Bedürfnissen der Betroffenen gefragt, vielleicht wollen die gar keine »goldenen Flügel«? Jetzt können die entsprechenden Seiten gelesen werden.

Der sehr irritierende Teil der Geschichte, also die Ausgrenzung Ticos und seine Wiederaufnahme in die Gruppe, nachdem er sich angepasst hat, wird kritisch diskutiert. Etwaige Probleme von Mobbing oder Diskriminierung innerhalb der Gruppe können an dieser Stelle gut integriert werden. Ausgrenzung geschieht einerseits durch Anderssein, aber auch durch Neid. Ältere Kinder bzw. Jugendliche können fiktiv eine Begründung des Autors formulieren, warum er diesen Teil integriert hat:

Die Bilderbuchgeschichte ist auch ohne den Teil über Ausgrenzung sinnvoll. Erkläre als Person Leo Lionni, *warum du das Bilderbuch genauso verfasst hast und warum du diesen Teil wichtig findest.*

Theologische Begleittexte

- Lk 10,25–37 (Der barmherzige Samariter)

Weiterführende Fragen

- Wo wird in unserem Umfeld Menschen, die anders sind, geholfen, wo werden sie ausgegrenzt?
- Wo haben wir »goldene Flügel«? Wie können wir »Federn verschenken«?

- Ist es schlecht, etwas besser zu können als andere? Inwiefern ja, inwiefern nein?

Literatur

Kerstin Holländer, Handlungs- und produktionsorientierter Umgang mit dem Bilderbuch »Tico und die goldenen Flügel« von Leo Lionni. München 2007.

9. Abschied, Tod und Trauer

In den letzten Jahren veröffentlichte Bilderbücher behandeln auch sensible Themen wie Tod und Trauer kindgerecht mit unterschiedlichen Schwerpunkten. Im Folgenden werden diverse Bücher im Hinblick auf verschiedene Fragestellungen systematisiert und vorgestellt.

9.1 Trauerarbeit als Erinnerungsarbeit

Susan Varley, *Leb wohl, lieber Dachs* (1984/26. Aufl. 2009)

Zur Autorin

Die Engländerin Susan Varley (geb. 1961) schuf mit ihrem ersten Buch 1984 gleich einen modernen Klassiker, zu dem sie nicht nur den Text schrieb, sondern auch die Illustrationen anfertigte. Als studierte Grafikdesignerin hat sie seitdem viele Bilderbücher illustriert, aber auch einige weitere Bücher geschrieben.

Zum Inhalt

Der alte, weise Dachs ist ein beliebtes Tier im Wald, das seinen nahen Tod spürt. Sorgen macht der Dachs sich allein darum, wie seine Freunde, der Frosch und der Maulwurf, seinen Tod verkraften werden. Er selbst ist davon überzeugt, dass man im Tod den Körper zurücklässt und leicht und befreit durch einen langen Tunnel schweben wird. So schreibt er eines Abends in seinem Bau einen Abschiedsbrief und stirbt. Alle Tiere sind wegen seines Todes traurig, allen voran der kleine Maulwurf. Den ganzen Winter über trauern die Tiere des Waldes. Im Frühling treffen sie sich wieder und erzählen sich ihre Erinnerungen an den Dachs, die vor allem darin bestehen, dass sie viel von ihm gelernt haben. Dieser Rückblick hilft den Tieren und ihre Traurigkeit verliert sich, sodass der kleine Maulwurf sich am Ende des Buches auf dem Hügel, dem gemeinsamen Lieblingsplatz der Freunde, beim Dachs bedanken kann.

Didaktische und methodische Hinweise

Wenn in dem Buch auch die Vorbereitung auf den Tod und die damit verbundenen Gedanken sowie der Tod selbst und seine Deutung anfangs im Vordergrund stehen, so liegt doch der Schwerpunkt des Inhaltes auf der Trauer und deren Bewältigung. Daher bietet es sich für die Behandlung in diesem Zusammenhang an.

Beim Betrachten des Buches fällt auf den ersten Blick die märchenhafte Gestaltung auf, in der Tiere als Protagonisten handeln. Diese fremde, fantasievolle Welt trägt dazu bei, dass das Buch auf den Betrachter weniger den Eindruck einer realistischen Darstellung der oft traurigen Realität macht, als eher eine fabelhafte, ferne Sphäre repräsentiert. Die menschlichen Gegebenheiten und schmerzhaften Erfahrungen werden in ihr widergespiegelt, erfahren aber eine hilfreiche Verfremdung, die sich günstig auf die Behandlung des Themas auswirkt. Indem im Buch »nur« von Tieren die Rede ist, wird Kindern ermöglicht, eine gewisse Distanz zu dem Geschehen einzunehmen. In der Handlung stirbt kein Mensch, es ist »lediglich« ein Dachs. Das kann dazu führen, dass Kinder eine gewisse Scheu oder Angst gegenüber dem Thema verlieren. Gleichzeitig ist gerade bei Kindern im Grundschulalter eine große Zuneigung zu Tieren zu beobachten. Vor allem (eigene) Haustiere besitzen einen hohen emotionalen Stellenwert im Leben der Kinder. Insofern ist hier zwar eine (kognitive) Distanzierung möglich, jedoch findet zugleich auch bei dem Tod eines Tieres eine emotionale Betroffenheit statt. Diese produktive Ambivalenz zwischen Distanzierung und emotionalem Zugang, die sich durch die Tiere als Protagonisten des Buches ergibt, zeichnet das Buch aus und lässt es als besonders geeignet für eine behutsame erste Behandlung und Beschäftigung mit dem Thema erscheinen.

Die Darstellung und Bearbeitung der Trauer als Prozess im Buch gibt den Kindern eine Vorstellung, wie man mit den Gefühlen in Situationen wie diesen umgehen kann. Die beschriebene Entwicklung über einen längeren Zeitraum signalisiert, dass es sich um einen zeitlich umfangreichen Prozess handelt. Dabei finden sich keinerlei religiös geprägte Anhaltspunkte.

Als Stationen lassen sich markieren:

- Abschiedsbrief vom Dachs
- Bekanntgabe des Todes durch den Fuchs
- Trauer der versammelten Tiere und im Speziellen vom Maulwurf
- Winter als Zeit der Trauer
- Erzählungen unterschiedlicher Erinnerungen an den Dachs
- Abschlusswort vom Maulwurf

Methodisch kann man an den einzelnen Stationen anknüpfen und je nach Altersstufe dazu arbeiten. So bietet es sich an, dass die Kinder eine Antwort auf den Abschiedsbrief verfassen, um sich in die Situation des Abschieds einzufühlen. Die Bekanntgabe, dass der Dachs gestorben ist, kann bei jüngeren Kindern gemalt werden, um so über die Trauerreaktionen zu sprechen oder durch einen erfundenen Raben, der die ganze Szenerie verfolgt, erweitert werden.[74] Die Szene kann gut mit einem Rollenspiel nachgespielt werden, da die Kinder die Rolle der Tiere einnehmen, aber individuelle Anteile entfalten können. An die Winterzeit als Trauerzeit der Tiere kann angeknüpft werden, indem die Trauerwege der Kinder thematisiert werden. Die Kinder schreiben dazu ein Elfchen. Was hilft ihnen in der Trauer? Die unterschiedlichen Erinnerungen der Tiere geben Raum, sich mit den Kindern auf den Weg der Entdeckung ihrer tröstlichen Erinnerungen, beispielsweise mithilfe der Gestaltung einer eigenen Buchseite, zu machen. Das Abschlusswort des Maulwurfs lädt ein, die Kinder einen Traum inszenieren zu lassen, sei es als Bild oder als Rollenspiel, der von den Hoffnungen der Kinder erzählt. Hier besteht die Möglichkeit, einen religionspädagogischen Impuls zu setzen, indem die Kinder z. B. passende Psalmworte für den Traum aussuchen.

Es müssen sicher nicht alle Stationen bearbeitet werden, aber mehrere Stunden auf diese Thematik zu verwenden und damit den Kindern deutlich zu machen, dass Trauer ein Weg (und auch Arbeit) ist, erscheint sinnvoll.

---

74 Siehe auch Butt 2013, 90–92.

Theologische Begleittexte

- Pred 3,1 ff. (Ein jegliches hat seine Zeit)
- Ps 31,16 (Meine Zeit steht in Gottes Händen)
- Ps 90,1 (Gott ist unsere Zuflucht)
- Ps 91,11 (Die Engel behüten dich immer)
- Mt 5,4 (Selig sind, die Leid tragen …)

Weiterführende Fragen

- Fühlen alle Menschen Trauer? Wie ist das bei Tieren?
- Welche unterschiedlichen Wege der Trauer gibt es?
- Hilft Gott in der Trauer?
- Gibt es biblische/religiöse Vorbilder in der Trauer?
- Kann die Passionsgeschichte ein Impuls als Trauerweg sein?

Literatur

Christian Butt, Abschied, Tod und Trauer – Kinder und Jugendliche begleiten. Ein Praxisbuch mit Projektideen und Unterrichtsentwürfen für Schulen und Gemeinden. Stuttgart 2013, hier insbesondere 90–92.

Birgit Steiner, Ich werde vom Himmel wie ein Schutzengel auf euch aufpassen, in: Religion heute (2000) 42, 174–178.

9.2 Der Tod als lebenslanger Begleiter

Wolf Erlbruch, *Ente, Tod und Tulpe* (2007/17. Aufl. 2015)

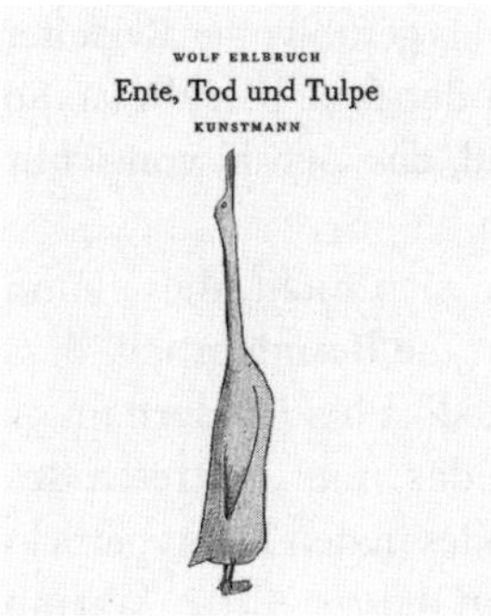

Zum Autor

Wolf Erlbruch (geb. 1948) hat in seinen diversen und vielfach ausgezeichneten Bilderbüchern ein breites Themenspektrum aufgegriffen. U. a. beschäftigt er sich in seinem Werk mit dem Sinn des Lebens, Tod, Schöpfung, aber auch mit Klassikern der Literatur. Kennzeichnend für Erlbruch ist, dass oft Tiere die Protagonisten in seinen Handlungen sind.

Zum Inhalt

Eines Tages bemerkt die Ente, dass der Tod sie begleitet. Das macht dieser allerdings schon immer. Obwohl die Ente sich erschrickt, findet sie nach und nach den Tod nett und unternimmt mit ihm ein paar Ausflüge zum Teich oder auf den Baum. Die Ente wärmt den Tod, wenn er friert, was eine freundschaftliche Verbindung assoziiert. Die Ente denkt mit dem Tod gemeinsam über das Sterben, über Himmel und Hölle nach. Viele Antworten kann der Tod aber nicht geben. Mit der Zeit werden die Unternehmungen weniger, die Ente schweigsamer und der Tod ist es, der die frierende Ente wärmen muss. Beim ersten Schnee stirbt die Ente. Der Tod trägt sie zum Fluss und lässt sie mit der Tulpe auf dem Bauch wegtreiben.

Didaktische und methodische Hinweise

Dieses Bilderbuch erfreut sich großer Popularität, sodass es auch als Film und Theaterstück bearbeitet worden ist (sogar in einer niederdeutschen Version, *Lütt Aant,* für das Ohnsorg Theater Hamburg). Auffällig ist der leichte, heitere Erzählton bei gleichzeitig ernsthaft philosophischen Fragen, die wiederum in der Schwebe bleiben. Anspruchslos ist das Buch nicht. Das wird schon an dem Titel deutlich, der anscheinend eine Anspielung auf einen der drei Meisterstiche Albrecht Dürers ist, *Ritter, Tod und Teufel* (1513).

Eine Besonderheit des Bilderbuches ist nicht allein die Ente, sondern auch der personifiziert agierende Tod. Er tritt selbst auf, handelt und zeigt Gefühle. In dem bevorstehenden Sterben der Ente tritt er nicht als Richter, Rächer o. Ä. auf, sondern als gefühlvoller Begleiter, der am Ende fast ein wenig über den Tod der Ente betrübt ist. So vermittelt das Buch ein positives Todesbild, das Gefühl von schützender Geborgenheit und Aufgehobensein.

Unmittelbar christliche Bezüge finden sich nicht, diese kann man aber leicht herstellen. Methodisch ist die Besonderheit, dass der Tod als Person auftritt, zu nutzen. Dies löst bei Kindern unterschiedliche Reaktionen aus. Daher kann das erste Auftreten des Todes zum Inhalt und das Aussehen des Todes in den Fokus gerückt werden: 1. Warum wird der Tod als Person dargestellt? 2. Warum sieht er so aus? 3. Ist er hässlich, unheimlich, freundlich, fremd, merkwürdig? Und zur Vertiefung: *Wie stellst du dir den Tod vor?* –

Zeichne ein eigenes Bild, das man an die Stelle der Buchseite setzen könnte.

Um eine Vorstellung davon zu bekommen, was es bedeutet, dass der Tod die Ente begleitet, kann man sich dem Thema spielerisch nähern. Als Tandem muss ein Teilnehmer den anderen Teilnehmer still durch den Raum begleiten, ca. 3 Minuten, dann wird gewechselt. Nach einem Auswertungsgespräch kann eine zweite Runde gestartet werden. Nun soll ein Teilnehmer den anderen als Schutzengel durch den Raum begleiten, wieder ca. 3 Minuten, dann wird wieder gewechselt. Das Auswertungsgespräch lenkt auf Fragen wie: Worin liegt der Unterschied? Was sind unterschiedliche Sichtweisen? Aufgaben? Wem vertraue ich mehr?

Das Spiel leitet zu einem Gespräch zwischen der Ente und dem Tod über, in dem sich beide über Engel, Himmel und Hölle unterhalten. Hier könnte ein Impuls sein: *Der Tod gibt der Ente keine Antworten auf ihre Fragen. Wie könnten Antworten lauten? Schreibe den Text der beiden Seiten so um, wie er dir besser gefällt.* (Ab Seitenbeginn: »Obwohl sie sich vorgenommen hatte, von nun an nichts mehr zu sagen …«) Die Ente will Ausflüge machen, u. a. auf den Baum. Die Kinder notieren, welche ihre aufregendsten Plätze sind oder die schönsten Zeiten. Wo kommen sie auf gute oder auf seltsame Gedanken? Das Buchende lädt zum gemeinsamen Nachdenken ein: Wohin geht die Ente bzw. fließt der Fluss? Und warum bekommt sie eine Tulpe auf den Bauch gelegt? Ein weiteres Bild zu malen bietet sich an – evtl. aus christlicher Perspektive.

Theologische Begleittexte

- Jes 65,17 (Ich will einen neuen Himmel und eine neue Erde schaffen …)
- Joh 14,2 (In meines Vaters Haus sind viele Wohnungen)
- Offb 21,1–3 (Einen neuen Himmel und eine neue Erde … heilige Stadt … Hütte Gottes bei den Menschen)

Weiterführende Fragen

- Kann man sich auf das Sterben vorbereiten?
- Fühlt man den Tod?
- Wie sieht der Himmel aus?

- Gibt es eine Hölle?
- Was kommt nach dem Tod?
- Was ist das Jenseits?

Literatur

Jeanette Bokmann, Zeit zum Leben – Zeit zum Sterben, in: Grundschule Religion 39 (2012), 10–14.

9.3 Beerdigungen – kindlich spielerischer Umgang

Ulf Nilsson/Eva Eriksson, *Die besten Beerdigungen der Welt* (2006/12. Aufl. 2013)

Zum Autor/zur Illustratorin

Ulf Nilsson (geb. 1948 in Schweden) setzt sich in seinen Bilderbüchern kindgerecht mit gesellschaftlich schwierigen Themen (u.a. Tod, Demenz) auseinander. Dieses vielfach ausgezeichnete Buch (Auswahlliste Jugendliteraturpreis 2007) ist sicherlich sein bekanntestes, das auch verfilmt wurde.[75]

Eva Eriksson wurde 1949 in Halmstad/Schweden geboren und studierte nach dem Abitur an einer Kunsthochschule. Heute ist sie eine der bekanntesten und beliebtesten Kinderbuch-Illustratorinnen Schwedens, sie hat viele Preise gewonnen und ist auch international erfolgreich.

Zum Inhalt

Aus einer Langeweile heraus beschließen die Kinder Ester, Putte und der Ich-Erzähler alle toten Tiere, die sonst keine Beachtung finden, zu beerdigen. Sie gründen sogar eine Firma für Beerdigungen, die Beerdigungen AG. Dabei sind die Aufgaben verteilt: Ester hebt das Grab für die Tiere aus, der eher ängstliche Ich-Erzähler schreibt Gedichte und der kleine Putte weint. Die Kinder suchen tote Tiere, um sie zu beerdigen. Deswegen rufen sie Freunde und Nachbarn an und fragen nach toten Tieren, die sie bestatten können. Viele ver-

75 Kurzspielfilm von Ute Wegmann, Deutschland 2008, 19 Minuten, Matthias-Film.

schiedene Tiere kommen zusammen, die sie auf einer Lichtung im Wald beisetzen, sodass ein kleiner Friedhof entsteht. Am nächsten Sommertag machen sie dann etwas ganz anderes.

Didaktische und methodische Hinweise

Zu Recht gehört das Buch von Ulf Nilsson zu den beliebtesten Bilderbüchern, die sich mit dem Thema Tod beschäftigen. Das liegt vor allem an der gelassenen, heiteren Grundstimmung des Buches, das sehr treffend den alltäglich kindlich-spielerischen Umgang mit schwierigen Themen wie z. B. dem Tod aufgreift, gleichzeitig aber auch die Geschichte mit ernsthaften und weiterführenden Gedanken durchsetzt. Die Chance des Buches liegt darin, dass man mit ihm die spielerische Neugierde und die verschiedenartigen Begegnungen der Kinder mit diesem Thema aufgreifen und zum Inhalt machen kann. Da der Tod weniger als eine dramatische Ausnahme präsentiert, sondern in der Alltäglichkeit dem Leben gegenübergestellt wird, kann man leicht an vorhandene Erfahrungen der Kinder anknüpfen und dabei ihre Neugierde und ihr Interesse miteinbeziehen. Neben dem Thema Tod und der Frage, was Tod bedeutet, geht es vor allem um das Thema Beerdigung und die damit zusammenhängenden Facetten und Rituale. Es ergeben sich viele Anknüpfungspunkte für die Kinder, die wahrscheinlich auch auf eigene Erlebnisse zurückgreifen können. Weniger geeignet ist das Buch für die Bewältigung und Auseinandersetzung mit existenziellen Krisen oder Schicksalsschlägen.

Ein dezidiert christlicher oder religiöser Bezug findet sich im Buch nicht. Allerdings ist es methodisch leicht, hier Zusammenhänge herzustellen.

Der besondere Zugang zu der Frage nach dem Tod wird durch den Protagonisten Putte gegeben, dem fünfjährigen Bruder von Ester. Es bietet sich methodisch an, dass die älteren Kinder in der Schule hier anknüpfen und Putte bestimmte Sachverhalte erklären müssen. So kann man mit folgenden Konstruktionen arbeiten: *Stellt euch vor, ihr geht mit einem Kindergartenkind auf eurem Schulweg und findet eine tote Maus, wie erklärt ihr dem Kind, was »Tod« ist?* Hierbei geht es weder um naturwissenschaftliche oder ethische Fragestellungen, sondern um ein Einüben in ein gemeinsames Nachdenken über den Tod und ein Sprechen und Austauschen.

Die Thematisierung der Beerdigung steht ebenfalls im Vordergrund. Als Einstieg könnte ein Rollenspiel dienen, in dem die Kinder das Trio aus dem Buch fiktiv treffen und fragen, warum sie Beerdigungen spielen. Anschließend können die Kinder eigene Erfahrungen erzählen und damit den Impuls vertiefen. Will man über das Buch hinaus noch an weitere Inhalte anknüpfen, so kann man über den Ablauf einer (christlichen) Beerdigung sprechen[76] oder über unterschiedliche Rituale in den Religionen. Sicherlich ist es dabei wichtig, beide Aspekte im Auge zu behalten: die emotionale Seite und die Sachinformationen.

Will man religionspädagogische Akzente setzen, so kann man sich die Rolle des Ich-Erzählers zu eigen machen. Aufgaben könnten sein: *Wie könnte ein christliches Gedicht bei einer Beerdigung lauten?* Oder unter Verwendung einer Auswahl von Psalmen: *Welcher Psalm passt zu einer Beerdigung und wie kann man das begründen?* Das Gedicht »Hier unten bist du pieksig und platt. Im Himmel bist du rund und satt.« (S. 29) kann den Ausgangspunkt für eine Diskussion bilden: *Passt das Gedicht zu einer Beerdigung? Ist das christlich? Und was stellst du dir vor passiert im Himmel? Vertiefend kann über Himmelsvorstellungen gesprochen werden.*

Theologische Begleittexte

- Ps 126,5 (Tränen säen, Freuden ernten)
- Mt 28,20 (Ich bin bei euch alle Tage)
- 1. Kor 15,44 (Natürlicher/geistlicher Leib)
- Offb 21,4 (Gott wird abwischen alle Tränen)

Weiterführende Fragen

- Was bedeutet tot sein?
- Soll man mit kleinen Kindern über den Tod sprechen (als Frage an größere Kinder)? Wie?
- Was ist eine beste oder eine schöne Beerdigung?
- Gibt es Unterschiede zwischen der Beerdigung eines Menschen und eines Tieres?
- Dürfen oder sollen Kinder an einer Beerdigung teilnehmen?

76 Hilfreich in diesem Zusammenhang: Butt 2013b.

Literatur

Christian Butt, Warum steht auf Opas Grab ein Stein? Beerdigungsbräuche. Stuttgart 3. Aufl. 2013b.
Gabriele Gien, Die besten Beerdigungen der Welt. Verfassen von »lyrischen Grabreden«, in: Grundschule 39 (2007) 10, 34–36.

9.4 Tod eines alten Menschen – Einbeziehung in den Abschiedsprozess

Hermien Stellmacher/Jan Lieffering, *Nie mehr Oma-Lina-Tag?* (2005)

Zur Autorin/zum Illustrator

Hermien Stellmacher (geb. 1958) ist Niederländerin und lebt in Deutschland. Sie ist Grafikdesignerin und arbeitet als Illustratorin und Autorin. Über 30 Kinderbücher hat sie veröffentlicht, dabei ist ihre bekannteste Figur »Moritz Moppelpo«. Mittlerweile hat Stellmacher auch Erwachsenenbücher geschrieben.

Jan Lieffering lebt in Eindhoven in den Niederlanden. Er hat als Lehrer an verschiedenen Schulen unterrichtet und arbeitet nun als Illustrator für die Werbung und für deutsche Verlage.

Zum Inhalt

Mittwochs backen Jasper und seine Nachbarin, die er liebevoll Oma Lina nennt, Pfannkuchen. Ein ganzes Heft mit Rezepten hat Oma Lina bereits für ihn angelegt. Als Jasper eines Tages von der Schule abgeholt wird, erfährt er von seiner Mutter, dass Oma Lina ins Krankenhaus muss. Sie ist krank. Jasper macht sich deshalb große Sorgen. Einige Tage später ist Oma Lina tot. Mit seinen Eltern fährt Jasper ins Krankenhaus und verabschiedet sich von der Verstorbenen. Auch beim Besuch des Bestatters begleitet Jasper seine Eltern und schlägt vor, nach der Beerdigung Pfannkuchen statt Kuchen anzubieten. Beim abendlichen Besuch des Pfarrers erinnert Jasper an das Lieblingsgedicht von Mörike, das der Pfarrer in der Traueransprache vorträgt. Nach der Beerdigung backt Jasper mit seiner Mutter Pfannkuchen für die Anwesenden und wird sehr gelobt. Abends vor dem Einschlafen blättert er im Rezeptheft und spricht in Gedanken traurig mit Oma Lina, die er ganz nahe spürt.

Didaktische und methodische Hinweise

Das Bilderbuch enthält klar und gut nachvollziehbar die Darstellung des Todes eines alten Menschen und die wesentlichen Schritte, die zum Abschied eines Verstorbenen gehören. Dabei ist der Ton des Buches kindgerecht, zugleich sachlich und bemüht, schwierige Momente nicht auszulassen (Abschied im Krankenhaus beispielsweise). Dramatische Elemente oder erzählerische Kniffe werden vermieden, sodass der Ablauf stringent ist und sich die einzelnen Schritte wie von allein ergeben. Dies kann sehr gut als Orientierung für Kinder dienen. Dabei geben die eingefügten Gespräche zwischen Jasper und seinen Eltern sowie seine Erlebnisse wichtige Anregungen zum Nachdenken. Folgende Punkte sind hervorzuheben:

- Jaspers Sorgen, als Oma Lina ins Krankenhaus eingeliefert wird: »Wie ist das eigentlich, wenn man stirbt?«
- Jasper erfährt von Oma Linas Tod
- Jaspers Abschied von Oma Lina im Krankenhaus
- Die Antwort des Vaters im Krankenhaus: »Oma Lina ist nicht alleine, auch wenn wir jetzt gehen. Sie ist bei Gott.«
- Der Besuch beim Bestatter
- Der Besuch des Pfarrers und Jaspers Mitwirken bei der Trauerfeier
- Jaspers Gedanken beim Einschlafen und sein Trost

Das Buch ist eines der wenigen Bilderbücher zum Thema Tod, in dem eine christliche Perspektive benannt wird und auch durch den Besuch des Pfarrers zum Ausdruck kommt. Daran kann man im Unterricht gut anknüpfen.

Die Abendbrotszene von Jasper und seinen Eltern kann einen guten Einstieg bieten. Auf seine Frage »Wie ist es eigentlich, wenn man stirbt?« haben die Eltern erst einmal keine Antwort. Daher werden die Kinder – schriftlich oder als Rollenspiel – gebeten, Jaspers Frage zu beantworten. Die Antworten der Kinder können dann mit der Erklärung des Vaters auf der folgenden Seite verglichen werden.

Ist das, was der Vater sagt, hilfreich? Passt das eigentlich? Ist eine selbstformulierte Antwort besser? Auf der nächsten Seite erfährt Jasper vom Tod Oma Linas. Mit den Kindern kann man besprechen, wie das ist, wenn man von einem Tod erfährt. Soll man die Tatsache direkt erfahren? Oder gibt es auch einen schonenden Weg? Die Darstellung des Besuchs von Jasper bei der toten Oma Lina im Krankenhaus ist ungewöhnlich für ein Bilderbuch – vor allem deswegen, weil dies heute unüblich geworden ist. Viele Angehörige wollen den Verstorbenen nicht noch einmal sehen. Weil dies für die Kinder fremd und ungewohnt ist, wird die Szene große Aufmerksamkeit auf sich ziehen. Sicherlich werden Fragen auftauchen, warum die Oma blass oder wie aus Wachs ist und ob das nicht ekelhaft ist, die Hand der toten Oma zu streicheln? Das kann eine heikle Stelle sein, die sachliche Ruhe in den Antworten und eine gute Balance zwischen dem verständlichen Interesse der Kinder und der vielleicht ausartenden Neugier benötigt. Will man das Thema vertiefen, so kann Jasper im Nachklang eine Tagebuchnotiz verfassen: *»Ich war gestern bei meiner verstorbenen Oma Lina im Krankenhaus. Ich durfte sie noch einmal sehen. Vorher hatte ich gedacht, dass …« Vervollständige die Notiz.* Im Anschluss findet sich die Antwort des Vaters, dass Oma Lina bei Gott sei und dass sie weiterlebe. Zur Vertiefung kann man noch einmal die Idee mit der Tagebuchnotiz aufgreifen und formulieren: *»Papa hat gestern im Krankenhaus bei Oma Lina gesagt: Sie ist bei Gott. Es ist nur Oma Linas Körper, der hier liegt, aber sie selbst lebt weiter. Eigentlich habe ich die Worte nicht verstanden. Was er wohl damit meint? Wie soll ich mir das vorstellen?« Schreibe eine Antwort an Jasper.* Die Antworten werden präsentiert und besprochen. Der Gedanke des Vaters, dass weiterlebt, was Oma Lina besonders gemacht hat, kann aufgegriffen und diskutiert werden, ob und wie die Antwort zu den Vorstellungen der Kinder passt und zu der Antwort, sie sei bei Gott. In dem Zusammenhang kann mit biblischen Worten gearbeitet werden, die als Gedankenanregungen und Vergleich dienen können. Der geschilderte Besuch beim Bestatter und der Besuch des Pfarrers sowie die Trauerfeier regen an, über Erfahrungen und den Ablauf einer Beerdigung zu sprechen (vgl. auch die Vorschläge zu *Die besten Beerdigungen der Welt* im zweiten Teil unter 9.3.). Die Einbindung von Jasper in die Abläufe kann für die Kinder Ausgangspunkt sein, darüber nachzudenken, wie und wo man als Kind eine Aufgabe oder eine Gestaltungsmöglichkeit hat. Dies kann man zusammentragen und dabei auf Erfahrungen der Kinder zurückgreifen. Ein Gespräch, was ein eigener Beitrag bei einer Beerdigung bedeutet und ob er hilft, kann mit einem Hinweis auf den Begriff Trauerarbeit erweitert werden. Gewicht hat zum Abschluss die abendliche Reflexion von Jasper. Vertiefung erfährt diese durch die Aufgabe: *Jasper möchte am Abend beten. Formuliere für Jasper ein Gebet. Was will er darin bedenken? Gestalte dazu passend eine Endseite des Buches.*

Theologische Begleittexte

- Ps 31,16 (Meine Zeit steht in Gottes Händen)
- Ps 90,1–3 (Gott, der du die Menschen lässest sterben und sprichst: Kommt wieder)
- Ps 139,5 (Von allen Seiten umgibst du mich …)
- Jes 41,10 (Fürchte dich nicht, ich bin mit dir …)
- Joh 8,12 (Ich bin das Licht der Welt. …)

Weiterführende Fragen

- Ist mit dem Tod alles aus?
- Was sind gute Erinnerungen und was traurige?
- Wer oder was schenkt Trost?
- Was sind kleine und was große Abschiede?
- Wie können Kinder beim Abschied von einem Toten eine Rolle übernehmen?

9.5 Tod eines alten Menschen – Kindliche Perspektive und Reaktion

Amelie Fried/Jacky Gleich, *Hat Opa einen Anzug an?* (1997/16. Aufl. 2015)

Zur Autorin/zur Illustratorin

Amelie Fried (geb. 1958) ist eine populäre TV-Moderatorin und Schriftstellerin. Dieses Bilderbuch wurde 1998 mit dem Deutschen Jugendliteraturpreis ausgezeichnet.

Jacky Gleich (geb. 1964) studierte Kunst in Potsdam und Dresden. Sie arbeitet als Illustratorin, wurde dafür z.B. mit dem Deutschen Jugendliteraturpreis und dem Gustav-Heinemann Friedenspreis ausgezeichnet und produziert Zeichentrick- und Animationsfilme.

Zum Inhalt

Dies ist ein Buch, das vor allem den Prozess des Abschiednehmens thematisiert. Der Opa des kleinen Bruno ist gestorben, was Bruno jedoch noch nicht versteht. Bei der Beerdigung sieht er, dass sein Opa in einem Anzug daliegt und demnach nicht weg sein kann, wie er sich das bei Toten vorgestellt hat. Bruno will wissen, wo sein Opa ist. Dazu erhält er unterschiedliche Antworten: »Auf dem Friedhof«, »Im Himmel«, »Beides stimmt«. Das verwirrt Bruno noch mehr und so macht er sich selbst auf die Suche nach seinem Opa. Weil er ihn nicht in seinem Zimmer findet, fragt Bruno noch einmal bei seinen Eltern nach. Seine Mutter erklärt ihm, dass der Körper seines Opas auf dem Friedhof sei und seine Seele im Himmel.

Brunos Verständnislosigkeit verwandelt sich in Wut, als er am Weiher sitzt und daran denkt, dass sein Opa ihm noch so viel beibringen wollte. Es kommt ihm vor, als hätte sein Opa ihn im Stich gelassen. Aber als ihm bewusst wird, dass er seinen Opa nie wiedersehen wird, weint er zum ersten Mal seit der Beerdigung. Das erleichtert ihn.

Jeden Abend betrachtet Bruno ein Bild von seinem Opa und es erscheint ihm in diesem Moment immer, als würde dieser ihm von weit her zulachen. Erst nach einigen Wochen geht es Bruno besser und das Leben von ihm und seiner Familie normalisiert sich. Er lernt wieder fröhlich zu sein und denkt an viele schöne gemeinsame Erlebnisse.

Didaktische und methodische Hinweise

Die Geschichte wird aus der Perspektive und mit der Sprache von Bruno geschildert. Die Bilder unterstützen diese Sichtweise, indem der Blickwinkel eines Kindes gewählt wird. Entsprechend des Kasus sind die Bilder in dunklen Farben gehalten.

Inhaltlich zeichnet das Bilderbuch die Trauerarbeit von Bruno nach, der sich in der Welt der Erwachsenen mehr oder weniger allein gelassen fühlt, weil seine Fragen in für ihn nicht verständlicher Art und Weise beantwortet werden. Die bei Kinder nicht vorhandene Einsicht in die Unumkehrbarkeit des Todes wird durch Brunos Reaktion auf den Anblick des vertrauten Opas im Anzug veranschaulicht. Wut als Reaktion scheint aus dieser Verständnislosigkeit die logische Folge, denn geplante Dinge sind jetzt nicht mehr zu verwirklichen. Mit der Erkenntnis, dass man die verstorbene Person nicht mehr wiedersehen wird, kommt dann die Trauer. Als Trauerphasen werden also Unverständnis und Nicht-wahrhaben-wollen, Wut, Traurigkeit und erst nach einigen Wochen die Akzeptanz in kindgerechter Art und Weise aufgenommen. Inhaltlich aufgreifen kann man diese typischen Abläufe, indem folgendes Szenario vorgegeben wird: *Wenn Bruno nach einem Jahr über den Tod seines Opas und wie es ihm damit ergangen ist erzählen würde, was würde er sagen?*

Theologische Begleittexte

- 1. Petr 1,24 (Denn alles Fleisch ist wie Gras …)

Weiterführende Fragen

- Wie reagieren Menschen darauf, wenn andere Menschen gestorben sind?
- Wie kann ich trauernden Freunden/Kindern helfen?

9.6 Schutzengel im Leben, Hospiz

Jutta Bauer, *Opas Engel* (2001/16. Aufl. 2010)

Zur Autorin

Jutta Bauer, geb. 1955 in Hamburg, ist Bilderbuchautorin und Illustratorin. Sie zeichnet unter anderem Trickfilme und für die Zeitschrift Brigitte Bildergeschichten und Cartoons, des Weiteren arbeitet sie für das ZDF.

Zum Inhalt

Ein Großvater erzählt seinem Enkel seine Lebensgeschichte. Der Mann hat viel erlebt und so handeln seine Erzählungen von großartigen Taten, brenzligen Situationen, Gefahren und höchster Not, von Trauer, Liebesglück und Lebensfreude. Er berichtet, dass ihm in diesem Leben Niemand und Nichts etwas anhaben konnte. So zitterten beispielsweise große Hunde vor ihm, während alle anderen Kinder Angst vor ihnen hatten. Auf den liebevoll gestalteten Aquarellbildern wird dargestellt, wie sich die Situation, von der der Großvater in dem Moment berichtet, wirklich zugetragen hat: In jeder der dargestellten und erzählten Situationen sieht man einen Engel, der dem Großvater hilft, ihn unterstützt und ihm zur Seite steht. So weist der Engel beispielsweise den Hund zurecht, den Jungen nicht anzubellen.

Der alte Mann blickt in seinen Erzählungen auf sein gesamtes Leben zurück und zieht eine positive Bilanz: Das Leben ist schön, wenn man sich beschützt weiß. Ob dem alten Herrn in seinem Krankenbett sein Bewahrtsein tatsächlich bewusst ist, wird nicht eindeutig klar, denn auf der Erzählebene wird das im Gegensatz zur Bildebene der bunten Zeichnungen nicht thematisiert.

Am Ende seiner Geschichte schließt der Großvater seine Augen, wahrscheinlich für immer, und der Enkel verlässt leise den Raum. Als der Junge aus dem Krankenhaus tritt, stellt er banal und der Situation des Abschiedes eigentlich nicht angemessen fest, wie schön das Leben ist (»Draußen war es noch hell und warm! Was für ein schöner Tag es war.«) Dabei bemerkt die Leserin bzw. der Leser wiederum nur durch das Bild, dass der Engel seines Großvaters nun bei ihm ist und über sein Leben wacht.

Didaktische und methodische Hinweise

Ein Opa erzählt wahrscheinlich zum hundertsten Mal seine schon wohl bekannten Geschichten. So erleben es oft auch die Schülerinnen und Schüler bei ihren Großeltern: Welche Geschichten erzählt werden und warum (Unterhaltung, um etwas weiterzugeben, um zum Handeln anzuhalten) kann Ausgangspunkt für ein Gespräch sein.

Ein kundiger Leser erkennt auf den Bildern viele Details: Aus der Kleidung des jungen Großvaters, seinem Ranzen, dem Judenstern seines Freundes und den Uniformen erschließt sich die persönliche Lebensgeschichte des Großvaters in den 30er und 40er Jahren. Das sind Stationen der heutigen Urgroßväter: die Kindheit in der Vorkriegszeit, die Jugend im Krieg, der Wiederaufbau und die Jahre des Aufbaus, in denen neben der Familie Haus und Auto wichtig waren.

Dennoch finden sich Unterschiede auf der Text- und der Bildebene: Das Bewahrt- und Beschütztwerden durch den Engel vernimmt der Leser nur durch die Bilder, auf denen die Rettungs- und Hilfsaktionen in erfrischender Weise dargestellt sind: Der Engel zähmt Hunde, hält Gänse zurück, springt in tiefe Seen, lenkt gefährliche Nazis ab. Er steht im Krieg an der Seite des Großvaters und leidet mit ihm, ist aktiv dabei beim Einsatz der Trümmerfrauen. Auf dem Bild, auf dem der Großvater und sein Enkel zusammen baden, hält er die Haie zurück. Das alles fasst der Großvater in dem lapidaren Satz zusammen: »Ich hatte viel Glück.« Die Bilder transportieren eine andere Nachricht: Der Großvater hatte einen unermüdlichen Schutzengel. Hier können weitere Lebensstationen in Text oder Bild erfunden werden, bei denen die Kinder auf eigene Erfahrungen des Bewahrtwerdens zurückgreifen können.

Diese Diskrepanz kann zum Ausgangspunkt genommen werden, um zuerst den Text vorzulesen, damit im Abgleich mit den Bildern dieser Unterschied wahrgenommen werden kann. Die Frage, warum selbst ältere Menschen so schwer von Glaubenserfahrungen erzählen können, warum Religion und mögliche Errettungserfahrungen immer noch so häufig tabuisiert werden, kann auch für Kinder hilfreich sein.

Auch die bildliche Vorstellung der Kinder von einem Engel im Abgleich mit den Bildern kann interessant sein. *Wie stellt ihr euch Engel vor? Sehen Engel wie Menschen aus? Handeln sie menschlich?*

Am Ende des Buches sieht der Betrachter, dass es sich nicht um ein Krankenhaus, sondern um ein Hospiz handelt. Das kann Anlass sein, darüber zu recherchieren, was Hospize im Unterschied zu Krankenhäusern sind. Oft gibt es in solchen Einrichtungen Öffentlichkeitsverantwortliche, die man einladen kann, um diese wichtige Institution vorzustellen.

Trotz aller Ernsthaftigkeit – schließlich nimmt ein Opa Abschied von seinem Enkel und stirbt – wirkt auch Jutta Bauers Bilderbuch heiter und beruhigend, vielleicht weil der Opa dem Enkel neben seinem Lebensweg und seinen Abenteuern auch von seinem »Engel« erzählt, der ihn ein Leben lang begleitet hat und der nach seinem Tod, das kann der Betrachter erkennen, dem Enkel zur Seite steht. Dazu verhelfen auch die farbigen Cartoons.

Theologische Begleittexte

- Gen 22 (Engel als Retter)
- Ri 2 und Num 22 (Engel als Beschützer)
- Ez 40 (Deuteengel)

Weiterführende Fragen

- Glaubst du an Engel, warum (nicht)?
- Wie stellst du dir Engel vor?
- Was würdest du deinen Schutzengel fragen?

9.7 Tod eines Freundes – Abschied als Trauerweg

Marit Kaldhol/Wenche Øyen, *Abschied von Rune* (1987/16. Aufl. 2015)

Zur Autorin/zur Illustratorin

Marit Kaldhol (geb. 1955) ist Norwegerin. Einige Jahre hat Kaldhol als Lehrerin gearbeitet, bevor sie sich ganz auf ihr Wirken als Schriftstellerin konzentrierte. Für dieses Kinderbuch, das auch ihr erstes ist, erhielt sie einige Auszeichnungen, u. a. den Deutschen Jugendliteraturpreis.

Wenche Øyen (geb. 1946) ist eine norwegische Malerin und Illustratorin. Sie hat Kinderzeitschriften bebildert und mehrere preisgekrönte Kinderbücher.

Zum Inhalt

Sara und Rune sind beste Freunde und Spielgefährten. Eines Tages ertrinkt Rune beim gemeinsamen Spiel am See. Sara findet ihn und holt Hilfe. Doch es ist zu spät, Rune ist tot. Vier Tage später ist die Beerdigung. Sara geht mit ihren Eltern in die voll besetzte Kirche und nimmt an der Trauerfeier teil. Auch auf dem Friedhof ist sie bei der Beisetzung dabei. Kurze Zeit später fängt es an zu schneien. Erst im Frühling besucht sie mit ihrer Mutter wieder das Grab. Sara muss wegen Runes Tod heftig weinen, ihre Mutter tröstet sie. Zum Abschied pflückt sie Rune einen kleinen Frühlingsstrauß und fährt dann auf dem Fahrrad mit ihrer Mutter nach Hause.

Didaktische und methodische Hinweise

Das Bilderbuch gehört zu den Klassikern, die Sterben und Tod für Kinder aufbereitet thematisieren. Zu der positiven Resonanz auf das Buch haben die ruhigen, intensiven und emotional berührenden Aquarellbilder wesentlich beigetragen. Eine starke Reaktion auf die Bilder sollte man bei Kindern nicht unterschätzen.

Hier werden der Tod, die enorme Trauer und Sprachlosigkeit sowie die Beerdigung mit ihren Ritualen thematisiert.

Von den bisher vorgestellten Bilderbüchern unterscheidet sich dieses erheblich, da der Tod mit der Hauptfigur Rune ein Kind betrifft, das durch einen Unfall ums Leben kommt. Dieser Tod ist nicht unrealistisch oder übertrieben dargestellt, sondern altersgemäß und realistisch geschildert, sodass Kinder ihn nachvollziehen können. Das Buch erzählt klar, einfühlsam und glaubwürdig die Geschichte. Dadurch, dass der Verunglückte ein Kind ist, ist mit einer größeren Emotionalität bei den Kindern zu rechnen, als bei den Büchern über Tiere oder alte Menschen. Das liegt daran, dass die meisten Kinder den Tod eines Kindes noch nie persönlich erlebt haben. Das Thema ist fremd und ruft Ängste hervor. Die größere Betroffenheit spricht nicht gegen die Behandlung des Buches, ist jedoch in die Vorbereitungen genau miteinzubeziehen. Hingewiesen sei ausdrücklich darauf, dass auch eventuelle Reaktionen der Eltern mitbedacht werden sollten!

In dem Buch sind die Gespräche und das Verhalten der erwachsenen Figuren zentral und inspirierend – besonders das Gespräch zwischen Sara und der Mutter vor der Beerdigung: »Aber irgendwie ist er trotzdem nicht ganz fort, denn wenn wir an ihn denken, können wir ihn ja in uns drin sehen. Und dann können wir auch mit ihm sprechen.« An dieser Stelle kann man das Buch unterbrechen und die Kinder auf Saras Frage: »Sehe ich ihn wirklich nie, nie mehr wieder?« mit einem Brief antworten lassen. Im Anschluss kann man die Antworten präsentieren und mit den Worten der Mutter vergleichen und diskutieren. Vertieft werden kann das Erarbeitete dadurch, dass die Kinder fantasieren, wie es aussehen könnte, Rune zu sehen oder mit ihm zu sprechen.

In der Erzählung finden sich keine explizit christlichen Bezüge, sie schildert aber eine christliche Beerdigung. Saras Gefühle, insbesondere bei der Orgelmusik, werden sehr positiv geschildert. Hier kann man anknüpfen und die Erfahrungen der Kinder ins Gespräch bringen. Auf dem Friedhof kommt es zu einem Dialog zwischen Ruth, der Schwester von Rune, und Sara. Sara tröstet Ruth. Um an dieser Stelle die christliche Hoffnung explizit werden zu lassen, könnte man dies ergänzen: *Der Pfarrer hat das Gespräch zwischen Sara und Ruth gehört. Er schaltet sich ein und sagt: »Du hast Recht, liebe Sara, wir haben Rune in unseren Herzen und tragen ihn in uns. Mir gibt aber auch etwas anderes noch Hoffnung.« – Was meint der Pfarrer? Schreibe die Gedanken des Pfarrers auf.* Auf diese Weise können die Kinder ihr christliches Wissen einbringen und es wird die Basis für eine anschließende Diskussion gelegt. Zur Unterstützung können biblische Worte dienen, die als Material ausliegen. Ein wichtiges Motiv in dem Buch ist auch der Weg, den Sara in ihrer Trauer zurücklegt. Dieser findet seinen Abschluss im Friedhofsbesuch. Trauer und Trost liegen eng zusammen. Natürlich kann man mit den Kindern diese einzelnen Schritte aus der Geschichte analysieren oder aber etwas fantasievoller folgende Aufgabe geben: *Ein Jahr später schaut Sara auf den Tod von Rune zurück. Sie überlegt, was ihr damals geholfen hat, ihre Trauer zu überwinden, und sie denkt auch darüber nach, wie es ihr jetzt geht. Sie ist im Urlaub und hat Zeit, deshalb schreibt sie es in einem Brief an ihre eigene Mutter bzw. die Mutter von Rune.*

Theologische Begleittexte

- Jes 66,13 (Ich will euch trösten, wie einen seine Mutter tröstet)
- Joh 11,25 (Ich bin die Auferstehung und das Leben. …)
- 1. Kor 13,13 (Glaube, Hoffnung, Liebe)

Weiterführende Fragen

- Wie fühlt sich Trauer an?
- Gibt es Schritte, die aus der Trauer heraushelfen?
- Hilft beten, wenn man traurig ist?
- Ist es besser in der Trauer allein oder in einer Gemeinde/Gemeinschaft zu sein?

9.8 Tod eines Geschwisterkindes - christliche Deutung

Kari Vinje/Vivian Zahl Olsen, *Pelle und die Geschichte mit Mia* (2000/2. Aufl. 2008)

Zur Autorin/zur Illustratorin

Die norwegische Kinderbuchautorin Kari Vinje (geb. 1931) verbindet die Themen ihrer Bücher häufig mit christlichem Inhalt. Dieses Buch basiert auf einem authentischen, von der Autorin selbst erlebten Fall, wie die Widmung auf dem Buchdeckel vermuten lässt.

Vivian Zahl Olsen (geb. 1942) ist eine norwegische Grafikerin und Illustratorin. Sie hat für das norwegische Fernsehen gearbeitet und rund 70 Bücher illustriert. U.a. erhielt sie den norwegischen Literaturpreis Cappelenprisen.

Zum Inhalt

Pelles kleine Schwester Mia, die er sehr liebt, stirbt den plötzlichen Kindstod. Pelle entdeckt sie an einem Sonntagmorgen leblos in ihrem Bettchen. Die herbeigerufenen Rettungskräfte können Mia auch nicht mehr helfen. Mia ist tot. Pelle ist verwirrt, aufgewühlt und stellt sich viele Fragen. Einige Zeit später besucht er seine Nachbarin, Frau Jensen, die ihm auf die Frage, was mit der toten Mia passiert, anhand von einem hellen und einem dunklen Handschuh Antwort gibt. Sie sagt, dass Pia von Gott einen neuen, viel schöneren Körper erhält, den der helle Handschuh symbolisiert. Frau Jensen nimmt sich viel Zeit für Pelle und er kann ihr alle Fragen über Gott und den Himmel stellen. Sie erklärt ihm auch mithilfe eines Schuhkartons, wie die Beerdigung von Mia abläuft. Mit seinen Eltern besucht Pelle die Trauerfeier und nimmt von der aufgebahrten Mia Abschied. Unterschiedliche Gefühle bewegen ihn. Die Predigt, in der der Pastor sagt, dass Mia nun ein Königskind sei und Jesus der König, gefällt Pelle. Nachmittags malt er die Beerdigung und dichtet Lieder über den Tod. Dabei sagt ihm seine Mutter, dass Pelle bald ein Geschwisterkind bekommen wird.

Didaktische und methodische Hinweise

Das Bilderbuch unterscheidet sich von den bisher vorgestellten Bilderbüchern durch den wesentlich größeren Umfang (70 Seiten), zudem enthält es dezidiert christliche Jenseitsvorstellungen. Diese sind nicht ohne Problematik, daher wird im Folgenden auf sie eingegangen:

In Pelles Gespräch mit Frau Jensen (S. 38 ff.) entwickelt diese mithilfe der Handschuhe spielerisch und kindgerecht eine Art Leib-Seele-Dualismus. Die Gesprächssituation wirkt holprig, da die theologische Erklärung auf Pelles Angstausbruch erfolgt, auf den nicht weiter eingegangen wird. Mag man die Idee der Vermittlung mit den Handschuhen positiv beurteilen, ist die Vorstellung keineswegs verbindlich christlich, sondern eine hellenistisch inspirierte, populäre Ansicht, die theologisch umstritten ist. Will man also das Buch oder den Ausschnitt aufgreifen, um mit Kindern an ihren Jenseitsvorstellungen zu arbeiten, so muss man den Inhalt als eine Vorstellung kenntlich machen sowie weitere Vorstellungen (biblische Texte etc.) an die Seite stellen und mit den Kindern erörtern.

Im Verlauf des Gespräches verlagert sich der Inhalt mehr und mehr auf die Vorstellung vom Himmel (S. 46 ff.). Diese wird breit und deutlich überhöht ausgeführt. Dabei ist es auch hier wieder so, dass die Anknüpfung nicht wirklich gelungen ist, da nicht auf die Fragen von Pelle eingegangen wird, sondern die christliche Himmelsvorstellung unabhängig davon entwickelt wird. Die ist stark idealisiert, dass es heißt: »Pelle spürt, dass er ein bisschen neidisch auf Mia wird.« (S. 47) Ob ein so idealisiertes Bild vom Himmel hilfreich ist, ist fraglich. Als Ausgangspunkt für kritische Betrachtung unter Einbeziehung von biblischen Texten ist diese Stelle durchaus möglich.

In der Predigt spricht der Pfarrer davon, dass Mia nun ein Königskind sei und Jesus der König. Die Vorstellung, dass Mia zum König Jesus gehört, gefällt Pelle. Beschreibt das Buch zuvor die ungeklärten Gefühle Pelles recht gut, so fällt die schnelle Zustimmung zum Bild Mias als Königskind auf und wirkt unrealistisch. Die ungeteilte Zustimmung zu dem Predigtinhalt kommt zu schnell und glatt. Kritik an Gott, Hadern und Zweifel haben in dem royalen Bild keinen Platz, sind aber unvermeidlich und sehr wohl angebracht. Ein Trauerweg ist nicht erkennbar und scheint durch das schwierige Ende mit der Ankündigung der Geburt eines weiteren Geschwisterkindes seitens der Mutter nicht im Horizont des Buches zu sein. Insofern kann der Part der kritischen Auseinandersetzung der Kinder dienen, sowohl hinsichtlich des Gottesbildes als auch der ungelebten Trauer.

Theologische Begleittexte

- Jes 26,19 (Deine Toten werden leben …)
- Dan 12,2 (Viele, die unter der Erde schlafen, werden aufwachen …)
- Joh 11,25 (Ich bin die Auferstehung und das Leben)
- 1. Kor 15,42–44 (Natürlicher/geistlicher Leib)
- 2. Kor 1,9 (Gott, der die Toten auferweckt)

Weiterführende Fragen

- Was kommt nach dem Tod?
- Jenseits oder Himmel – wie sieht das aus?
- Ist Gott Herrscher über Leben und Tod?
- Darf man auf Gott wütend sein?
- Wie lange dauert Trauer?

9.9 Unfalltod eines Elternteils – Erinnerung als Trost

Inger Hermann/Carme Solé Vendrell, *Du wirst immer bei mir sein* (1999/2. Aufl. 2010)

Zur Autorin/zur Illustratorin

Inger Hermann (geb. 1940), Lehrerin und Bildungsreferentin, engagiert sich in der Hospizbewegung und arbeitet dort als Bildungsreferentin. Neben ihrem bekanntesten Buch *Halt's Maul, jetzt kommt der Segen …* hat sie zwei Kinderbücher zum Thema Kind und Tod geschrieben.

Carme Solé Vendrell ist 1944 in Barcelona geboren und hat viele Bilder- und Kinderbücher illustriert.

Zum Inhalt

Bei einem Unwetter auf einer langen Urlaubsfahrt verunglückt die Familie von Peter mit dem Auto. Der verletzte Peter wacht im Krankenhaus auf und erfährt, dass sein Vater bei dem Unfall ums Leben gekommen ist. Peter erlebt in der nächsten Zeit unterschiedliche Gefühle: Zum einen ist es ihm, als ob sein Vater immer noch bei ihm sei, zum anderen ist er traurig, hilflos und wütend. Vor allem mit dem Gefühl, dass der Vater noch da ist, setzt sich Peter auseinander. Sein Opa gibt ihm Hilfestellung, indem er ihm sagt, dass man auch Menschen, die gestorben sind, in ihrer Liebe nah bei sich spüren kann. Dieses Verständnis gibt Peter Halt und Kraft, auch an seinem ersten Schultag.

Didaktische und methodische Hinweise

Die normale und vertraute Autofahrtszene am Anfang, die abrupt durch die realistisch beschriebene Unfallszene beendet wird, verlangt den Kindern einiges ab. Auch wenn der Tod des Vaters keinesfalls übertrieben dargestellt ist, ruft er bei den Kindern doch Ängste oder Verunsicherung hervor. Dessen muss man sich bei der Arbeit mit dem Buch bewusst sein. Der Unfalltod wird das Interesse der Kinder auf sich ziehen und braucht zunächst Raum der Verarbeitung und des Gespräches. Wenn dies passiert ist, ist Aufmerksamkeit vorhanden, sich auf den inhaltlichen Schwerpunkt des Buches, der vor allem im zweiten Teil im Vordergrund steht, einzulassen: das trotz des Todes unverbrüchlich bestehende Band zwischen Vater und Sohn.

Methodisch ist es sinnvoll, nach einer ersten Klärung der Situation, den Schwerpunkt des Buches in den Vordergrund zu rücken. Um nicht der evtl. Neugier über Art und Weise des Unfalls zu viel Raum zu geben, kann bereits in diesem Abschnitt der Focus auf Peter gelenkt werden. So kann nach den Gefühlen oder Sorgen von Peter gefragt werden. Auch kann die Frage diskutiert werden, ob Peter schon im Krankenhaus erfahren soll, dass sein Vater nicht mehr lebt (S. 10). Er hat ja selbst Schmerzen oder einen Schock. Mit der Szene von Peter lächelnd im Bett (S. 12/13) ist die Zäsur gegeben, dass er die Gegenwart seines Vater spürt und erlebt. »Aber da ist er ja!« Das wird im Gespräch mit seiner Schwester Ulrike entfaltet und auf der nächsten Seite noch einmal vertieft. Eine Möglichkeit, um diesen Gedanken zu verstehen und nachzuvollziehen, ist es Ulrike einen Brief an ihre Freundin schreiben zu lassen. *»Heute habe ich meinen Bruder im Krankenhaus besucht. Er glaubt nicht, dass Papa tot ist. ›Ich habe Papa gesehen‹, hat er zu mir gesagt. Er spürt ihn, fühlt ihn in seiner Nähe. Ich verstehe das nicht. Ich mache mir Sorgen um Peter. Was meinst du?« – Schreibe eine Antwort an Ulrike und versuche ihr zu erklären, was Peter meint.* Der Großvater erklärt den Kindern die Situation (S. 22) und gibt die Deutung. Dies kann man verstärken, indem die Kinder eine Tabelle erstellen, in der sie zwei Spalten eintragen: 1. Was wir sehen können und was da ist. 2. Was wir nicht sehen können und was da ist (Liebe, Hoffnung, Vertrauen etc.). Auf die zweite Spaltenseite kommt es natürlich an. Die Frage zur Diskussion ist: Welche Spaltenseite ist denn wirklich? Oder: Womit kann ein Mensch die Inhalte der zweiten Spaltenseite wahrnehmen? So kann anschließend über die Seele und deren Definition gesprochen werden. Peter geht gestärkt in seinen ersten Schultag. Es scheint, er habe wieder mehr innere Balance gefunden. Dem kann spielerisch nachgespürt werden, indem die Kinder z. B. auf Springtauen oder aufgeklebten Tesakreppstreifen als Tandem balancieren üben. Einmal geht der eine Partner mit verbundenen Augen allein auf dem Tau, dann der andere. Danach geht der Partner mit verbundenen Augen und der andere hält seine Hand unter der von dem Balancierenden ausgestreckten Hand, ohne ihn zu berühren. Gab das Wissen und Vertrauen um die Hilfestellung mehr Gleichgewicht, ist die Frage im Nachgespräch. Eine Fortsetzung der Geschichte ist spannend. Wie entwickelt sich Peter? Die Kinder sollen folgende Aufgabe bearbeiten: *Als Peter in die zweite Klasse versetzt wird, merkt er, wie schnell die Zeit seit dem Tod seines Vaters vergangen ist. Erstaunt hält er Rückschau und schreibt auf, was alles seitdem passiert ist. – Schreibe es auf!*

Eine Möglichkeit, eine christliche Deutung einzufügen, die sich ansonsten nicht in dem Buch findet, ist folgende Idee: *Nach dem ersten Schultag geht Peter am Sonntag zum Schulanfangsgottesdienst der Gemeinde. Peter ist still und schaut sich alles mit neugierigen Augen an. Auch den schönen Spruch mit den goldenen Buchstaben an der Kirchendecke: Gott ist die Liebe. Beim Mittagessen sagt Peter: »Nun habe ich verstanden, wie das mit Papa und mir ist. Das ist nämlich so, …« Vervollständige die Geschichte.*

Theologische Begleittexte

- 1. Kor 13,8a (Die Liebe hört niemals auf)
- 1. Kor 13,13 (Glaube, Hoffnung, Liebe)
- 1. Joh 4,16 (Gott ist die Liebe …)

Weiterführende Fragen

- Wo sind die Toten?
- Was verbindet uns mit den Toten?
- Wie wirklich sind Erinnerungen?
- Hören Erinnerungen auf?
- Was ist die Seele?

9.10 Hoffnungsbilder - Tod als Verwandlung

Heike Saalfrank/Eva Goede, *Abschied von der kleinen Raupe* (2003/20. Aufl. 2015)

Zur Autorin/zur Illustratorin

Heike Saalfrank ist Grafikdesignerin.

Eva Goede studierte deutsche Sprache und Literatur.

Zum Inhalt

Schmatz, die kleine Raupe, und Schmierle, die kleine Schnecke, sind eng befreundet und leben auf einer großen Wiese am Waldrand. Sie erleben Tag für Tag viele Abenteuer zusammen. Eines Tages merkt Schmatz eine Veränderung an sich. Am nächsten Morgen kann Schmierle sie nicht wecken. Die weise Schnecke Lale erklärt Schmierle, dass Schmatz gestorben sei und ein anderes Leben beginnen werde. Schmierle ist sehr traurig, findet aber mit der Zeit Trost. Schmatz aber verwandelt sich tatsächlich in einen wunderbaren Schmetterling und beginnt ein neues Leben.

Didaktische und methodische Hinweise

Den zentralen Inhalt des Buches bilden die Verwandlung der Raupe zum Schmetterling und die Interpretation des Vorganges durch die Schnecke Lale. Es geht damit um die grundsätzliche Deutung des Todes als Beginn eines neuen Lebens. Die Parallele zur christlichen Sinngebung von Tod als Auferstehung ist überdeutlich, auch wenn eine ausdrückliche Bezugnahme nicht stattfindet.

Methodisch ist es ratsam, die Thematik vorzubereiten. So ist ein Beginn mit einem Schreibgespräch eine Möglichkeit, das zu folgenden Fragen geführt werden kann: 1. Gibt es ein Leben nach dem Tod? 2. Welche Argumente gibt es für ein Leben nach dem Tod? 3. Welche Argumente sprechen gegen ein Leben nach dem Tod? 4. Ein Leben nach dem Tod ist wie …? Alternativ kann auch mit Karteikarten gearbeitet werden und dem Satzanfang: »Auferstehung bedeutet …« Nachdem auf diese Weise eigene Ideen der Kinder formuliert und diskutiert wurden, ist die Begegnung mit der Erzählung fruchtbarer.

Eine andere Herangehensweise ist, das Bild eines Grabsteines mit einem Schmetterling als Impuls zu setzen und von den Kinder diskutieren zu lassen, ob dies eine angemessene Grabsteingestaltung sei oder nicht. Das Buch folgt als Auflösung der Diskussion. Da das Bilderbuch nicht so komplex ist, kann es als Ganzes vorgelesen werden. Danach kann an das Grabsteinbild wieder angeknüpft werden. Zur Vertiefung dient die Aufgabe: *Der Schmetterling fliegt hoch und höher und kommt in himmlische Höhen, dort begegnet er … Male ein Bild oder schreibe seine Erlebnisse auf.* Nach der Präsentation können die Kinder von ihren himmlischen Auferstehungsvorstellungen sprechen und auch darüber, ob ihnen das Bild vom Schmetterling Hoffnung schenkt.

Theologische Begleittexte

- Mk 12,27 (Gott ist ein Gott der Lebenden)
- Lk 24,13–35 (Emmausjünger)
- 1. Kor 15,51–54 (Wir werden verwandelt werden)

Weiterführende Fragen

- Welche Symbole für Auferstehung gibt es?
- Womit kann man Auferstehung vergleichen?
- Gibt es auch eine Auferstehung mitten im Leben?

9.11 Tod eines Haustiers

Ulf Nilsson/Anna-Clara Tidholm, *Adieu Herr Muffin*

Siehe im ersten Teil unter 9.1.2.

9.12 Comic-artig gestalteter Überblick über Tod, Rituale und Erinnerungsmöglichkeiten

Pernilla Stalfelt, *Und was kommt dann?* (2000/12. Aufl. 2015)

Zur Autorin

Die Schwedin Pernilla Stalfelt (geb. 1962) studierte Kulturwissenschaften und arbeitet als Illustratorin und Buchautorin sowie Museumspädagogin in Stockholm. Ihre Bücher umfassen ein breites Themenspektrum, auch ungewöhnliche Inhalte werden nicht ausgeklammert. Dieses Buch wurde 2001 für den Deutschen Jugendliteraturpreis nominiert.

Zum Inhalt

Das Buch ist kein klassisches Bilderbuch, sondern erinnert eher an ein Sachbuch im Comicstil, das das Thema Tod direkt und zugleich humorvoll zum Inhalt hat. Die Bilder gleichen Karikaturen oder auch Kritzeleien, die pointiert den Inhalt darstellen.

Das Buch beginnt mit der Aussage, dass der Tod ein schwieriges Thema sei. Danach entfaltet es kurz, was man über den Tod weiß und hält sich dabei an den Kreislauf der Natur. Im Anschluss daran widmet es sich den Vorstellungen darüber, was nach dem Tod kommt. Die Jenseitsvorstellungen nehmen traditionell christliche Glaubensinhalte (die Seele geht zu Gott, die Toten werden Engel), atheistische Vorstellungen, andere religiöse Ideen (Wiedergeburt), aber auch populäre Motive auf (Stern im Himmel), die mit grotesken, spiritistischen Szenarien verbunden werden (Vampire). Am Ende werden Beerdigungsbräuche und Rituale dargestellt, die in der für dieses Buch typischen Mischung von Sachinformationen und grotesken Überzeichnungen in großer und anregender Fülle vorhanden sind.

Didaktische und methodische Hinweise

Dass dieses Buch ein außergewöhnliches und sicherlich kein typisches Bilderbuch oder gar ein einfühlsames Trostbuch darstellt, mithilfe dessen man mit Betroffenen vorsichtig über ihre Gefühle sprechen kann, das ist auf den ersten Blick klar. Vielmehr ist das Ziel des Buches, dass man die kindliche oder jugendliche Neugier unbefangen, sachlich und zugleich mit einer Prise (despektierlichen) Humors befriedigt und ein schwieriges Thema humorvoll und unmittelbar verständlich nahebringt. Es trägt einen hohen Aufforderungscharakter in sich, der zum Fragen, Forschen und Antwortensuchen einlädt.

Die dem Buch eigene sachliche naive Direktheit und die Kinderzeichnungen nachempfundenen Bilder im Comicstil bieten eine methodische Chance. Dabei sei zudem darauf hingewiesen, dass dies wohl das einzige Buch zum Thema ist, das auch Jugendliche freiwillig in die Hand nehmen. Insgesamt ist die Adressatengruppe wohl bei älteren Kindern anzusetzen. Dies ist durch den Comicstil bei zugleich dichter Informationsfülle und dem besonderen Humor gegeben. Die vom Verlag avisierte Zielgruppe der Vier- bis Neunjährigen erscheint eher fraglich.

Die Dreiteilung der Thematik ist deutlich: Nach der Einleitung folgen Fakten über Tod und Sterben, Jenseitsvorstellungen und Bräuche sowie Rituale. So könnte am Anfang die Einleitung thematisiert werden: Was macht es eigentlich so schwer, über den Tod zu sprechen? Da es durch den Charakter der Zeichnungen naheliegt, bei der Bearbeitung des Buches vermehrt die Schülerinnen und Schüler zum Zeichnen anzuhalten, sollen sie hier eine neue Seite erfinden: *Begründe, warum das Nachdenken über den Tod schwierig ist.* Die Bilder werden präsentiert und bilden die Gesprächsbasis. Die Thematisierung der Jenseitsvorstellungen kann ebenfalls mithilfe selbst angefertigter Zeichnungen geschehen. Die Aufgabe lautet: *Erstelle eine Seite für das Buch, in der du deine Jenseitsvorstellung – im zum Buch passenden Stil – präsentierst.* (Besonders produktiv scheint die Aufgabe vor Lektüre des Buches.) Als religionspädagogischer Impuls könnte dienen: *Stell dir vor, ein Pfarrer hat das Buch gelesen. Er sagt dir: »Inhaltlich finde ich das Buch nicht gelungen, aber der Stil gefällt mir. Damit kann ich auch junge Leute ansprechen. Kannst du mir bitte eine Seite für den Gemeindebrief gestalten, in dem vermittelt wird, was*

Christen über das Jenseits glauben?« Im Anschluss können die Ergebnisse mit dem Buch verglichen werden. Wie unterscheiden sich die Vorstellungen, was ist überzeugend, wo bleiben noch Fragen offen?

Bei der Bearbeitung der Rituale werden die Zeichnungen des Buches farbig kopiert. Die Gruppen à 4–5 Schülerinnen und Schüler erhalten jeweils Kopien und Scheren sowie ein DIN A3-Blatt Papier und sollen mithilfe der ausgeschnittenen Zeichnungen und eigener Ergänzungen einen für sie sinnvollen und hilfreichen Beerdigungsablauf gestalten. *Entwerft einen Beerdigungsablauf, wie ihr ihn gut und hilfreich findet. Schneidet dazu die Stationen aus dem Buch aus, die euch gefallen und ergänzt sie. Ihr müsst euch nicht an den vorgegebenen Ablauf halten.* Die fertigen Plakate werden vorgestellt, verglichen und diskutiert.

Die sehr originelle Seite mit den Erinnerungsmöglichkeiten kann auch Anlass für ein Gespräch mit den Schülerinnen und Schülern sein. Eine Aufgabe könnte lauten. *Wer erfindet die originellste, aber durchaus realistische Erinnerungsmöglichkeit? Male ein Bild dazu. Erfinde die passende Geschichte, warum man sich an den Menschen so erinnern wird.* Die Beerdigungsbräuche können als Rechercheaufgabe erweitert werden. Die Schülerinnen und Schüler sollen zu Hause recherchieren, ob sie Beerdigungsrituale finden, die sie besonders beeindrucken.

Theologische Begleittexte

- Pred 3,1 ff. (Ein jegliches hat seine Zeit …)

Weiterführende Fragen

- Passen ein Gespräch über den Tod und Humor zusammen?
- Darf man ein solches Buch über den Tod verfassen?
- Was ist Pietät?
- Warum ist man in der Kapelle und auf dem Friedhof still?
- Gibt es ein richtiges Verhalten bei Beerdigungen?

Literatur

Martina Plieth/Michael Herbst, Buchbesprechung, in: Gerhard Büttner u. a. (Hg.), Jahrbuch für Kindertheologie (JaBuKi) 1, Stuttgart 2. Aufl. 2008, 161–165 (sehr kritisch zum Buch).

Literatur

Primärliteratur

Baltscheit, Martin, Die Geschichte vom Fuchs, der den Verstand verlor. Berlin 2010. (S. 242)

Bauer, Jutta, Opas Engel. Hamburg 2001/16. Aufl. 2010. (S. 262)

Baumann, Kurt/Gantschev, Ivan, Drei Könige. Eine Weihnachtslegende. Gossau/Zürich 1990. (S. 156)

Belli, Gioconda/Erlbruch, Wolf, Die Werkstatt der Schmetterlinge. Wuppertal 1994/2000. (S. 118)

Bergren, Lisa Tawn/Bryant, Laura, Ostern ist ein Geschenk des Himmels. Marburg 2014. (S. 165)

Bittner, Wolfgang/Kirchberg, Ursula, Felix, Kemal und der Nikolaus. Zürich 1996. (S. 189)

Bluitgen, Kare/Carrer, Chiara, Ein Stiefel fiel vom Himmel. Aus dem Dänischen von Heinz Günther Schmidt. Wuppertal 2001. (S. 89)

Bolliger, Max, Das Licht des kleinen Hirten. Lahr 1990/3. Aufl. 1992. (S. 138)

Ders., Der Weihnachtsnarr. Freiburg 1990/Zürich 2. Aufl. 2008. (S. 140)

Ders./Sangl, Michaela, Die Geschichte des weisen Nathan. Die Ringparabel neu erzählt. Festgabe zum 80. Geburtstag von Max Bolliger. Freiburg 2009. (S. 61)

Brenifier, Oscar/Després, Jacques, Was, wenn Gott einer, keiner oder viele ist? Stuttgart/Wien 2013. (S. 94)

Brülhart, Stephan/Süess, Manuel, Leopold und der Fremde. Zürich 2009. (S. 230)

Cave, Kathryn/Riddell, Chris, Irgendwie Anders. Hamburg 1994/15. Aufl. 2015. (S. 232)

Damjan, Mischa/de Beer, Hans, Das Eichhorn und das Nashörnchen. Zürich 1977/Lüneburg 2004.(S. 207)

Damon, Emma, Frieden. Wie geht das? Stuttgart/Wien 2004. (S. 213)

Delval, Marie-Hélène/Nascimbeni, Barbara, Wie siehst du aus Gott? Stuttgart/Wien 2011. (S. 82)

Dörrie, Doris/Gleich, Jacky, Martin. Frankfurt 2009. (S. 178)

Dubois, Claude K., Akim rennt. Frankfurt 2013/3. Aufl. 2015. (S. 239)

Eichhorn, Manfred/Döring, Hans-Günther, Martin und Cemile. Eine St. Martingeschichte. Drensteinfurt 1996. (S. 181)

Elschner, Géraldine/Junge, Alexandra, Das Osterküken. Zürich 2003/6. Aufl. 2012. (S. 173)

Erlbruch, Wolf, Frau Meier, die Amsel. Wuppertal 1995/5. Aufl. 2006. (S. 49)

Ders., Ente, Tod und Tulpe. München 2007/17. Aufl. 2015. (S. 251)

Ders., Die große Frage. Wuppertal 2004/9. Aufl. 2015. (S. 101)
Fährmann, Willi/König, Paul, Wie aus dem Ei das Osterei wurde. Würzburg 1990. (S. 162)
Ders./Hafermaas, Gabriele, Paco baut eine Krippe. Würzburg 1993/Donauwörth 2004. (S. 46)
Fried, Amelie/Gleich, Jacky, Hat Opa einen Anzug an? München/Wien 1997/16. Aufl. 2015. (S. 260)
Frisch, Hermann-Josef/Gantschev, Ivan, Der Chamäleonvogel. Gütersloh 2004/6. Aufl. 2015. (S. 159)
Fuchshuber, Annegert, Karlinchen. Wien 1995/Berlin 2015. (S. 237)
Geras, Adèle/Wright, Cliff, Wünsche für dein Leben. Gießen 2002. (S. 201)
Gerhard, Paul, Ich steh an deiner Krippen hier. Mit Bildern von Jacky Gleich. Frankfurt 2007. (S. 135)
Grosche, Erwin/Geisler, Dagmar, Der kleine Herr Wunder. Wien/Stuttgart 2007. (S. 122)
Heine, Helme, Samstag im Paradies. Weinheim 1985/2004. (S. 104)
Hermann, Inger/Solé Vendrell, Carme, Du wirst immer bei mir sein. Düsseldorf 1999/2. Aufl. 2010. (S. 271)
Janisch, Heinz/Wolfsgruber, Linda, Wie war das am Anfang. Wien 2009/Innsbruck 2012. (S. 116)
Kaldhol, Marit/Øyen, Wenche, Abschied von Rune. München 1987/16. Aufl. 2015. (S. 265)
Kasuya, Masahiro, Rotkehlchens feuerrote Federn. Eine Weihnachtslegende. Hamburg 1984/4. Aufl. 2015. (S. 145)
Ders., Schöpfung. Kiel 1987/18. Aufl. 2015. (S. 113)
Labusch, Mia/Gantschev, Ivan, Die große rote Ostersonne. Gütersloh 2014. (S. 168)
Lagerlöf, Selma/Wikland, Ilon, Die Heilige Nacht. Original 1905/Hamburg 2005. (S. 147)
Lindgren, Astrid/Wikland, Ilon, Der Drache mit den roten Augen. Hamburg 1987/9. Aufl. 2015. (S. 37)
Dies., Weihnachten in Bullerbü. Hamburg 1963/35. Aufl. 2015. (S. 43)
Lipan, Sabine/Wünsch, Dorota, Die Weihnachtsmütze. Wuppertal 2005. (S. 153)
Lionni, Leo, Tico und die goldenen Flügel. Weinheim/Basel 1966/Neuaufl. 2015. (S. 244)
Ders., Frederick. Köln 1967/Weinheim 11. Aufl. 2014. (S. 223)
Ders., Swimmy. Weinheim 1964/12. Aufl. 2015. (S. 224)
Lobe, Mira/Weigel, Susi, Das kleine Ich bin Ich. Wien/München 1972/41. Aufl. 2015. (S. 210)
Löffel-Schröder, Bärbel/Gerhardt, Sven, Du, was ist eigentlich Beten? Witten 2010. (S. 199)
Lucado, Max/Martinez, Sergio, Genau so, wie du bist. Grünkraut 2007. (S. 79)
Dies., Du bist mein. Holzgerlingen 2005/3. Aufl. 2009 (S. 214)
Ders./Gilles, Chuck, Immer an deiner Seite. Grünkraut 2008. (S. 84)

Ders./Martinez, Sergio, Du bist einmalig. Holzgerlingen 2003/9. Aufl. 2015. (S. 57)
Ders./Hunt, Robert, Eine Krippe für das Kind. Witten 2012. (S. 133)
Moeyaert, Bart/Erlbruch, Wolf, Am Anfang. Wuppertal 2003/3. Aufl. 2015. (S. 107)
Monari, Manuela/Baldi, Brunella, Der rote Faden. Innsbruck/Wien 2012/2. Aufl. 2015. (S. 98)
Moost, Nele/Kunstreich, Pieter, Wenn die Ziege schwimmen lernt. Weinheim/Basel 1997/12. Aufl. 2015. (S. 219)
Nilsson, Ulf/Tidholm, Anna-Clara, Adieu, Herr Muffin. Frankfurt 2002/7. Aufl. 2014. (S. 40)
Ders./Eriksson, Eva, Die besten Beerdigungen der Welt. Frankfurt 2006/12. Aufl. 2013. (S. 254)
Oberthür, Rainer/Nascimbeni, Barbara, Das Vaterunser. Stuttgart/Wien 2013. (S. 192)
Ders./Seelig, Renate, Die Pfingsterzählung. Stuttgart 2014. (S. 175)
Parazzoli, Paola/Abbatiello, Antonella, Die Schöpfung. Zürich 2011. (S. 110)
Pauli, Lorenz/Zedelius, Miriam, Harzig, Kipplig, Fälltum. Mannheim 2010. (S. 52)
Ders./Schärer, Kathrin, mutig, mutig. Weinheim/Basel 2009. (S. 221)
Pfister, Marcus, Der Regenbogenfisch. Zürich 1992/Sonderausgabe 2015. (S. 204)
Ders., Mats und die Wundersteine. Hamburg 1997/5. Aufl. 2009. (S. 127)
Ders., Regenbogenfisch, komm hilf mir! Zürich 1995/8. Aufl. 2011. (S. 228)
Piatti, Celestino, Eulenglück. Zürich 1963/3. Aufl. 2013. (S. 217)
Preußler, Otfried/Holzing, Herbert, Brot für Myra. München 1990/Stuttgart 2004. (S. 186)
Reider, Katja/von Roehl, Angela, Wahre Wolkenwunder. Freiburg 1997. (S. 96)
Saalfrank, Heike/Goede, Eva, Abschied von der kleinen Raupe. Würzburg 1998/20. unveränd. Aufl. 2015. (S. 274)
Sack, Rena/Leson, Astrid, Ostern in aller Welt. Ein Osterkalender mit 22 Geschichten. Lahr 1997/2012. (S. 170)
Schäfer, Anja/Dulleck, Nina, Der Engel, der nicht singen wollte. Witten 2011. (S. 143)
Schami, Rafik/Beer, Sandra, »Wie sehe ich aus«, fragte Gott. Stuttgart 2011/3. Aufl. 2014. (S. 56)
Scheidl, Gerda Marie/Pfister, Marcus, Mirjams Geschenk. Eine Weihnachtsgeschichte. Hamburg 1989. (S. 130)
Dies., Die vier Lichter des Hirten Simon. Zürich 1986/18. Aufl. 2011. (S. 150)
Schindler-Hürlimann, Regine/Verburg, Ursula, Benjamin sucht den lieben Gott. Lahr 1979/11. Aufl. 2000. (S. 87)
Schmidt-Salomon, Michael/Nyncke, Helge, Susi Neunmalklug erklärt die Evolution. Aschaffenburg 2009. (S. 70)
Dies., Wo bitte geht's zu Gott? fragte das kleine Ferkel. Ein Buch für alle, die sich nichts vormachen lassen. Aschaffenburg 2007. (S. 67)
Scholz, Julia/Erbrich, Guido, Beten ist einfach! Beten ist kompliziert; nur für Kinder. Leipzig 2011. (S. 197)

Schreiber-Wicke, Edith/Holland, Carola, König Wirklichwahr. Stuttgart 2007. (S. 225)

Schulz, Hermann/Wünsch, Dorota, Ein Apfel für den lieben Gott. Wuppertal 2004. (S. 91)

Spier, Peter, Menschen. Stuttgart/Wien Neuausgabe 2012. (S. 235)

Stalfelt, Pernilla, Und was kommt dann? Das Kinderbuch vom Tod. Frankfurt 2000/12. Aufl. 2015. (S. 276)

Steinkühler, Martina/Fröhlke, Anne, Die Geschichte vom guten König. Das Vaterunser. Ostfildern 2015. (S. 195)

Stellmacher, Hermien/Lieffering Jan, Nie mehr Oma-Lina-Tag? Stuttgart 2005. (S. 257)

Varley, Susan, Leb wohl, lieber Dachs. München 1984/Berlin 26. Aufl. 2009. (S. 248)

Verrept, Paul, Gott. Innsbruck 2003. (S. 76)

Vinje, Kari/Olsen, Vivian Zahl, Pelle und die Geschichte mit Mia. Gießen 2000/2. Aufl. 2008. (S. 268)

Weninger, Brigitte/Wintz-Litty, Julie, Lumina. Zürich 1997/5. Aufl. 2008. (S. 184)

Wormell, Chris, Ein kluger Fisch. Frankfurt 2011. (S. 125)

Sekundärwerke

Altenmüller, Charlotte, Bilderbücher über Sterben, Tod und Abschiednehmen, in: Evangelische Kinderkirche 79 (2007) 1, 7–9.

Bardola, Nicola u. a., Mit Bilderbüchern wächst man besser. Stuttgart 2009.

Baumann, Rolf, Noah, Daniel und Jona. Alttestamentliche Bilderbücher für Kinder, in: Bibel heute 85 (1986) 1, 116–117.

Bembé, Silja, Weihnachten in der 3. und 4. Klasse. Ismaning 2004.

Benthin, Christiane, Vom »lieben Jesulein«, lahmenden Lämmchen und zwergwüchsigen Engeln. Kitsch und Klischee im Bilderbuch, in: Theorie und Praxis der Sozialpädagogik (2003) 9, 41–43.

Dies., Bilderbücher als Seelenbrücken, in: TPS extra (2000) 38, 40–42.

Beschorner, Gisela, Frohe Weihnachten mit Geschichten von Max Bolliger. Eine Arbeitshilfe für den Religionsunterricht in der Grundschule. München 2003.

Biesinger, Albert/Braun, Gerhard, Gott in Licht und Dunkel sehen. Werkbuch für Kindergarten, Schule und Gemeinde. München 2004.

Bobe, Catharina, Fremdverstehensförderung mit Kinderliteratur am Beispiel eines handlungs- und produktionsorientierten Umgangs mit *Irgendwie Anders* in der Grundschule, in: Beiträge Jugendliteratur und Medien 54 (2002) 3, 180–186.

Bönig, Dagmar/Hering, Jochen, Paulas Reisen – Die Förderung von sprachlichem Ausdruck und mathematischen Fähigkeiten in der Arbeit mit einem Bilderbuch, Heft B05, 2012, www.fruchpaedagogik.uni-bremen.de/handreichungen/ (Zugriff am 2.11.2015).

Bokmann, Jeanette, Zeit zum Leben – Zeit zum Sterben, in: Grundschule Religion 39 (2012), 10–14.

Bonacker, Maren, Sprachliche Vielfalt entdecken. Zwei- und mehrsprachige Bilderbücher sind eine Bereicherung für jede Kita, in: Welt des Kindes 92 (2014) 3, 32–33.

Bucher, Anton A., Kindertheologie: Provokation? Romantizismus? Neues Paradigma?, in: Bucher, A. A. et al. (Hg.), »Mittendrin ist Gott«. Kinder denken nach über Gott, Leben und Tod. Jahrbuch für Kindertheologie (JaBuKi) 1, Stuttgart 2002, 9–27.

Bundesministerium für Familie, Senioren, Frauen und Jugend, Indizierungsantrag nach dem Jugendschutzgesetz, http://hpd.de/files/BMFSFJ-Indizierungsantrag.pdf (Zugriff am 2.11.2015).

Butt, Christian, Abschied, Tod und Trauer – Kinder und Jugendliche begleiten. Ein Praxisbuch mit Projektideen und Unterrichtsentwürfen für Schulen und Gemeinden. Stuttgart 2013a.

Ders., Warum steht auf Opas Grab ein Stein? Beerdigungsbräuche. Stuttgart 3. Aufl. 2013b.

Comenius, Johann Amos, Orbis sensualium pictus. Frankfurt 4. Aufl. 2013.

Cramer, Gabriele, Karlinchen – oder: Die Kunst dem anderen zum Nächsten zu werden. Ein Bilderbuch von Annegert Fuchshuber im Religionsunterricht der Grundschule, in: Kirche und Schule (2006) 3, 12–15.

Dankert, Birgit, Astrid Lindgren. Eine lebenslange Kindheit. Darmstadt 2013.

Evo-Magazin: www.darwin-jahr.de/e-day (Zugriff am 2.11.2015).

Dehn, Hille/Thiele, Jens, Beurteilung und Bewertung von Bilderbüchern, in: Thiele, Jens (Hg.), Bilderbücher entdecken. Untersuchungen, Materialien und Empfehlungen zum kritischen Gebrauch einer Buchgattung. Oldenburg 1986, 142–164.

Diepholz, Lieselotte, Gedanken zu biblischen Bilderbüchern, in: Der Evangelische Buchberater 54 (2000) 3, 278–284.

Dietermann, Joachim, Illustrationspreis für Kinder- und Jugendbücher 2004, in: Theorie und Praxis der Sozialpädagogik (2005) 1, 49–53.

Dold, Thomas, »Irgendwie Anders«. Das Thema »Ausgrenzung« mit einem Bilderbuch bearbeiten, in: Grundschulzeitschrift 146 (2001), 40–41.

Dreßing, Gabriele, Zwischen Bibel und Bilderbuch. Religiöse Kinder- und Jugendliteratur im Spiegel des katholischen Kinder- und Jugendbuchpreises. St. Ingbert 2004.

Eberle-Theka, Nina, Wie im Bilderbuch? Neues Potenzial eines alten Mediums, in: Praxis Gemeindepädagogik 66 (2013) 1, 16–19.

EKD (Hg.), Religion in der Grundschule. Eine Stellungnahme des Rates der EKD, Hannover 2000.

Dies. (Hg.), Kerncurriculum für das Fach Evangelische Religionslehre in der gymnasialen Oberstufe. Themen und Inhalte für die Entwicklung von Kompetenzen religiöser Bildung. EKD Texte 109, Hannover 2010.

Dies. (Hg.), Religion, Werte und religiöse Bildung im Elementarbereich. 10 Thesen des Rates der EKD. Hannover 2007.

Dies. (Hg.), Kompetenzen und Standards für den Evangelischen Religionsunterricht in der Sekundarstufe I. EKD Texte 111. Hannover 2011.

Ehrmann, Ulla, Die »Ich bin ich« Werkstatt. Mühlheim an der Ruhr 2003.

Ellerbrock, Jochen, Ich, Gott und Onkel Frederic. Ein Kinderbuch im RU – Orientierungsstufe, in: Religion heute 55 (2003), 164–171.

Ders./Fabian, Kirsten/Richter-Vogel, Sabine, Du bist einmalig! Unterrichtsvorschlag zu dem gleichnamigen Kinderbuch von Max Lucado, in: Religion heute 69 (2007), 40–52.

Freudenberger-Lötz, Petra, Vorstellungen von Gott in einer vierten Klasse der Grundschule, in: Schönberger Hefte 29 (1999) 1, 2–8.

Fricke, Michael, »Schwierige« Bibeltexte im Religionsunterricht. Göttingen 2005.

George, Jana, Bilderbücher zum Thema Tod, in: Grundschule 40 (2008) 11, 39–40.

Gien, Gabriele, Die besten Beerdigungen der Welt. Verfassen von »lyrischen Grabreden«, in: Grundschule 10 (2007), 34–36.

Giordano-Bruno-Stiftung: http://www.giordano-bruno-stiftung.de/ (Zugriff am 2.11.2015).

Grünewald, Dietrich, Kongruenz von Wort und Bild. Rafik Schami und Peter Knott »Der Wunderkasten«, in: Thiele, Jens (Hg.), Neue Erzählformen im Bilderbuch. Untersuchungen zu einer veränderten Bild-Text-Sprache. Oldenburg 1991, 17–49.

Haack, Rike/Hagestedt, Birte, Simon auf der Suche. Literatur im Religionsunterricht der Förderschule Schwerpunkt Geistige Entwicklung, in: Loccumer Pelikan (2013) 2, 69–73.

Holländer, Kerstin, Handlungs- und produktionsorientierter Umgang mit dem Bilderbuch »Tico und die goldenen Flügel« von Leo Lionni. München 2007.

Hollstein, Gudrun, Neuere problemorientierte Bilderbücher im Unterricht der Grundschule, in: Pädagogische Welt 51 (1997) 12, 549–555.

Dies./Sonnenmoser, Marion, 100 Bilderbücher für die Grundschule. Hohengehren 2. Aufl. 2012.

Dies., Werkstatt Bilderbuch. Allgemeine Grundlagen, Vorschläge und Materialien für den Unterricht in der Grundschule. Hohengehren 2. Aufl. 2006.

Hurrelmann, Bettina, Bilder. Bücher. – Bilderbücher! Geistige Nahrung und Grundlegung literarischer Kompetenz, in: Grundschule 42 (2010) 11, 6–10.

Ist Religion gefährlich? Themenheft Religion 5–10 19 (2015) 3.

Kalloch, Christina, Mit Bilder- und Kinderbüchern theologisieren, in: Handbuch Theologisieren mit Kindern. Stuttgart 2014, 58–63

Kaminski, Winfred, Was ist »gute« Kinder- und Jugendbuchliteratur? Hinweise zur Bewertung und Beurteilung, in: Kaminski, Winfred, Einführung in die Kinder- und Jugendliteratur. Literarische Phantasie und gesellschaftliche Wirklichkeit. Weinheim 3. Aufl. 1994, 130–137.

Kassenbrock, Gabriele, »Tod – was ist das?« Bilderbücher über Abschied, Sterben und Tod, in: Praxis Gemeindepädagogik 59 (2006) 4, 34–37.

Keymer, Stefan/Obst, Gabriele, Für alle, die sich nichts vormachen lassen, in: Entwurf 41 (2010), 40–44.

Kindersley, Anabel/Braun, Anne, Kinder aus aller Welt. In Zusammenarbeit mit UNICEF. Bindlach 1995.

Klöckner, Katrin, »Das kleine Ich bin Ich« – eine Literaturwerkstatt. Handlungsorientierte Stationen zu einem wichtigen Kinderbuch mit wertvoller Botschaft ab Klasse 1. München 2. Aufl. 2012.

Kretschmer, Christine, Bilderbücher in der Grundschule. Braunschweig 2009.

Kuhl, Lena, Zugänge zum Gebet am Beispiel von Kain und Abel, in: Loccumer Pelikan (2005) 4, 165–168.

Künnemann, Horst, Das Bilderbuch, in: Haas, Gerhard (Hg.), Kinder- und Jugendliteratur. Stuttgart 1984, 153–177.

Kümmerling-Meibauer, Bettina, Bilderbuch, in: Ueding, Gert (Hg.), Wörterbuch der Rhetorik. Ergänzungsband. Berlin 2012, 146–161.

Kuschel, Karl-Josef, »Jud, Christ und Muselmann vereinigt?« Lessings »Nathan der Weise«. Düsseldorf 2004.

Langenhorst, Georg, Gestatten: Gott! Religion in der Kinder- und Jugendliteratur der Gegenwart. München 2011a.

Ders., Literarische Texte im Religionsunterricht. Freiburg 2011b.

Lenssen, Jürgen, Und sie fanden das Kind. Krippendarstellungen aus aller Welt. Würzburg 1988.

Leonhardi, Angelika, »Wo bitte geht's zu Gott?«, in: Praxis Gemeindepädagogik 62 (2009), 55–57.

Leonhardt-Schubert, Xenia, Bilderbücher als Zugang für Kinder zu den Lebensthemen Sterben, Tod und Trauer. Eine praktische Auseinandersetzung mit drei ungleichen und doch mannigfaltigen Bilderbüchern, in: Praxis Gemeindepädagogik 66 (2013) 2, 38–39.

Lessing, Gotthold Ephraim, Gesammelte Werke. Neunter Band. Briefe. Berlin/Weimar 2. Aufl. 1968.

Lionni, Leo, Warum ich für Kinder schreibe, in: Pesch, Dieter (Hg.), Bilderbücher. Köln 1980, 118–124.

Lohr, Nicole, Religionsprojekt zu »Das kleine Ich bin ich«. Kempen 4. Aufl. 2013.

Mensen-Etzold, Almut, Kinderfragen zum Thema »Tod«. Wie geben Bilderbücher Antwort?, in: Braunschweiger Beiträge 77 (1996) 3, 27–32.

Miederer, Gertrud, Sola gratia – allein durch Gnade. Luthers Verständnis vom gnädigen Gott, in: Grundschule Religion 36 (2011), 11–13.

Moers, Edelgard, Was ist Schönheit? Lob auf Gottes wunderbare Schöpfung, in: Itze, Ulrike/Moers, Edelgard, Theologisieren in der Grundschule Band 2. Buxtehude 2008, 91–109.

Molls, Sandra, Literaturprojekt ›Du bist einmalig‹ 2./3. Klasse. Kampen 2010.

Motté, Magda, Auf der Suche nach dem verlorenen Gott. Religion in der Literatur der Gegenwart. Mainz 1996.

Dies., Alles ist Gleichnis. Arbeit mit moderner Literatur für Kinder und Jugendliche im Religionsunterricht, in: rhs – Religionsunterricht an höheren Schulen 46 (2003) 1, 1–19.

Dies., Verborgene Religiosität? Ist die gegenwärtige Literatur für Glaubensfragen (noch) sensibel?, in: Theologisch-praktische Quartalsschrift 152 (2004) 1, 3–15.

Dies., »Ethisch-existentiell«/»transzendental-religiös«/»christlich«. Dimensionen moderner Literatur für Kinder und Jugendliche, in: Langenhorst, Georg (Hg.), Gestatten: Gott! Religion in der Kinder- und Jugendliteratur der Gegenwart. München 2011, 146–157.

Neugebauer, Claudia, Leseförderung in einem mehrsprachigen Umfeld, in: Bertschi-Kaufmann, Andrea, Lesekompetenz, Leseleistung Leseförderung. Grundlagen, Modelle und Materialen. Seelze 2007, 229–241.

Oberthür, Rainer, Wer bist du, Gott? Gottesvorstellungen, -beziehungen und -ahnungen von Kindern zur Sprache bringen, in: notizblock 51 (2012), 10–17.

Obst, Gabriele, Der Gottesglaube auf dem Globus ist fauler Zauber. Welche religionskritische Konzeption steht hinter dem Kinderbuch »Wo bitte geht's zu Gott? fragte das kleine Ferkel« (2008), http://www.studienseminar-paderborn.de/faecher/bereich/wf-1/der-gottesglaube-auf-dem-globus-ist-fauler-zauber.html (Zugriff am 2.8.2015).

Pape, Inge, Schatten auf der kindlichen Seele. Bilderbücher zu Kinder- und Erwachsenenkrankheiten, in: TPS – Leben, Lernen und Arbeiten in der Kita (2009) 9, 28–30.

Petermann, Hans-Bernhard, Kann ein Hering ertrinken? Philosophieren mit Bilderbüchern. Weinheim/Basel 2004.

Peuker, Corinna, »Komm mit! Wir suchen (d)einen Schatz!«. Unterrichtsbausteine zum Thema »Talente und Stärken wahrnehmen« für Klasse 3 und 4, in: notizblock 40 (2006), 8–12.

Plieth, Martina, Kind und Tod. Neukirchen-Vluyn 4. Aufl. 2009.

Dies./Herbst, Michael, Buchbesprechung, in: Gerhard Büttner u. a. (Hg.), Jahrbuch für Kindertheologie (JaBuKi) 1. Stuttgart 2. Aufl. 2008, 161–165.

Rabe, Kirsten, »Warum bin ich auf der Welt?« Bausteine für eine schöpfungstheologische Lektüre von Wolf Erlbruchs »Die große Frage« im Jahrgang 5/6, in: Loccumer Pelikan (2013) 2, 81–85.

Retter, Hein, Beurteilung von Bilderbüchern. Pädagogische Probleme und empirische Befunde. Seelze 1989.

Richter, Karin, Holocaust im Bilderbuch. Anregungen zum literarischen und historischen Lernen, in: Grundschule 42 (2010) 11, 22–25.

Rösch, Heidi, Bilderbücher zum interkulturellen Lernen. Baltmannsweiler 1997.

Dies., Bücher vom Fremdsein. Interkulturelle Bilderbücher literarisch lesen, in: Grundschule 42 (2010) 11, 32–35.

Roth, Lesley/Thomas, Trudelle, Spirit books: promoting conversation with picture books, in: The international journal of children's spirituality 18 (2013) 4, 351–368.

Sack, Rena/Waldmann-Brun, Sabine, Weihnachten in aller Welt. Mit 24 Geschichten durch den Advent. Lahr 2008.

Schaufelberger, Hildegard, Daheim in der Fremde. Bilderbücher zur interkulturellen Erziehung, in: Kindergarten heute 23 (1993) 7/8, 52–55.

Schweitzer, Friedrich, Kindertheologie und Elementarisierung. Wie religiöses Lernen mit Kindern gelingen kann. Gütersloh 2011.

Seban, Demet, Teaching peace through picture books in a third-grade classroom, in: Intercultural Education 22 (2011) 1, 115–120.

Sommerfeld, Veronika, Bilderbücher im Religionsunterricht, in: der evangelische Erzieher 38 (1986) 3, 283–285.

Spinner, Kaspar H., Schreiben zu Bilderbüchern, in: Praxis Deutsch 113 (1992), 17–20.

Steiner, Birgit, Ich werde vom Himmel wie ein Schutzengel auf euch aufpassen, in: Religion heute 42 (2000), 174–178.

Thiele, Jens, Neue Erzählformen im Bilderbuch. Untersuchung zu einer veränderten Bild-Text-Sprache. Oldenburg 1991.

Ders., Das Bilderbuch. Ästhetik – Theorie – Analyse – Didaktik – Rezeption. Oldenburg 2000.

Ders., Das Bilderbuch, in: Lange, Günter (Hg.), Taschenbuch der Kinder- und Jugendliteratur, Band 1 Grundlagen und Gattungen, Hohengehren 2002, 228–245.

Ders., Die Bildlichkeit der Welt. Chancen des Bilderbuches in der Schule, in: Grundschule 42 (2010) 11, 14–16.

Von Braunmühl, Susanne, »Der Traum von den fliegenden Blumen«, Grundschule Religion (2005) 11, 7–9.

Vossen, Rüdiger, Weihnachtsbräuche in aller Welt. Von Martini bis Lichtmess. Hamburg 2012.

Warnecke, Willem, Susi erklärt die Evolution, in: literaturkritik.de 5 (2009), http://www.literaturkritik.de/public/rezension.php?rez_id=13035 (Zugriff am 2.11.2015).

Zimmermann, Mirjam (Hg.), RU praktisch mit Jugendliteratur. Göttingen 2006.

Dies., Und was kommt nach dem Tod? (Transzendentale) Experimente in Kinder- und Jugendbüchern zum Thema Sterben und Tod, in: Entwurf 2 (2010), 59–60.

Dies., Kindertheologie als theologische Kompetenz von Kindern. Grundlagen, Methodik und Ziel kindertheologischer Forschung am Beispiel der Deutung des Todes Jesu, Neukirchen-Vluyn 2. Aufl. 2012a.

Dies., Literatur für den Religionsunterricht. Kinder- und Jugendbücher für die Primar- und Sekundarstufe. Göttingen 2012b.

Dies., Von Religionskritischen »Buskampagnen«, »Heiliger Scheiße« und Besserwissern wie »Susi Neunmalklug« – Didaktische Anregungen zur Auseinandersetzung mit medialer Religionskritik, in: Theo-Web. Zeitschrift für Religionspädagogik 12 (2013a) 1, 164–181, http://www.theo-web.de/zeitschrift/ausgabe-2013-01/13.pdf (Zugriff am 2.11.2015).

Dies., »Hilfe, mein Kind liest nur Fantasy!« Religionspädagogische Überlegungen zu Harry Potter, Reckless und anderer Fantasyliteratur, in: Loccumer Pelikan (2013b) 2, 62–66.